Knaurs neuer Knigge

Knaurs neuer Knigge

Knaur

Inhalt

Über den Umgang mit Menschen

Auch wenn heute zahlreiche Benimmregeln des Freiherrn von Knigge als veraltet gelten, sein Name steht noch immer für gute Umgangsformen: Wer sich an »den Knigge« hält, weiß sich in allen Lebenslagen gut zu benehmen. Knigge wird hier nicht mit einem Verhalten gleichgesetzt, wie man es im 18. Jahrhundert, also zu Lebzeiten des Freiherrn, für wünschenswert hielt. Vielmehr stellt jede Generation eigene Regeln für ein höfliches, freundliches Miteinander auf.

➢ 1788 veröffentlichte Adolph Freiherr von Knigge sein wohl berühmtestes Buch »Über den Umgang mit Menschen«.

Manch einer mag sich fragen, ob wir heute, zu Beginn des 21. Jahrhunderts, überhaupt noch solche Richtlinien brauchen. Habe ich als Individuum nicht das Recht, mich so zu verhalten, wie ich es für richtig erachte – vorausgesetzt, ich füge dabei niemandem Schaden zu? Für einen einsamen Wald- oder Steppenbewohner, dessen nächster Nachbar einen Tagesmarsch entfernt wohnt, spielen Konventionen sicherlich kaum eine Rolle. Doch die meisten Menschen ziehen ein Leben in Gemeinschaft einem Einsiedlerdasein vor. Ohne gegenseitige Rücksichtnahme wäre das Leben sicherlich sehr ungemütlich und einsam.

Allgemein anerkannte Verhaltensnormen machen ein geordnetes und harmonisches Zusammenleben erst möglich – auch wenn man dafür auf das eine oder andere verzichten und egoistische Beweggründe manchmal zurückstellen muss.

Sicheres Auftreten durch gute Umgangsformen

Knigge ging es in erster Linie um menschliche Beziehungen, um »Vorschriften, wie der Mensch sich zu verhalten hat, um in dieser Welt und in Gesellschaft mit anderen Menschen glücklich und vergnügt zu leben und seine Nebenmenschen glücklich und froh zu machen«. Auch in unserem Buch nimmt der zwischenmenschliche Bereich einen großen Raum ein. Darüber hinaus geht es aber auch darum, im öffentlichen und privaten Leben stets eine gute Figur abzugeben: vom richtigen Umgang mit Messer und Gabel und einer aufrechten, dynamischen Körperhaltung bis zu einem gepflegten Äußeren.
Lohnenswert ist eine Beschäftigung mit modernen Benimmregeln allemal, denn sie wird Sie in vielen Bereichen des Lebens sicherer machen. Es wäre doch sehr schade, wenn Sie Ihre positiven Eigenschaften mit einem schlechten Auftritt untergraben würden und Erfolg sich nur deshalb nicht einstellt, weil die äußere Form nicht stimmt.

Gute Umgangsformen sind das Band, das unsere Gesellschaft zusammenhält.

Richtig gut essen – aber wie?

Es gibt verschiedene Anlässe, ein Essen im stilvollen Rahmen einzunehmen. Meist hängen sie mit einem gesellschaftlichen Ereignis oder einer größeren Einladung im privaten Bereich zusammen. Auch im Berufs- und Geschäftsleben wird häufig eine wichtige, in der Regel positive Veränderung mit einem Restaurantbesuch eingeläutet. So kommt es vor allem im gehobenen Management vor, dass im Büro begonnene Vorstellungsgespräche während eines feinen Essens ihren krönenden Abschluss finden. Welche verheerenden Folgen kann es in solchen Momenten haben, wenn – um nur ein Beispiel zu nennen – für die Vorspeise das Messer des Hauptgangs verwendet wird. Das Verhalten bei Tisch kann also durchaus entscheidend für die Zukunft sein.

Der perfekt gedeckte Tisch

Für den Feinschmecker gibt es wohl kaum etwas Anziehenderes als einen wunderschön eingedeckten Essenstisch mit einer schier unüberschaubaren Menge an Tellern, Gläsern, Besteck, Tüchern, Blumen, Kerzen und vielem anderen mehr. Er weiß, dass die scheinbar chaotische Vielfalt ihre genaue Ordnung hat und dass er sich mit einem erwartungsvollen Gefühl an diesen Tisch setzen kann.

»Anstandsfallen« umgehen

Andererseits gibt es aber nicht wenige Menschen, die angesichts eines derart reich eingedeckten Tisches unruhig werden. Sie fürchten sich vor einer Blamage, weil sie eine Reihe von »Anstandsfallen« auf diesem Tisch vermuten. Tatsächlich wissen heutzutage nur wenige Menschen, was sie mit all dem Besteck, den vielen Tellern und Gläsern anfangen sollen. Denn der klassisch eingedeckte Tisch ist für viele die Ausnahme, die aber gerade dann eintritt, wenn ein gesellschaftliches Ereignis ansteht und das Publikum als besonders kritisch eingeschätzt wird.

Das Einmaleins des Eindeckens

Aber nicht nur der Gast sieht einem Festessen möglicherweise mit Bangen entgegen, sondern oft auch der Gastgeber, der ein solches Ereignis privat zelebrieren möchte. Denn er muss die Tischregeln genau kennen, wenn er einem Kenner nicht Anlass zur Kritik geben will und sich nicht – im Gegensatz zum unwissenden Gast – durch Beobachten durchmogeln kann. Wir wollen Ihnen in diesem Kapitel die nicht ganz einfachen Tischregeln näher bringen, sodass Sie, ob Gast oder Gastgeber, vor einem an sich schönen Ereignis nicht zu zittern brauchen.

Haben Sie genügend Platz?

Sie haben sich also vorgenommen, zu einem privaten Festessen einzuladen. Sie haben die Einladungen verschickt (➼ Seite 91–97) und wissen, ob jemand der Eingeladenen abgesagt hat. Selbstverständlich haben Sie dabei bedacht, wie viele Personen bei Ihnen am Tisch in der Weise Platz finden, dass sich Gläser, Bestecke und andere Utensilien von Tischnachbarn nicht gegenseitig ins Gehege kommen. Es sollte eine gewisse Ellenbogenfreiheit gewährleistet sein, da es sehr anstrengend ist, längere Zeit mit eng angelegten Armen zu speisen. Natürlich haben Sie auch ausreichend viel Geschirr, Besteck und Gläser für Ihre Gäste im Schrank, um den Tisch komplett und einheitlich eindecken zu können. Gegebenenfalls können Sie all dies ausleihen.

➢ Nichts ist bei einem festlichen Essen lästiger, als permanent darauf achten zu müssen, den Nebenmann nicht anzustoßen.

Die Vorbereitungen

Sie stehen nun vor Ihrem leeren Tisch und stellen sich vor, dass diese Leere einer festlichen Stimmung weichen soll. Es ist für Sie kein Geheimnis, dass der Erfolg einer Esseneinladung nicht nur vom hervorragenden Geschmack der Speisen abhängt, sondern auch von der Gestaltung der gedeckten Tafel. Nicht umsonst sagt man: Das Auge isst mit!

Wie viele Stühle passen an die Tafel?
Fangen Sie am besten damit an, probeweise die Stühle am Tisch zu platzieren, um so die grobe Anordnung der Gedecke festzulegen und die Ellenbogenfreiheit zu überprüfen. Ist dieser Test zu Ihrer Zufriedenheit ausgefallen, entfernen Sie die Stühle, denn sie stören bei den folgenden Arbeiten am Tisch.

Die Tischdecke
Als Erstes wird die Tischdecke ausgebreitet. Reicht eine nicht aus, können Sie problemlos eine zweite etwas überlappend anlegen, ohne die Etikette zu verletzen. Liegt die zweite Tischdecke nicht glatt genug auf der ersten, bügeln Sie den Rand ruhig auf dem Tisch zurecht.

Die Tischdecke sollte bei einem klassischen Service einen dezenten Farbton aufweisen.

Es versteht sich unter ästhetischen Gesichtspunkten von selbst, dass die beiden Tischdecken dieselbe Farbe haben müssen. Apropos Farbe: Die klassische Farbe der Tischdecke ist weiß, wobei die feine Strukturierung des Stoffes in der Regel keine Rolle spielt. Erlaubt ist, was gefällt – je rustikaler der Anlass, umso mehr darf die Tischdecke Farbe auf die Tafel bringen.

Allerdings passt eine Lackfolie nicht zu einem erlesenen Dinner. Das ist eher etwas für den Kindergeburtstag. Und die Papiertischdecke von der Rolle sollte dem Buffettisch vorbehalten bleiben – dort ist sie sehr praktisch, weil die unvermeidlichen Flecken mitsamt der Tischdecke im Müll landen können und weil man nicht am Buffettisch isst, sondern an einem anderen, nach allen Regeln der Kunst eingedeckten Tisch (mit Stofftischdecke).

➤ Unter Umweltgesichtspunkten sollten Sie bedenken, ob Sie tatsächlich eine Papiertischdecke fürs Buffet brauchen.

Absolut unmöglich sind durchsichtige Folien über der wertvollen Tischdecke. Das erinnert an Betriebskantinen der 60er-Jahre, was nicht im Sinne des versierten Hobbykochs sein kann. Außerdem könnte man Sie für kleinkariert und geizig halten.

Blumen, Kerzen und andere Accessoires

Ohne Blumen und Kerzen ist eine festliche Tafel kaum denkbar, auch viele andere Accessoires können das Ganze aufwerten. Bedenken Sie aber, dass die Gedecke und die anderen notwendigen Gegenstände allein schon viel Platz beanspruchen. Allzu viel werden Sie also zusätzlich nicht mehr unterbringen können.

Ein überladener Tisch engt beim Essen ein und kann protzig wirken. Warten Sie deshalb mit dem Schmücken der Tafel, bis alles Notwendige gedeckt ist – dann können Sie immer noch entscheiden, was dazu passt und was nicht.

Achten Sie darauf, dass die Schmuckgegenstände, die Sie auf die Tafel stellen, nicht zu hoch sind. Ein Blumenbukett oder ein Kerzenständer dürfen nicht den Blick auf den gegenüber sitzenden Gast verdecken.

Die Menükarte wird passend zur Tischdekoration gestaltet.

Tischkarten und Menükarten

Ob Sie Tischkarten verwenden, hängt davon ab, ob Sie in die Sitzordnung eingreifen wollen oder gar müssen. Letzteres könnte dann der Fall sein, wenn bestimmte Konstellationen am Tisch den harmonischen Ablauf Ihrer Einladung gefährden könnten. Oder wenn Sie Gäste aufgrund ähnlicher Interessen etc. zusammenbringen möchten.

Brauchen Sie eine Tischordnung?

Eine Tischordnung ist aber nur dann sinnvoll, wenn die Größe der Tafel es zulässt, dass man sich »aus dem Weg gehen« kann. Denn ob miteinander im Streit liegende Personen nebeneinander oder sich direkt gegenüber sitzen, macht kaum einen Unterschied.

Eine Tischordnung kann aber auch dann sinnvoll sein, wenn Sie Ihre Gäste so gut kennen, dass Sie die Stimmung am Tisch damit beeinflussen können. So können Sie eher schweigsame Menschen neben »Plaudertaschen« setzen in der Hoffnung, dass sich die beiden Extreme irgendwo in der Mitte treffen werden. Bei geschäftlich orientierten Essen sollte man natürlich die Hauptakteure auf sprechfreundlichen Positionen platzieren.

➤ Auf der Tischkarte sind der Vor- und Nachname (gegebenenfalls mit Titel) des jeweiligen Gastes vermerkt.

Ihre Gäste werden es Ihnen in jedem Fall danken, wenn Sie ihnen ihre Plätze persönlich zuweisen. Hilfreich kann es für Sie sein, wenn Sie nach der offiziellen protokollarischen Tischordnung vorgehen. So können Sie sich elegant aus der Affäre ziehen, wenn der eine oder andere Gast mit seinem Tischnachbarn nicht zurechtkommt.

Die Platzierung der Tischkarten

Tischkarten stehen oberhalb des Gedecks unmittelbar hinter dem Nachtischbesteck. Verwenden Sie außerdem Menükarten, dann werden diese direkt hinter die Tischkarten platziert. Die Menükarten sind so gefalzt, dass man sie aufrecht stellen kann. Denkbar ist auch eine Kombination aus Tisch- und Menükarte, indem der Name auf die Vorderseite der Menükarte gedruckt wird. Im Inneren sind die Getränke und die Speisen.

Bei einem Essen mit guten Freunden genügt der Vorname auf der Tischkarte.

Die protokollarische Tischordnung

Vorausgesetzt, die Gastgeber sind ein Paar, so sitzen sie sich an den schmalen Enden der Tafel gegenüber. Links neben der Dame des Hauses – von ihr aus gesehen – sitzt als ihr Tischherr der ranghöchste Gast, der meist der Ehrengast ist. Rechts neben dem Hausherrn – von ihm aus gesehen – sitzt die ranghöchste Dame. Selbstverständlich kann auch diese Dame der Ehrengast sein. Rechts von der Dame des Hauses sitzt der zweithöchste Herr der Runde. Auf der anderen Seite wird genauso verfahren: Links neben dem Hausherrn sitzt die zweithöchste Dame usw.

Es gelten folgende Rangordnungen: ältere Gäste vor jüngeren, ausländische Gäste vor einheimischen, Angehörige fremder Firmen vor den eigenen. Einem ausländischen Gast wird ein Gast mit entsprechend guten Fremdsprachenkenntnissen zugeordnet, auch wenn er nach der Rangordnung dort nicht sitzen dürfte. Künstler genießen besondere Bevorzugung, weil sie im Allgemeinen zu den »Vorzeigegästen« gehören.

Damen und Herren sitzen immer im Wechsel, wenn dies von der Zusammensetzung der Gästeliste her überhaupt möglich ist. Neben körperbehinderten Gästen, die auf Hilfe angewiesen sind, sitzt immer die jeweilige Hilfsperson. Der Vollständigkeit halber sei erwähnt, dass Kinder in der Rangordnung keine Rolle spielen. So sitzen Kleinkinder selbstverständlich neben einem Elternteil.

Servietten

Eine weitere Vorbereitungsarbeit, die sowohl Ideenreichtum als auch Geschick erfordert, ist die Aufstellung der Servietten. Keinesfalls sollten Sie Ihre Festtafel mit Papierservietten schmücken, auch wenn Ihnen so manches Muster besonders gut gefallen sollte. Zu einem nach allen Regeln der Kunst eingedeckten Tisch gehören große Stoffservietten, die mindestens 50 mal 50 Zentimeter groß sind. Sie sollten die gleiche Farbe und Struktur wie die Tischdecke aufweisen. Falls dies nicht möglich ist, greift man auf eine möglichst ähnliche Struktur oder gleichfarbige Servietten ohne Struktur zurück.

Vom einfachen Zusammenfalten der Servietten bis zu fantasievollen Kreationen ist alles erlaubt.

Die Servietten werden gut gebügelt, sodass man sie zu beliebigen Formen falten kann. Sie dürfen nicht von selbst aufgehen und müssen aufrecht stehen können. Denn man legt die Servietten weder unter den Platzteller noch irgendwie gefaltet unter das Besteck, sondern auf den Teller des ersten Ganges bzw. auf den Platzteller. Das hat den Vorteil, dass die Gäste die Serviette auf den Schoß legen können, ohne dabei das von Ihnen so sorgfältig arrangierte Gedeck in Unordnung zu bringen. Auch eine Platzierung neben dem Gedeck ist nicht üblich, weil dafür der Platz meist ohnehin nicht ausreicht.

Tafelsilber rechtzeitig überprüfen

Sollten Sie Silberbesteck und anderes Tafelsilber (z. B. Platzteller, Silbervasen, Silberkerzenhalter) verwenden, ist es ganz wichtig, das Silber einen Tag vor der Einladung herauszunehmen und zu prüfen, ob es inzwischen angelaufen ist. Denn Sie könnten eine böse Überraschung erleben, wenn Sie wenige Stunden vor dem Essen den Tisch eindecken wollen, das lange nicht mehr benutzte Besteck herausholen und der ganze Satz bräunlich verfärbt vor Ihnen liegt. Dann ist angesichts der knappen Zeit guter Rat teuer. Um beispielsweise einen Satz Silberbesteck mit 159 Teilen (für zwölf Personen) zum Glänzen zu bringen, müssen Sie mit etwa zwei Stunden Putzzeit rechnen.

➤ Um auch bei spontanen Einladungen gut gerüstet zu sein, sollten Sie immer Silberputzmittel im Haus haben.

Das kleine Gedeck

Wenn Sie ein dreigängiges Menü planen, dann sind im Gedeck auch nur die Bestecke einzudecken, die dafür gebraucht werden.

Laden Sie »nur« zu einem Spagetti- oder Eintopfessen ein, weil Sie ein Meister in der Zubereitung von Spagettisaucen oder Eintöpfen sind, dann werden pro Gedeck lediglich ein Löffel und eine Gabel aufgelegt. Vielleicht können Sie sich in diesem Fall ja noch zu einem Dessert durchringen – dann würde es um den Platzteller herum nicht ganz so leer aussehen.

Es ist nicht üblich, alles auf den Tisch zu stellen, wenn nur ein Teil davon gebraucht wird. Dies gilt auch für die Gläser und könnte bei Nichtbeachtung zu peinlichen Missverständnissen führen.

Das Drei-Gänge-Menü

Sie haben die Tischdecke aufgelegt, sodass sie schön plan liegt. Außerdem sind so viele Blumen und Kerzen sowie andere Accessoires vorgesehen, dass die Gedecke noch reichlich Platz haben.

Wenn Sie über passende Platzteller verfügen, sollten Sie diese auch auf den Tisch stellen, denn sie werten eine Tafel optisch auf. Sie dienen den Tellern der einzelnen Gänge als Unterteller. Beim Eindecken steht auf ihnen der Teller für den ersten Gang. Platzteller sind immer dann zwingend notwendig, wenn der erste Gang eine Suppe ist, die in der Suppentasse serviert wird. Ohne den Platzteller würde bis zu diesem Zeitpunkt unmittelbar vor dem Gast eine bedenkliche Leere herrschen. Auch die Serviette fände in diesem Fall keinen standesgemäßen Platz im Gedeck.

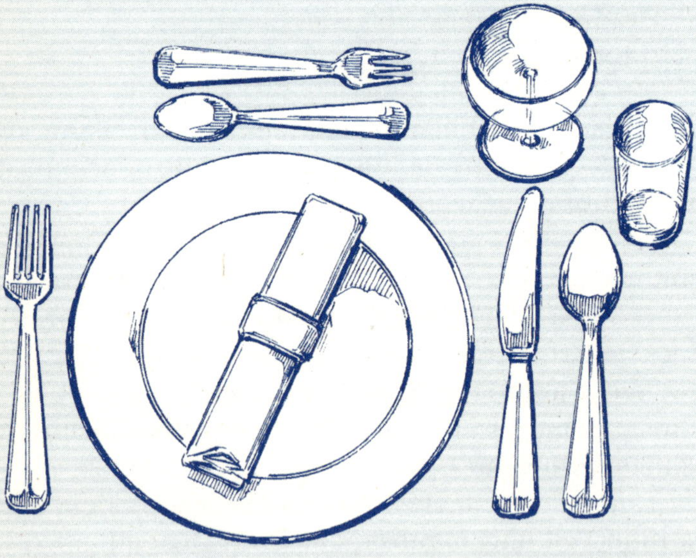

Bei einem Drei-Gänge-Menü mit Suppe, Hauptspeise und Dessert wird ein kleines Gedeck aufgelegt. Der Platzteller und die richtigen Gläser sollten nicht fehlen.

Das Besteck beim Drei-Gänge-Menü
Für ein Drei-Gänge-Menü, das aus Suppe, Hauptgang und Dessert besteht, benötigen Sie vier bzw. fünf Besteckteile, die Sie wie folgt um den Platzteller anordnen: Die Gabel kommt links neben den Teller, das Messer rechts, ganz rechts außen der Suppenlöffel. Oberhalb des Tellers wird quer liegend der Dessertlöffel und/oder die Dessertgabel gelegt. Wenn statt Suppe eine kalte oder warme Vorspeise serviert wird, liegt links und rechts außen das Vorspeisenbesteck.

Die Gläser beim kleinen Gedeck
Die Kunst des Glasblasens, also die Formung von zähflüssiger Schmelze zu Gläsern, ist uralt – bei den Assyrern wurde das Glasblasen im siebten Jahrhundert vor Christus perfektioniert, in Ägypten soll das Glasblasen schon im vierten Jahrtausend vor Christus bekannt gewesen sein.
Heute sind sowohl industriell gefertigte als auch mundgeblasene Gläser in allen erdenklichen Stilrichtungen erhältlich. Welches Design Sie für Ihre Tafel wählen, hängt ganz von Ihrem persönlichen Geschmack ab. Die Form ist jedoch für jedes Getränk vorgeschrieben.

➤ *Kenner wissen, dass viele Getränke erst im »richtigen« Glas ihr ganzes Aroma entfalten.*

Für jedes Getränk das richtige Glas
Das Angebot und die Vielfalt an Gläsern ist schier unermesslich. Die Auswahl wird dadurch erleichtert, dass das Einsatzgebiet der jeweiligen Form meist klar definiert ist. Für nahezu jedes Getränk gibt es besondere Gläser, wie z. B. Biergläser (Krüge, Pils-, Weißbier- und Kölschgläser), Rotwein- und Weißwein-

gläser, Gläser für Sherry und Portwein, Sektflöten, Cognacschwenker, Stamperln, Longdrinkgläser und – nicht zu vergessen – einfache Wassergläser.
Beim kleinen Gedeck bestimmt meistens die Speise des Hauptgangs, welche Getränke auf den Tisch kommen. So kann man getrost auf das Weißwein- und das Sektglas verzichten, wenn diese Getränke partout nicht zum Hauptgang passen.
In unseren Breiten werden Sie allerdings kaum voraussagen können, ob zu pikanten Speisen Wein oder Bier bevorzugt wird. Es empfiehlt sich, zunächst ein passendes Weinglas (für Rot- oder Weißwein) einzudecken. Wünscht der Gast ein Bier zum Essen, ersetzen Sie das Weinglas durch eine Biertulpe.

➢ Rotweingläser sind im Gegensatz zu Weißweingläsern größer und bauchiger.

Das Glas zum Hauptgang ist das so genannte Richtglas, nach dem die Aufstellung der anderen Gläser im Gedeck ausgerichtet wird. So wird das Wasserglas, das bei Rotwein unabdingbar ist, im 45-Grad-Winkel rechts darunter angeordnet.

Spagetti richtig servieren

Spagetti werden bei einem italienischen Menü als Vorspeise serviert. Wenn Sie zu einem Spagettiessen einladen, werden sie sicherlich die Hauptsache eines Drei-Gänge-Menüs sein. Wie auch immer, beim Eindecken stellt sich die Frage, auf welcher Seite Löffel und Gabel zu liegen kommen. Die richtige Antwort ist umstritten. Normalerweise werden die Besteckteile auf der Seite aufgelegt, wo sie auch verwendet werden. Und zwar so, dass der Löffel links und die Gabel rechts vom Platzteller zu liegen kommt, denn dem

Rechtshänder gelingen die Drehbewegungen mit der Gabel rechts wesentlich besser als links.
Der passionierte Spagettiesser wickelt die Nudeln nur mit einer Gabel auf. Um aber niemanden in Verlegenheit zu bringen, sollten Sie immer einen Löffel dazugeben.
Zum Spagettiessen wird italienischer Wein gereicht, wobei die Art der Sauce darüber entscheidet, ob es sich um leichten oder schweren Rotwein oder um Weißwein handelt. Entsprechend dieser Entscheidung werden die Gläser aufgedeckt, wobei bei einem typisch italienischen Essen das Wasserglas (meist mit kohlensäurefreiem Mineralwasser gefüllt) nicht vergessen werden sollte.

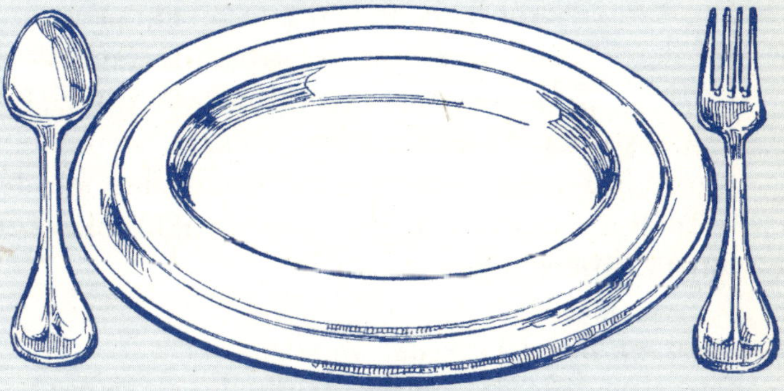

Spagetti werden entweder nur mit der Gabel oder mit Löffel und Gabel gegessen.

Das große Gedeck

Das große Gedeck ist nicht nur in der Vorbereitung, sondern auch von den Voraussetzungen her wesentlich aufwändiger als das kleine Gedeck. Sie müssen mit Geschirr, Besteck und allen anderen Accessoires bestens bestückt sein, um die Tafel fachgerecht eindecken zu können. In der Regel handelt es sich beim großen Gedeck um ein Menü mit fünf Gängen, was zum einen Ihre Kochkünste und zum anderen Ihr Organisationstalent auf die Probe stellen wird.

Das Fünf-Gänge-Menü

Das klassische Fünf-Gänge-Menü besteht normalerweise aus Vorspeise, Suppe, Fischgericht, Fleischgericht und Dessert. Bereits im Vorfeld sollten Sie genau überlegen, was Sie auf den Tisch bringen wollen, was Sie gut vorbereiten können, was wann in den Ofen bzw. Kochtopf kommt und nicht zuletzt, was Sie einkaufen müssen.

➤ Sie werden keine Zeit finden, die Speisenfolge nacheinander zu kochen, während Ihre Gäste bereits am Tisch sitzen.

Wir wollen uns hier darauf beschränken, wie Sie die Festtafel eindecken müssen, um auch kritische Gäste mit Ihrem Können zu beeindrucken. Denn viel mehr als beim kleinen Gedeck spielt das Aussehen der Tafel – noch bevor das erste Gericht aufgetragen wird – eine große Rolle.

Das Besteck beim Fünf-Gänge-Menü

Es muss alles an Besteck aufgedeckt werden, was während des gesamten Menüs verwendet wird. Das wird bei einem Fünf-Gänge-Menü pro Gedeck eine ganze Menge werden, sodass Sie die Regeln strikt einhalten müssen, um die Gäste nicht zu verwirren.

Die Besteckteile werden immer in der Reihenfolge des Menüs von außen nach innen aufgedeckt, wobei die möglichen drei Seiten des Platztellers (rechts, links und oben) genutzt werden. Es kann also zwischen dem Platzteller und einem Besteckteil keine

Lücke entstehen – das Gedeck bleibt bis zum Ende des Menüs in schöner Ordnung.
Alles, was parallel liegt, wird gleichzeitig verwendet und dann abgedeckt. Beispielsweise wird die auf der linken Seite außen liegende Gabel zusammen mit dem auf der rechten Seite außen liegenden Messer verwendet. Wird eines dieser Besteckteile nicht gebraucht, deckt man es nach dem entsprechenden Gang trotzdem ab. Insbesondere bei Salat als Vorspeise ist es leicht möglich, dass ein Messer aufgelegt, aber nicht verwendet wurde.
Auf der Abbildung unten sehen Sie ein vollständiges Gedeck für ein Fünf-Gänge-Menü, das nachfolgend detailliert beschrieben wird. Die Zinken der Gabeln zeigen immer nach oben, die Schneiden der Messer sind nach innen, also zum Platzteller hin gerichtet.

So wird der Tisch eingedeckt, wenn man zu einem Fünf-Gänge-Menü einlädt. Als erster Gang wird hier eine Suppe serviert.

Vorspeisen-, Menü- und Dessertbesteck

Das Vorspeisenbesteck ist etwas kleiner als das Menübesteck, wobei Sie beim Eindecken beachten müssen, dass das Messer für eine kalte Vorspeise rechts außen liegt und links daneben der Löffel für die Suppe platziert wird. Ist die Vorspeise dagegen warm, liegt der Suppenlöffel rechts außen und das Messer für die Vorspeise links daneben.

Gehen Sie immer davon aus, dass die Suppe mit der rechten Hand gegessen wird, und decken Sie die Tafel dementsprechend einheitlich ein, um einen harmonischen Gesamteindruck zu vermitteln. Es ist für einen Linkshänder kein Problem, den Löffel trotzdem in die linke Hand zu nehmen.

➢ Die Abbildung auf Seite 25 zeigt Ihnen, wie Geschirr, Besteck und Gläser bei einem Fünf-Gänge-Menü korrekt eingedeckt werden.

Das Menübesteck besteht aus Fischmesser und -gabel für das Fischgericht und aus Messer und Gabel für das Fleischgericht. Handelt es sich beim Fleischgericht um schwer zu schneidende Fleischsorten (beispielsweise ein Steak oder Haxenfleisch mit Kruste), dann sollte ein spezielles Steakmesser mit besonders scharfer Klinge aufgelegt werden (➼ Seite 37). Denn kaum etwas ist beim Fleischessen peinlicher, als wenn ein ungeeignetes Messer die gute Laune beim Essen dadurch verdirbt, dass sich das Fleisch nicht zerteilen lässt oder das Messer gar vom Fleisch abrutscht.

Die richtige Reihenfolge

Die Reihenfolge von links nach rechts ergibt sich also im Falle einer warmen Vorspeise wie folgt: Vorspeisengabel, Gabel für Fischgang, Gabel für Fleischgang,

Platzteller, Messer für Fleischgang, Fischmesser, Vorspeisenmesser, Suppenlöffel.
Das Besteck für das Dessert liegt quer oberhalb des Tellers, wobei der Griff der Gabel nach links zeigt, der des Löffels nach rechts. Ist das Dessert ohne Messer nicht zu bewältigen (z. B. bei Früchten), wird anstatt des Löffels ein Messer eingedeckt, dessen Griff nach rechts zeigt.

Die Gläser beim großen Gedeck

In den meisten Fällen werden drei Gläser eingedeckt, wobei eines davon die Rolle des so genannten Richtglases einnimmt, also des Glases, nach dem sich die Platzierung der anderen Gläser im Gedeck richtet. In der Regel ist das Richtglas das schwere Rotweinglas, zu dem sich ein kleines Weißweinglas und ein Sektglas gesellen können.

Von links nach rechts: Rotwein-, Weißwein- und Sektglas

Das Weißweinglas ist kleiner und in der Form meist filigraner als das Rotweinglas, weil Weißwein schneller ausgetrunken werden soll, damit er nicht warm wird. Weingläser weisen zumeist einen dünn geschliffenen Rand auf. Wenn Champagner oder Sekt am Tisch getrunken wird (beispielsweise zum Anstoßen bei einer Familienfeier), dann werden Sie Champagner- oder Sektflöten im Gedeck vorfinden. Diese Gläser sind hoch und schmal, weil mit dieser Form verhindert wird, dass die Perlen der Kohlensäure rasch nach oben steigen und so der Sekt schnell schal wird.

➤ Das im Verhältnis zum Rotweinglas kleinere Weißweinglas kann auch als Wasserglas dienen.

Alle Gläser stehen rechts im Gedeck, weil die meisten Menschen Rechtshänder sind und das Glas dementsprechend mit der rechten Hand halten. Nehmen Sie auch hier keine Rücksicht auf Linkshänder, denn Sie dürfen keinesfalls die Gläser eines Linkshänders unmittelbar neben die Gläser eines daneben sitzenden Rechtshänders stellen.

Die Platzierung des Richtglases

Das Richtglas steht richtig, wenn es einerseits exakt über der Messerspitze des Fleischgangs, andererseits in Höhe der Dessertgabel angeordnet ist. Das Weißweinglas steht im 45-Grad-Winkel rechts darunter, das Sektglas im gleichen Winkel links darüber. Ein Wasserglas steht rechts unterm Weißweinglas. Wird statt Wein Bier getrunken, dann tritt die Biertulpe anstelle des Rotweinglases und dient als Richtglas.

Statt einem Rotweinglas kann auch eine Biertulpe als Richtglas dienen.

Brot und Butter im Gedeck

Es hat sich bewährt, zu Beginn des Menüs ein kleines Appetithäppchen zu reichen. Dies hat den Vorteil, dass man sich am Tisch noch etwas ungezwungen unterhalten kann, bevor das eigentliche Essen beginnt und das Reden dem Genießen weichen sollte.

Normalerweise werden hierzu kleine Brötchen oder klein geschnittenes Brot mit Butter angeboten. Zu diesem Zweck wird links (etwa auf Höhe des Richtglases) vom eigentlichen Gedeck ein kleiner Teller mit daraufliegendem Messerchen eingedeckt.

Auf den Tisch werden noch ein paar Brotkörbe und kleine Teller mit Butter gestellt, von denen sich jeder das nehmen kann, was er braucht. Die Butter sollte nicht direkt aus dem Kühlschrank serviert werden, da sie sich so nur schwer streichen lässt. Idealerweise hat sie eine halbfeste Konsistenz, ohne zu zerfließen. Tellerchen, Messer, Brotkorb und Butterteller sowie die Reste werden komplett abserviert, bevor die Suppe bzw. warme Vorspeise auf den Tisch kommt.

➤ Bei kalter Vorspeise können die Butter und das Brot bis zum Abservieren der Vorspeisenteller auf dem Tisch verbleiben.

Der Tisch ist nun komplett gedeckt. Floraler Tischschmuck wird, falls der Raum geheizt ist, erst kurz vor Ankunft der Gäste aus einem kühlen Raum ins Esszimmer gebracht. Übrigens: Ein schön und appetitlich eingedeckter Tisch wird »Couvert« (franz.) genannt, was in Restaurants auch für das einzelne Gedeck gilt. Wie man sich an der festlich geschmückten Tafel entsprechend den Regeln benimmt, wird in den folgenden Abschnitten aufgezeigt.

ABWEICHUNGEN VOM TRADITIONELLEN GEDECK

★ Ist der Tisch zu klein, um das gesamte Besteck einzudecken, können Sie das jeweilige Besteck mit dem entsprechenden Gang zusammen servieren.

★ Oft wird der Suppenlöffel auf dem Unterteller liegend gereicht, wenn die Suppe in einer Tasse oder Terrine serviert wird.

★ Sollten Sie überwiegend Linkshänder erwarten, dann können Sie auch spiegelverkehrt eindecken – dann aber bitte wegen des harmonischen Gesamteindrucks komplett, ohne auf die wenigen Rechtshänder Rücksicht zu nehmen.

Wie benutzt man was?

Ob das Menü Teil einer Festlichkeit ist oder ob es im geschäftlichen Rahmen serviert wird – immer gilt es, eine Reihe von Regeln beim Essen einzuhalten, um nicht unangenehm aufzufallen. Wenn Sie diese aus dem Effeff beherrschen, werden Sie sich in einem kritischen Umfeld souveräner bewegen können und mehr Gefallen an gehobener Esskultur finden.

Zur hohen Kunst des Essens gehören auch gute Tischmanieren.

Stoff- und Papierservietten

Die Serviette hat ihre Daseinsberechtigung in erster Linie darin, die Kleidung vor Spritzer und herabfallendem Essen zu schützen. Erst in zweiter Linie dient sie dem Zweck, den Mund zwischendurch und zum Abschluss des Essens abzuwischen. Beim Eindecken wird sie in beliebig gefalteter Form auf den Platzteller gestellt (➵ Seite 18). Papierservietten sind zwar praktisch, sollten aber bei einem mehrgängigen Menü nicht verwendet werden, weil sie den Gesamteindruck der Tafel mindern. Allerdings sind sie denkbar, wenn der Tisch rustikal eingedeckt ist und die farbigen Servietten das Design des Services unterstreichen. Auch beim Frühstück mit Freunden oder beim Kaffeetrinken sind Papierservietten erlaubt.

➤ Servietten sind in der Regel aus Stoff und mindestens 50 mal 50 Zentimeter groß.

Der Gebrauch von Servietten

Der Umgang mit der großen Stoffserviette bietet naturgemäß viele Variationsmöglichkeiten. Darunter gibt es einige, die man schleunigst vergessen sollte: Sie sollten die Serviette nie um den Hals binden, auch wenn Ihnen das praktisch erscheint, weil Hemd und Krawatte dadurch geschützt werden. Die Hose bleibt dabei aber ungeschützt, und mit der umgebundenen Serviette gibt man nicht gerade die beste Figur ab. Selbstverständlich entfällt auch die Variante, die Serviette zwischen den Knöpfen ins Hemd zu stecken oder sie an der Krawattenklammer festzuklemmen. Diese Regeln gelten auch für die Damen – die Erfahrung lehrt aber, dass solche Verhaltensweisen beim

weiblichen Geschlecht äußerst selten anzutreffen sind. Die Achtsamkeit in Bezug auf ein vorteilhaftes Aussehen ist bei ihnen wesentlich stärker ausgeprägt als bei den Herren.
Sie sollten auch nicht auf den Gedanken kommen, die Serviette in das Gedeck zu integrieren, sie also unter den Teller zu klemmen oder sie zwischen Teller, Besteck und Gläser in irgendeiner Art und Weise »kunstvoll« zu platzieren. Die oberste Regel lautet: Die Serviette muss benutzt werden, und ihr Platz ist immer auf dem Schoß! Lässt es sich nicht vermeiden, dass Sie während des Essens aufstehen müssen, dann legen Sie die Serviette leicht zusammengefaltet auf die Sitzfläche des Stuhls. Nach dem letzten Gang falten Sie die Serviette zusammen und legen sie links ncben das Geschirr auf dem Tisch ab.

➤ *Keinesfalls sollte die Serviette ignoriert werden, indem sie in ihrer gefalteten Form achtlos zur Seite gestellt wird.*

Brot und Butter

Auch der Umgang mit Brot und Butter will gelernt sein. Dieser Appetitanreger sollte bei keinem Essen fehlen. Er wird in Europa in der Regel zu Anfang des Menüs gereicht und zu kalter Vorspeise oft auf dem Tisch belassen, wenn noch Reste davon vorhanden sind. Brot und Butter werden nicht nachgereicht, auch wenn sie bald aufgegessen sind.
Das Brot kommt heute meistens in Scheiben geschnitten (oder als kleine Brötchen) in einem Korb auf den Tisch, die Butter in Stückchen portioniert auf einem kleinen Teller. Der Brotkorb wird herumgereicht, wobei man die Damen am Tisch zuerst nehmen lässt.

Anschließend nehmen Sie mit der Vorlegegabel, die auf dem Butterteller liegt, ein Stückchen Butter und legen es auf das kleine Tellerchen, das links über der äußeren Gabel in ihrem Gedeck steht (➵ Seite 29).
Es kommt auch vor, dass die Butter im Ganzen gereicht wird, wobei dann statt der Vorlegegabel ein kleines Messer als Vorlegebesteck dient, mit dem ein Stück abgeschnitten und auf dem eigenen Brotteller abgestreift wird.
Keinesfalls benutzen Sie Ihr eigenes Messer, das Sie auf dem Tellerchen liegend vorfinden, um die Butter vom gemeinschaftlichen Teller zu nehmen.
Auch verwenden Sie zum Aufstreichen der Butter auf das Brot nicht das Vorspeisenbesteck, sondern ausschließlich das zu diesem Zweck gereichte Messer.

➢ Es versteht sich von selbst, dass man nur das Brot im Brotkorb anfassen darf, das man dann auch nimmt.

Das Besteck

Der richtige Umgang mit Besteck ist gar nicht so banal, wie man glauben möchte. Meist ist unser Wissen auf den allgemeinen Gebrauch von Löffel, Messer und Gabel beschränkt. Auf einer klassisch eingedeckten Tafel trifft man aber eine Vielzahl von Besteckteilen an, die alle ihre Daseinsberechtigung haben und dementsprechend auch eingesetzt werden.

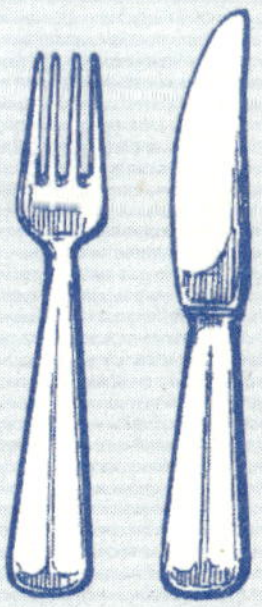

Der richtige Gebrauch des Bestecks ist eine Kunst für sich.

Die Haltung ist wichtig

Eine ordnungsgemäße Nutzung des Bestecks setzt voraus, dass man auf die Körperhaltung beim Essen achtet. Denn nur dann können Sie virtuos mit dem Besteck umgehen, wenn Sie aufrecht am Tisch sitzen, die Beine nebeneinander auf dem Boden stehen haben und die ganze Sitzfläche des Stuhles nutzen. Die Arme sollten am Körper anliegen und die Hände nur bis zu den Handgelenken auf dem Tisch liegen.

➤ Sie sollten den Stuhl so platzieren, dass sich der Oberkörper etwa eine Handbreit vom Tisch weg befindet.

Das Besteck wird nicht zu tief, sondern oberhalb des unteren Drittels gehalten. Nur beim Schneiden kann der Zeigefinger im unteren Drittel am Ende des Griffs Druck auf die Klinge ausüben. Alle Besteckteile werden in einem leichten Winkel nach unten gehalten. Es gilt als schlechtes Benehmen, wenn während des Essens die Handballen auf dem Tisch liegen, während das Besteck waagerecht über dem Teller geführt wird.

Der Gebrauch des Messers

Das Messer halten Sie mit der rechten Hand. Für Linkshänder ist diese Regel eigentlich nicht akzeptabel, was verständlich erscheint, wenn man als Rechtshänder einmal versucht, mit der linken Hand zu schneiden. So kann Ihnen als Linkshänder heutzutage kein Vorwurf gemacht werden, wenn Sie das Besteck spiegelverkehrt benutzen.
Beim Schneiden hält man das Messer so, dass mit dem Zeigefinger Druck nach unten ausgeübt und mit Daumen und Mittelfinger das Wegrutschen des Messers vermieden wird. Aber nicht nur beim Schneiden, son-

dern auch beim Schieben von Speisen auf die Gabel wird das Messer in dieser Art gehalten.

Vom Umgang mit verschiedenen Messern

Für die verschiedenen Gänge ist jeweils ein bestimmtes Messer vorgesehen: Das kleine Brotmesser liegt auf dem Brotteller, das Vorspeisenmesser liegt rechts vom Teller ganz außen und ist normalerweise schmäler und kürzer als das Fleischmesser für den Hauptgang. Es kommt nur dann zum Einsatz, wenn Vorspeisen zerteilt werden müssen.

Gibt es beispielsweise Salat als Vorspeise, wird das Messer in der Regel nicht gebraucht, sodass Sie es einfach liegen lassen – es wird dann mit Vorspeisenteller und -gabel abgedeckt. Da setzt natürlich voraus, dass auch die Küche weiß, wie den Regeln entsprechend gegessen wird, und die großen Salatblätter gut zerkleinert hat. Es wäre gegen die klassischen Regeln, die Salatblätter mit Messer und Gabel entzwei zu schneiden. Wurde das Messer dagegen verwendet, legen Sie es etwas schräg auf die rechte Seite des Tellers, wobei die Schneide nach innen zeigen sollte.

Fisch wird nie geschnitten, deshalb hat das Fischmesser auch keine scharfe, sondern eine stumpfe Schneide.

Das Fischmesser

Eine für ein Messer ungewöhnliche Form weist das Fischmesser auf: Es ist mit einer geschwungenen stumpfen, aber spitzen Klinge versehen, weil weicher

Fisch nie geschnitten, sondern nur zerteilt wird. Wird für jeden Gast ein ganzer Fisch auf den Teller gebracht, wird das Messer auch zum Tranchieren des ganzen Fisches verwendet. Die Kerbe auf der Oberseite der Klinge dient zur deutlichen Unterscheidung des Fischmessers gegenüber den anderen Messern im Gedeck – ihre Ausführung ist weitgehend vom Design des Besteckes abhängig.

➤ Das Fischmesser finden Sie auf der rechten Seite des Tellers zwischen Vorspeisen- und Fleischmesser.

Das Fischmesser ist für den Linkshänder ein echtes Problem: Es kann nicht spiegelverkehrt benutzt werden, was entweder dadurch zu lösen ist, dass man es nicht gemäß den Regeln einsetzt oder um eine zweite Gabel bittet, mit der die Funktion des Fischmessers gut nachgeahmt werden kann.
Übrigens: Geräucherter Fisch wird immer mit einem Fleischmesser gegessen.

Das Fleischmesser
Es ist das größte aller eingedeckten Messer und dient nur zum Schneiden. Wenn Sie keinen Fehler beim Essen machen wollen, dann sollten Sie sich diese Regel gut merken! Denn kaum jemand hält sich daran, aber Sie können gegenüber »Fachleuten« mit der Beherzigung dieses Rates Punkte sammeln.

Für den Fleischgang werden ein Fleisch- oder Steakmesser und eine Gabel eingedeckt.

Sie schieben also mit der Gabel gegen das Messer und erzielen damit den gleichen Erfolg, als wenn Sie umgekehrt vorgehen würden. Das Essen kommt auf der Gabel zu liegen, wenn diese abschließend etwas gedreht wird, sodass sie flach auf dem Teller aufliegt.

Das Steakmesser

Das spitze und sehr scharf geschliffene Steakmesser ist eine Sonderform des Fleischmessers und wird statt des üblichen Fleischmessers eingedeckt, wenn die Küche der Ansicht ist, dass es zum Schneiden des Fleisches notwendig ist. Dies ist nicht nur bei Steaks der Fall, sondern oft auch bei Haxen-Gerichten, wenn die feste Kruste mit einem normalen Fleischmesser nicht geschnitten werden kann.
Das Messer kann aber auch als zusätzliches Messer zusammen mit dem Hauptgang gereicht werden. Wenn ein solches Messer auf den Tisch kommt, muss es statt des üblichen Fleischmessers benutzt werden.

Das Dessertmesser

Auch das Dessertmesser sollten Sie nie zum Schieben verwenden, sondern mit der Gabel gegen das Messer schieben. Es fällt im Gedeck durch seine geringe Größe auf und liegt oberhalb des Platztellers. Der Griff zeigt nach rechts.

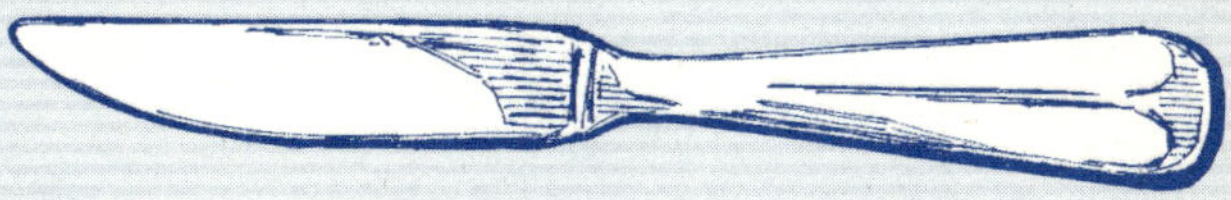

Das Dessertmesser gehört neben dem Brotmesser und dem Käsemesser zu den kleinsten Messern im Gedeck.

Wird zum Nachtisch Käse angeboten, so findet ein Käsemesser Verwendung. Dieses weist am Ende der Klinge zwei Spitzen auf, mit denen Käsestücke von der gemeinsamen Käseplatte aufgespießt und auf den eigenen Teller gelegt werden. In der Regel zeigen die beiden Spitzen seitwärts, können bei modernerem Design aber auch nach vorne zeigen.

Der Gebrauch der Gabel

In der Regel werden bei einem Fünf-Gänge-Menü vier Gabeln eingedeckt, die verschieden groß sind und sich teilweise in Details unterscheiden.

Normalerweise nimmt man die Gabel in die linke Hand. Wenn kein Messer gebraucht wird, kann die Gabel auch mit der rechten Hand benutzt werden. Die Gabel wird möglichst weit am Ende gehalten, wobei der Zeigefinger zur Mitte hin Druck auf die Zinken ausübt, wenn gleichzeitig mit der rechten Hand das Messer zum Schneiden benutzt wird. Führen Sie die Gabel immer so zum Mund, dass sie dabei nur leicht geneigt wird – auch aufgespießte Speisen befördert man nicht im steilen Winkel.

➤ *Wenn beim Dessert kein Messer gebraucht wird, nimmt man die Dessertgabel in die rechte Hand.*

Wird die Gabel als Schaufel benutzt, etwa bei Reis und Kartoffeln, wird sie umgedreht und mit den Zinken nach oben verwendet. Der Stiel liegt dabei in der Beuge zwischen Daumen und Zeigefinger.

Der Umgang mit verschiedenen Gabeln

Die Gabel für die Vorspeise ist kleiner und kürzer als die des Hauptgangs, und sie liegt links neben dem Platzteller ganz außen.

Auffällig in ihrer Form ist die Fischgabel: Sie hat dickere Zinken, wobei der mittlere Zwischenraum etwas weiter in die Gabel hineinreicht, wodurch man sie gut von der normalen Gabel unterscheiden kann. Sie liegt links vom Platzteller zwischen Vorspeisen- und Fleischgabel.

Die Fleischgabel ist die größte von allen, wobei es sehr lange und etwas kürzere Ausführungen gibt, was vom Design des gesamten Bestecksatzes abhängt. Sie liegt links unmittelbar neben dem Platzteller.

➤ Nach dem Gebrauch legen Sie die Gabel ganz auf den Teller und nicht mit dem Griff auf den Tisch.

Die kleinste Gabel ist die Dessertgabel, die quer oberhalb des Platztellers mit dem Griff nach links liegt. Es werden oft sowohl ein Dessertmesser als auch eine Dessertgabel aufgedeckt, weil die Speise mit dem Messer geschnitten oder auch mit der Gabel zerteilt werden kann. Kaum jemand isst heute noch weiche bzw. nahezu flüssige Nachspeisen mit der Gabel. Der Einsatz des Dessertbestecks sollte sich also nach der Art des Nachtisches, insbesondere nach dessen Konsistenz richten. Gegebenenfalls wird ein Löffel gereicht.

Je nach Art des Desserts benötigt man eine Dessertgabel und ein Dessertmesser bzw. einen Dessertlöffel

Bleibt noch die langstielige Fonduegabel zu erwähnen, die beim Fondue-Essen zusätzlich zu den anderen Gabeln auf den Tisch kommt. Sie dient ausschließlich zum Garen von Fleischstücken, indem die rohen Stücke aufgespießt und in das heiße Öl oder in die heiße Brühe getaucht werden. Dort bleibt die Gabel stehen, ohne dass man sie mit der Hand festhält, bis das Fleisch gar ist. Dann wird das Fleisch auf den Teller gebracht, dort mit Hilfe der normalen Gabel abgestreift und mit dem üblichen Besteck gegessen. Keinesfalls darf das Fleisch direkt von der Fonduegabel gegessen werden, denn das wäre zum einen sehr unhygienisch, weil die Gabel ja wieder in den gemeinschaftlichen Topf gegeben wird, und zum anderen für die Lippen ungesund, weil die Gabel im Topf einer sehr hohen Temperatur ausgesetzt ist.

Die Vorlegegabeln

Vorlegegabeln sind dort zu finden, wo aufgeschnittene oder anderweitig portionierte Lebensmittel von einer gemeinsam benutzten Platte genommen und auf den eigenen Teller gelegt werden. Dies ist vor allem bei Buffets der Fall, kann aber auch am gedeckten Tisch vorkommen, wenn beispielsweise Vorspeisen auf großen Tellern herumgereicht werden.

Eine Vorlegegabel wird nur zum Servieren, nicht zum Essen benutzt.

Wird Fisch auf einer gemeinsamen Platte gereicht, kommt nach den klassischen Regeln ein Fischvorlegebesteck zur Verwendung, das gegenüber dem Fischbesteck im Gedeck deutlich größere Ausmaße hat. Vergessen Sie nie, die Vorlegegabel wieder auf die Platte zurückzulegen! Dies ist erwähnenswert, weil Vorlegegabeln nicht immer die typische zweizinkige, an den Spitzen gebogene Form aufweisen, sondern oft nur »normale« Gabeln in der Größe von Vorspeisegabeln benutzt werden.
Eine Vorlegegabel wird streng genommen dann unbrauchbar, wenn sie auf dem Teller eines Gastes abgelegt wurde. Selbstverständlich ist dies insbesondere dann der Fall, wenn mit ihr auch gegessen wird. Es wäre bei einem privaten Essen etwas peinlich, wenn der Gastgeber mangels Ersatz die Vorspeisengabel wieder zurückfordern und in der Küche spülen müsste. In einem Restaurant würde die Vorspeisengabel stillschweigend ersetzt werden.

Der Gebrauch des Löffels

Den großen Suppenlöffel finden Sie auf der rechten Seite ganz außen, weil die Suppe meist als erster Gang des Essens gereicht wird. Ist eine kalte Vorspeise vorgesehen, so wird diese vor der Suppe gegessen, und dementsprechend liegt der Suppenlöffel als zweites Besteckteil neben dem ganz außen liegenden Vorspeisenmesser. Wird die Suppe in Tassen serviert, so liegt der in diesem Fall etwas kleinere Suppenlöffel auf der rechten Seite des Untertellers.

➤ Auch hier gilt, dass Linkshänder den Löffel in die linke Hand nehmen dürfen.

Die Handhabung des Löffels ist normalerweise jedem Menschen vertraut – kontrollieren Sie aber einmal

Ihre Gewohnheiten, ob sie den Regeln entsprechen: Der Stiel liegt in der Beuge zwischen Daumen und Zeigefinger auf und wird in Richtung Löffel von Daumen und Zeigefinger gehalten, während der Mittelfinger das Gewicht des Löffels abstützt.
Füllen Sie den Löffel immer nur zu zwei Dritteln – dies erleichtert den »Transport« der Suppe zum Mund. Damit ist auch die oft immense Größe des Löffels erklärt, denn man möchte ja trotz der Zwei-Drittel-Füllung die Suppe essen, solange sie noch heiß ist.
Der Suppenlöffel wird immer zuerst mit der Spitze in den Mund geschoben. In angelsächsischen Ländern wird der Löffel dagegen mit der Breitseite an den Mund geführt. Es erfordert etwas mehr Geschick, die Suppe auf diese Weise ohne Schlürfen und Verkleckern zu essen.

Dessert- und Kaffeelöffel
Neben dem Suppenlöffel, der auch als Tafellöffel bezeichnet wird, ist im Gedeck möglicherweise noch der Dessertlöffel oberhalb des Platztellers zu finden, der für Desserts mit flüssigerer Konsistenz vorgesehen ist.

Der Kaffeelöffel liegt immer auf der Untertasse, nicht daneben.

Wird zum Dessert oder danach Kaffee oder Mokka gereicht, werden dazu kleine Löffel serviert: bei Kaffee ein kleiner und bei Mokka ein noch kleinerer, zierlicher Löffel.

Die Löffel im Vorlegebesteck

Zusätzlich zu den Löffeln im Gedeck kann noch eine ganze Reihe von Löffeln je nach Bedarf als Vorlegebesteck Verwendung finden. Im 159-teiligen Besteck können dies immerhin acht Löffel verschiedenster Form und Größe sein.

Wird der Salat in einer großen Schüssel gereicht und erst am Tisch in die kleinen Salatteller bzw. Salatschüsselchen verteilt, werden hierzu zwei Löffel verwendet, die im Allgemeinen als Salatbesteck bezeichnet werden. Man nimmt in jede Hand einen Löffel, greift mit ihnen einige Salatblätter, lässt sie leicht abtropfen und führt sie dann zum eigenen Salatteller.

> ➤ Mit dem größten »Löffel«, der Suppenkelle, hat man meist nichts zu tun, weil die Suppe von der Bedienung in die Teller gefüllt wird.

Der Saucenlöffel weist eine charakteristische breite Form auf und hat am linken Ende einen »Schnabel«, der es ermöglicht, die Sauce ohne Tropfen dorthin zu gießen, wo sie auch erwünscht ist. Machen Sie ihn nicht zu voll, weil Sie ansonsten etwas verschütten könnten.

Desweiteren gehören zum Vorlegebesteck zwei große Löffel, für deren Handhabung besondere Regeln gelten. Ihr Gebrauch erfordert etwas Übung und Geschick, denn sie werden beide mit einer Hand gleichzeitig geführt. Im Restaurant kommen Sie damit nicht in Berührung, denn sie sind allein der Bedienung vorbehalten.

Abschließend seien noch zwei Löffel in Muschelform erwähnt, von denen der kleinere als Zuckerlöffel und der größere als Sahne- oder Kompottlöffel dient.

Die Bestecksprache

Eine Art von Geheimsprache ist mit dem Ablegen des Bestecks beim Trinken, in der Essenspause oder nach dem Essen verbunden. Sie erspart Ihnen beispielsweise die Frage während einer Essenspause, ob Sie schon fertig sind. Man kann mit Messer und Gabel auch Lob oder Kritik zum Ausdruck bringen. Bei privaten Einladungen in den Räumlichkeiten des Gastgebers gebietet es allerdings die Höflichkeit, seinen Unmut nicht mit der Bestecksprache zu äußern. Grundsätzlich gilt, dass das Besteck immer so auf dem Teller abgelegt wird, dass es nicht versehentlich vom Teller rutschen kann. Auch darf das Besteck nicht – weder in der Essenspause noch nach Abschluss des Essens – in den Speisen stecken. Legen Sie das gebrauchte Besteck niemals auf die Tischdecke! Auch die Serviette fällt als Ablegeplatz aus.

Wenn man beim Essen kurz pausieren möchte, zeigt man dies durch Überkreuzen des Bestecks an.

Das möchte man mit dem Besteck sagen

Essenspause Das Besteck liegt gekreuzt auf dem Teller, wobei die Messerschneide nach innen und die Zinken der Gabel nach oben oder unten zeigen.
Bitte abräumen Das Besteck liegt nebeneinander auf dem Teller, wobei die Griffe nach rechts unten zeigen (Fünf-Uhr-Position). Auf keinen Fall dürfen die vorderen Enden des Bestecks auf dem Tellerrand und die Griffe auf dem Tisch liegen.
Es war alles einwandfrei Das Besteck zeigt mit den Griffen nach links unten entsprechend der Fünf-nach-halb-sieben-Position.
Das Essen war nicht gut Das Besteck zeigt (spiegelverkehrt zur Lobstellung) mit den Griffen nach rechts unten entsprechend der Fünf-vor-halb-sechs-Position).

Die Teller

Wenn Sie sich an den Tisch setzen, steht – wenn die Tafel klassisch eingedeckt ist – vor Ihnen ein großer Teller, der im Gegensatz zu den anderen Tellern in der Regel aus Edelmetall (meist Silber oder versilbert) gefertigt ist. Dieser Teller dient ausschließlich als repräsentative Unterlage für die verschiedenen Teller des Menüs. Weder darf darauf gegessen, das Besteck abgelegt oder zwischen den Menügängen ein Glas abgestellt noch die Serviette abgelegt werden. In Restaurants ist heutzutage der Platzteller nur noch selten anzutreffen.

Der Umgang mit den Tellern der Menügänge ist problemlos, weil sie bei jedem Gang neu aufgedeckt und danach sofort wieder abgeräumt werden. Welche Teller bei welchem Gang zum Einsatz kommen, ist allein Sache des Gastgebers bzw. des Restaurants.

Ungewohnte Formen der Essens

Die Anwendung des bei uns üblichen Bestecks gilt in der ganzen Welt als Standard und ist auch in anderen Essenskulturen im internationalen Rahmen (internationale Hotels, Restaurants) üblich. Die Akzeptanz europäischer Esskultur findet aber an Orten, wo internationale Kontakte keine Rolle spielen, rasch ihr Endc.

Mit Stäbchen essen

Im asiatischen Raum sind Stäbchen unangefochten das Standardbesteck. Wenn Sie bei einer Reise in die Länder dieses Kontinents auch private Kontakte pflegen wollen, wobei das Essen eine große Rolle spielt, sollten Sie sich noch zu Hause Stäbchen besorgen und fleißig üben. Bei Ihren Gastgebern in Fernost werden Sie angesichts Ihrer Geschicklichkeit im Umgang mit den Stäbchen freudiges Erstaunen hervorrufen.

➤ Üben Sie in einem der vielen chinesischen Lokale, wo man Sie meistens bereitwillig in die Kunst des Stäbchenessens einweiht.

Gewusst wie

Es werden zum Essen zwei Holzstäbchen gereicht. Das erste Stäbchen legen Sie in der Mitte des oberen Drittels in die Mulde zwischen Daumen und Zeigefinger der rechten Hand, wobei die Mitte des Stäbchens auf

dem Ringfinger in Höhe des Fingernagels zu liegen kommt. Der Daumen übt dabei leichten Druck nach unten auf das Holz aus, sodass es sich nicht mehr bewegen kann.
Das zweite Stäbchen nehmen Sie wie einen Stift zwischen Daumen und Zeigefinger, indem der Daumen die unbewegliche Führung bildet und der Zeigefinger den beweglichen Partner darstellt. Die Enden der beiden Stäbchen müssen nebeneinander liegen.
Das Ende des beweglichen oberen Stäbchens kann nun gegen das Ende des unbeweglichen unteren geführt werden. Auf diese Weise werden die Speisen eingeklemmt oder auf die beiden Enden gehäuft. Verschieben sich die Stäbchen beim Essen gegeneinander, sodass die Enden nicht mehr nebeneinander liegen, stoßen Sie beide auf Teller oder Schälchen sanft wieder zurecht.

Das untere Stäbchen liegt unbeweglich in der Hand, während das obere Stäbchen hin und her bewegt werden kann

Das Essschälchen, das in der Regel statt eines Tellers gereicht wird, darf in die Nähe des Mundes geführt werden, weil so der Weg der Speisen zum Mund nicht mehr weit ist und beim Essen die aufrechte Haltung gewahrt werden kann.

Essen mit den Fingern im orientalischen Raum

In manchen Teilen Asiens und insbesondere in der arabischen Kultur gehört das Essen mit den Fingern zur traditionellen Art, das Essen einzunehmen. Dies ist durchaus mit Feinheit und Eleganz möglich; selbst in höchsten gesellschaftlichen Kreisen würde das europäische Besteck Verwunderung und Ablehnung hervorrufen.

Im Orient werden die Speisen größtenteils mit den Fingern gefasst und gegessen.

Es wird nur mit der rechten Hand gegessen, die linke bleibt unter dem Tisch. Selbstverständlich funktioniert dies nur mit der landesüblichen Kost, wobei klebriger Reis eine wichtige Rolle spielt. Zwischen dem Zeigefinger und dem Ringfinger der rechten Hand wird ein Kügelchen aus klebrigem Reis gerollt, wobei das Kügelchen an diesen Fingern kleben bleiben muss. Mit dem Daumen werden kleine Fleischstückchen oder Gemüsestücke gegen das Reiskügelchen geschoben und so zum Mund geführt.

Auch Sauce kann auf diese Weise aufgenommen werden. In Indien ist das Essen mit den Fingern ebenfalls weit verbreitet, wobei allerdings kein Reis, sondern hauchdünnes Fladenbrot aus Reis-, Linsen oder Kichererbsenmehl als Grundlage dient.

Essen mit den Fingern im abendländischen Raum

Bei uns ist das Essen mit den Fingern bei gehobenen Anlässen oder Festivitäten nur in klar definierten Situationen möglich – und dann immer nur mit einer Hand. Dies ist der Fall, wenn die Speisen nicht oder nur schwer mit Messer und Gabel zu essen sind. Das Essen wird nicht in kleinen Happen mit der Gabel zum Mund geführt, sondern es wird ein größeres Stück in die Hand genommen und davon abgebissen.

Vor allem Geflügel wird oft mit den Fingern gegessen, wenn es nicht knochenfrei portioniert wurde, sondern Keulen und Flügel im Ganzen serviert werden (➽ Seite 79–80). Auch einige Meerestiere werden mit den Fingern gegessen (➽ Seite 68–73).

➢ Das kleine Wasserschälchen zum Reinigen der Finger wird auch »Fingerbowle« genannt.

Fingerschälchen

Das Essen mit den Fingern ist aber nur dann Etikette, wenn die Enden von Keulen mit Papierbanderolen versehen sind, sodass die Finger das Fleisch nicht berühren, oder wenn bei jedem Gast Fingerschälchen mit lauwarmem Wasser bereitgestellt werden. Dazu werden Zitronenscheiben gereicht. Diese presst man leicht zusammen und streift mit ihnen das Fett von den Fingern. Anschließend werden die Finger im Schälchen abgespült und mit der Serviette getrocknet.

Der Gebrauch von Gläsern

Auf einer traditionell eingedeckten Tafel finden Sie drei Gläser pro Gedeck, wobei das größte entweder das Bier- oder das Rotweinglas ist. Wenn das Bier direkt vom Fass kommt, wird im Restaurant das Bierglas immer erst nach der entsprechenden Bestellung gefüllt. Im gleichen Zuge werden die Weingläser, die nicht gebraucht werden, abgedeckt. Dies ist zwar nicht gerade die feine Art, spart aber das Spülen von nicht benutzten Gläsern. Denn alle Gläser, ob benutzt oder nicht, müssen gespült werden, wenn sie auf dem Tisch stehen bleiben. Bei einer privaten Einladung wird der Gastgeber, so genug Platz auf dem Tisch ist, alle Gläser im Gedeck stehen lassen.

➤ *Wenn Sie von Bier auf Wein umsteigen, bekommen Sie wieder ein Weinglas serviert.*

Das Glas erheben

Alle Gläser, die bei einer klassisch eingedeckten Tafel Verwendung finden, haben einen Stiel. In der Mitte des Stiels fasst man das Glas an, weil damit unschöne Fingerabdrücke am Glas und die Erwärmung des Weins durch die Hand verhindert wird. Kommen doch einmal Gläser ohne Stiel zum Einsatz oder werden Getränke in Silberbechern gereicht, dann wird das Gefäß in der Mitte angefasst und nicht oben am Rand.

Für jedes Getränk gibt es ein eigenes Glas.

Allgemeine Regeln am Tisch

Rund ums Essen gibt es eine Reihe von Regeln, die nicht direkt mit der Einnahme des Essens zu tun haben, die aber dazu dienen, dem Essen einen stilvollen Rahmen zu geben. Manche erscheinen dem zivilisierten Menschen als Selbstverständlichkeit, sollen hier aber der Vollständigkeit halber erwähnt werden. Andere geraten leicht in Vergessenheit, weil sie einem vielleicht unwichtig erscheinen mögen. In der entsprechenden Situation können sie aber an Bedeutung gewinnen.

Selbstverständlichkeiten

- Vor dem Essen sucht man die Toilette auf und wäscht sich die Hände.
- Am Tisch sollte man Haltung bewahren: Auch zwischen den Gängen ist eine aufrechte Sitzhaltung angebracht. Die Ellbogen kommen mit dem Tisch nie in Berührung.

> ➤ Tabu ist auch das Kauen von Kaugummi zwischen den Gängen.

- Dass laute Verdauungs- oder Körpergeräusche absolut verpönt sind, und das nicht nur beim Essen, gehört eigentlich zum gesellschaftlichen Grundwissen.
- Zu diesen allgemein anerkannten Tabus zählen auch Verrichtungen wie das Kauen von Fingernägeln und das Nasenbohren mit den Fingern.
- Erlaubt ist natürlich das Säubern der Nase mit dem Taschentuch, wenn man sich dabei vom Tisch abwendet und die Aktion nicht allzu lange ausdehnt. Besser wäre es, zu diesem Zweck kurz aufzustehen und sich ein paar Schritte vom Tisch zu entfernen.

★ Auch das Schmatzen und Schlürfen ist kein Zeichen dafür, dass es besonders gut schmeckt, sondern gilt als grobe Unhöflichkeit gegenüber den anderen Personen am Tisch.

Servieren und Abtragen

Alle Tätigkeiten des Servierens und Abdeckens sind nicht Sache des Gastes, sondern ausschließlich die des dafür anwesenden Personals. Dazu gehören auch »hilfsbereite« Handreichungen, die zwar nett gemeint sein können, aber von gut ausgebildetem Servicepersonal in der Regel nicht erwünscht sind.

➢ Nehmen Sie die Teller beim Servieren nicht mit der Hand an, denn sie können sehr heiß sein.

Stellen Sie nach einem Menügang keine Teller zusammen, sondern lassen Sie sie so stehen, wie sie eingedeckt waren. Aufeinander getürmte Teller lassen sich nur schwer zwischen den Köpfen der Gäste hindurch balancieren – vor allem dann, wenn darauf noch jede Menge Besteck liegt. Die Bedienung tut sich mit einzelnen Tellern leichter, von denen mehrere fachgerecht hinter den Gästen aufgenommen und abgetragen werden.
Auch das Annehmen von vollen Gläsern mit der Hand kann problematisch sein, ganz abgesehen davon, dass damit ein Verstoß gegen die Etikette begangen wird.
Der Servierwagen ist für den Gast tabu, auch wenn er direkt hinter ihm steht und beispielsweise zum Nachfassen verführt. Ebenso werden die Warmhalteglocken, die möglicherweise auf dem Tisch über einer Schale oder Platte stehen, nur durch das Servicepersonal geöffnet. Ob direkt vom Tisch oder vom Servier-

wagen: Der Wunsch des Nachfassens wird unauffällig signalisiert und keinesfalls eigenmächtig erfüllt. Werden diese Regeln nicht eingehalten und wird infolge dessen etwas verschüttet oder geht etwas zu Bruch, wird dies letztlich dem Personal angelastet, obwohl der Gast es verursacht hat: Rotwein gelangt auf die Kleidung eines Gastes, Saucen tropfen von zusammengestellten Tellern, Besteck fällt herunter, Gäste fassen heiße Warmhalteglocken an und lassen sie im Reflex des Schmerzes fallen, heiße Suppen werden verschüttet – niemand wird Ihnen für Ihre »Hilfe« danken.

Für das Personal ist es in der Regel überhaupt keine Hilfe, wenn die Gäste nach dem Essen die Teller zusammenstellen.

Die speziellen »Vergehen« rund ums Essen

Auch im Umfeld des Essens gibt es eine Reihe von Möglichkeiten, gegen die Regeln der Höflichkeit zu verstoßen: Es wäre sicherlich unhöflich gegenüber dem Gastgeber, wenn Sie von den servierten Speisen nichts oder kaum etwas essen würden. Sie könnten den Eindruck erwecken, als wären Sie an den servier-

ten Leckerbissen kulinarisch höchst interessiert, aber einfach kein guter Esser.
Auch wenn Sie die Speisen nicht kennen, sollten Sie wenigstens von allem etwas probieren – so entgehen Sie der Einschätzung von Gastgeber und Gästen, altmodisch, unflexibel und ignorant gegenüber Neuem zu sein. Allerdings ist nichts dagegen einzuwenden, wenn Teile des Menüs bei Ihnen keinen Anklang finden und Sie die aufgetragenen Speisen nicht vollständig aufessen.

➢ Es macht keinen guten Eindruck, wenn Sie die Speisen sehr schnell essen, um noch einmal nachfassen zu können.

Leiden Sie am Tag einer Essenseinladung an einer Magenverstimmung, dann kann es für Sie besser sein, sich mit gutem Grund zu entschuldigen und dem Essen fernzubleiben, als sich der Qual einer üppigen Tafel auszusetzen.

Benimmregeln während des Essens

✯ *Nachschlag* Dieser wird insbesondere bei Suppe und Vorspeise nicht gern gesehen, weil diese Gänge angesichts des folgenden Hauptgangs in der Regel in nicht so großer Menge zubereitet werden.

✯ *Sonderwünsche* Mit Sonderwünschen bezüglich des Menüs sollte man zurückhaltend sein – sie stören den gesamten Ablauf in der Küche.

✯ *Buffet* Bei einem Buffet sollten Sie lieber zweimal gehen, als die Speisen auf Ihrem Teller anzuhäufen, bis kein Platz mehr darauf ist. Man könnte meinen, Sie hätten für diese Einladung tagelang gehungert!

✯ *Zahnstocher* Den Zahnstocher hinter der vorgehaltenen Hand am Tisch zu benutzen, ist zwar nach den klassischen Regeln erlaubt, erregt aber heutzutage bei nicht wenigen Menschen Widerwillen. Stehen Sie stattdessen nach dem Fleischgang kurz auf, und benutzen Sie den Zahnstocher auf der Toilette.

★ *Nachwürzen* Als Beleidigung für die Küche wird es meistens aufgefasst, wenn Sie Salz und Pfeffer verlangen und übertrieben nachwürzen. In der Regel werden keine Gewürze auf den Tisch gestellt, weil dem Koch nicht ins Handwerk gepfuscht werden soll.

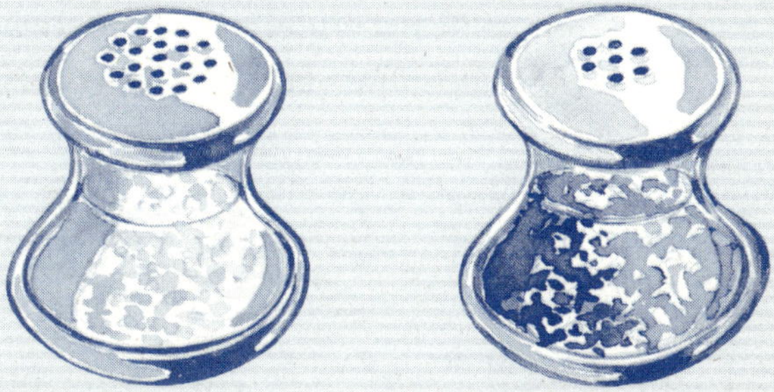

In einem besseren Restaurant wird es nicht gern gesehen, wenn der Gast das Essen kräftig nachwürzt.

★ *Gähnen* Das herzhafte Aufreißen des Mundes ist nicht immer nur Ausdruck von Langeweile, sondern kann auch die Folge von Sauerstoffmangel sein – es lässt sich kaum unterdrücken. Man sollte aber möglichst unauffällig gähnen: entweder mit geschlossenem Mund oder mit der Hand vor dem Mund.

★ *Rauchen* Bis alle Gänge beendet sind, ist das Rauchen während des Essens in Gesellschaft heutzutage höchst unerwünscht. Erst bei Mokka oder Kaffee kann geraucht werden, wobei man unbedingt die anderen Gäste und den Gastgeber um Erlaubnis fragen sollte. Falls das Essen in den Räumen des Gastgebers stattfindet, sollte man die Zigarette vorsichtshalber im Freien (Balkon oder Terrasse) genießen.

☆ *Duftwolken* Fingerspitzengefühl ist beim Auftragen von Parfüm, Eau de Toilette oder Rasierwasser gefragt, denn am Tisch sollten die Essensgerüche dominieren und nicht die persönlichen Duftnoten.

Gespräche bei Tisch

☆ Tischgespräche während des Essens sind nur mit den unmittelbaren Nachbarn erlaubt, weil lediglich mit Ihnen in normaler Lautstärke kommuniziert werden kann.

☆ Man sollte unbedingt vermeiden, hinter vorgehaltener Hand zu tuscheln oder zu flüstern. Dies ist zum einen unhöflich und zum anderen unpraktisch, denn Sie brauchen Ihre Hände ja zum Essen.

☆ Ein unmögliches Verhalten legt man an den Tag, wenn man vor oder hinter dem Kopf des direkten Nachbarn ein Gespräch mit dem übernächsten Nachbarn führt.

☆ Zwischen den Gängen kann es bei den Gesprächen am Tisch schon etwas lauter sein als während des Essens, wobei aber Nörgelei über die Qualität des Essens meistens nicht gut ankommt.

Zwischen den Gängen

Zwischen den Gängen sollte sich die Tafel nicht auflösen, indem die meisten Gäste Ihre Plätze verlassen. Dies sollte nur dann geschehen, wenn notwendige Dinge erledigt werden müssen, und dazu zählt eigentlich nur der dringende Gang zur Toilette.

Hüten Sie sich als Handy-Besitzer davor, zwischen den Gängen aufzustehen und zu telefonieren, denn mit solchem Handeln demonstrieren Sie nicht Ihre Wichtigkeit, sondern bringen Ihre Ignoranz gegenüber dem Gastgeber und den Gästen zum Ausdruck. Überhaupt sollte das Handy während des ganzen Abends abgeschaltet oder zumindest stumm geschaltet sein, denn Sie werden niemandem eine Freude in der Runde oder im Lokal machen, wenn sich während des Essens Ihr Handy lautstark meldet.

> Völlig unmöglich ist es, wenn Sie sich in den Essenspausen am Tisch die Haare kämmen oder das Make-up korrigieren.

Sollten Sie vergessen haben, Ihr Handy auszuschalten, dann entschuldigen Sie sich und schalten es unverzüglich aus.

Versäumnisse von Küchen- und Servicepersonal

Dass sich selbst in sehr guten Restaurants oder in der heimischen Küche einmal ein Fehler einschleicht, ist normal und muss nicht lautstark kommentiert werden. Ein dezenter Hinweis ist genauso wirkungsvoll. Der Gastgeber hat sich bestimmt mit der Auswahl des Restaurants oder in seiner eigenen Küche viel Mühe gegeben – deshalb ist es peinlich, wenn Versäumnisse an die große Glocke gehängt werden.

Bei Pannen in der Küche machen Sie das Personal dezent auf den Fehler aufmerksam.

Das Haar in der Suppe

Das Haar in der Suppe – in vielen Filmen und Witzen ausgiebig behandelt – sollte durch die Kochmützen, die vom Küchenpersonal getragen werden, eigentlich unmöglich sein. Es kann aber auch auf anderem Weg in das Essen gelangen, nicht zuletzt beim Servieren. Im Restaurant lässt sich das Malheur relativ leicht ausbügeln, indem man eine Bedienung ohne großes Aufsehen zu sich winkt und die Suppe gegen eine andere austauschen lässt. Bei einem privaten Essen sollten Sie entweder das Haar unauffällig auf dem Tellerrand deponieren oder die Suppe kommentarlos stehen lassen. Letzteres bietet sich an, weil es zum einen nicht leicht ist, mit einem Löffel ein Haar aus der Suppe zu fischen, und weil andererseits der Appetit auf diese Suppe vermutlich ohnehin vergangen ist.

Nicht nur das berühmte Haar in der Suppe kann Anlass einer Reklamation sein.

Sonstige Qualitätsmängel

☆ *Heiße Suppe* Ist die Suppe zu heiß, um sie sofort zu essen, rührt man leicht mit dem Löffel, bis sie sich etwas abgekühlt hat. Ausgiebiges Pusten gehört nicht zur feinen Art.

☆ *Zähes Fleisch* Lässt die Qualität des Fleisches zu wünschen übrig, indem es so zäh ist, dass Sie es nicht kauen können, dann haben Sie nur die Möglichkeit, es unauffällig vom Mund auf den Tellerrand zu befördern. Dabei könnte ein Problem entstehen, denn die klassischen Regeln verlangen, dass Sie die Gabel vor den Mund halten, das durchgekaute Fleisch mit den Lippen vorsichtig darauf ablegen und es dann auf den Tellerrand legen. Dies gehört sicherlich nicht zu den unauffälligsten und ästhetischsten Tätigkeiten während des Essens. Überlegen Sie, ob Sie in diesem Fall nicht die Regeln durchbrechen wollen, weil es einfacher und unauffälliger ist, eine Sekunde lang die Finger zu benutzen und sie anschließend an der Serviette zu säubern.

➢ Keinesfalls sollte die Serviette zum Mund geführt und das Fleisch darin untergebracht werden.

☆ *Kork im Wein* Ein Fehler des Service ist es, wenn eine Weinflasche unsachgemäß geöffnet wird und dabei Brösel des Korkens in den Wein gelangen. Finden Sie solche Korkstückchen in Ihrem Wein, so versuchen Sie gar nicht erst, diese mit Löffel, Gabel oder Messer herauszufischen. Lassen Sie sich in einem neuen Glas aus einer anderen Flasche einschenken.

☆ *Schmutzige Gläser* Lippenstiftreste oder sonstige Flecken am unbenutzten Glas sollten in einem guten Restaurant eigentlich nicht vorkommen. Fragen Sie ohne viel Aufheben nach einem neuen Glas, das man Ihnen sicher anstandslos sofort bringen wird.

Die hohe Kunst des Essens

Viele Essmanieren haben sich etwas gelockert – so darf heute beispielsweise mehr mit den Fingern gegessen werden. Andere Regeln werden dagegen noch genauso strikt befolgt wie früher. Doch ein Trend ist klar erkennbar: Der Genuss wird überall höher eingeschätzt als die allzu dogmatische Einhaltung von Essmanieren. Genuss ist allerdings nicht möglich, wenn der Anstand bei Tisch nicht gewahrt wird. Fauxpas sind meist eine Folge von Unwissenheit: Es gibt eine Reihe von Speisen, die man nur mit bestimmten Techniken problemlos essen kann. Nicht nur der in dieser Hinsicht berüchtigte Hummer muss hier erwähnt werden, sondern auch so banale Dinge wie das Essen von Kernobst mit Besteck.

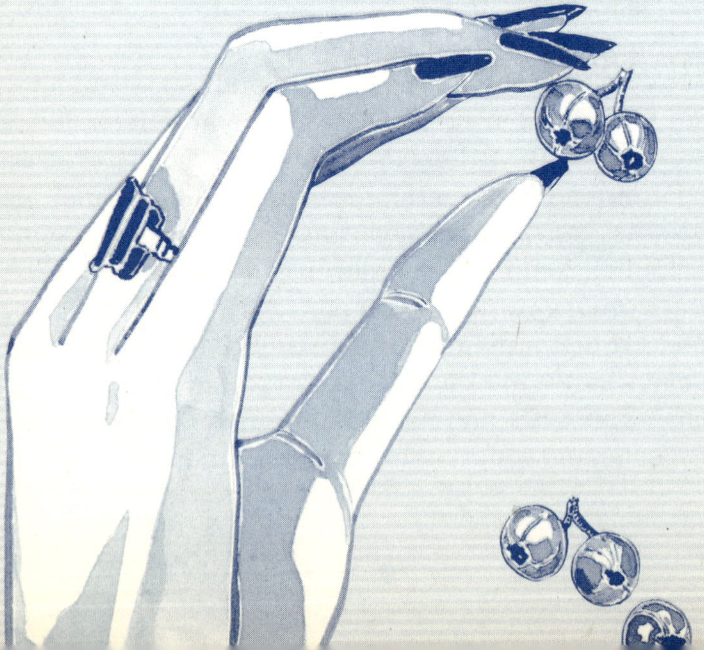

Vorspeisen

Kalte Vorspeisen bilden den ersten Gang des Fünf-Gänge-Menüs, worauf die Suppe folgt. Bei warmer Vorspeise ist die Suppe die Nummer eins in der Menüreihenfolge, die Vorspeise wird danach an zweiter Stelle serviert.
Vorspeisen werden bei einem Menü am Tisch mit dem Vorspeisenbesteck (die kleinen Gabeln und Messer) gegessen (➻ Seite 35 und 38), während sie bei einem Buffet auch im Stehen und nur mit einer Gabel verspeist werden können.

Amuse-gueule

Diese französische Minivorspeise ist lediglich als Appetithappen einzustufen – beispielsweise wird ein kleines Stück Pastete oder Mousse gereicht. Hierzu ist auf der Tafel kein Besteck eingedeckt, sondern es wird zusammen mit dem Amuse-gueule (zu Deutsch: »Gaumenkitzler«) gereicht.

Brot und Butter

Brot mit Butter, wobei auch kleine Brötchen gereicht werden können, ist die klassische Form der Menüeröffnung. Es herrscht noch nicht die während des Menüs angebrachte Konzentration auf die Speisen, und man kann sich ungezwungener am Tisch unterhalten. Das Brot hilft gegen den ersten Hunger und lockert die ganze Runde auf, sodass einem harmonischen Essen nichts mehr im Wege steht.
Man greift mit der Hand in den Brotkorb, nimmt ein Brötchen oder ein Stück Baguette und legt es auf sei-

nen Brotteller. Dann schneidet man mit dem dafür vorgesehenen Vorlegebesteck ein Stückchen Butter ab und legt es ebenfalls auf seinen Teller. Unfein ist es, nun das ganze Stück Brot mit Butter zu bestreichen und herzhaft hineinzubeißen. Stattdessen wird das Brot mit den Fingern in mundgerechte Teile gebrochen, diese häppchenweise mit Butter bestrichen und mit der linken Hand zum Mund geführt.

Kanapees

Ein Kanapee besteht aus einer kleinen, quadratischen oder runden Weißbrotscheibe, die mit Wurst, Käse, Pastete, Fisch – eigentlich mit allem, was klein oder in Stücken als pikante Auflage denkbar ist – belegt wird. Man garniert sie mit Gurken, Oliven, Salatblättern etc. Kanapees werden meist bei Empfängen oder ähnlichen Anlässen, wo man im Allgemeinen steht, gereicht. Sie werden mit der Hand gegessen.

Kanapees dürfen mit den Fingern gegessen werden – vorzugsweise mit denen der linken Hand.

Nehmen Sie dazu eine Serviette, denn manche sind so reichhaltig belegt, dass schon einmal etwas hinunterfallen kann. Vor allem aber dient die Serviette zum Reinigen von Fingern und Mund. Noch ein Tipp: Nehmen Sie das Kanapee ausschließlich in die linke Hand, dann bleibt die rechte Hand sauber und kann anstandslos zum Gruß gereicht werden.

Pasteten

Pasteten sind beliebte Vorspeisen, die kalt und in Stücken bzw. Scheiben geschnitten serviert werden. Die Konsistenz von Pasteten sollte nicht zu fest sein, damit man sie mit der Gabel zerteilen kann. Sie werden niemals mit dem Messer geschnitten.

Salat

Wenn man davon ausgeht, dass auch die Küche weiß, wie Salat nach den Regeln gegessen wird, dann kommt er so klein zerteilt auf den Tisch, dass man ihn problemlos mit der Gabel essen kann. Ist dies nicht der Fall, dürfen Sie die Salatblätter mit Gabel und Messer in essbare Stücke zerteilen (nicht schneiden!). Diese Regel hat sich heutzutage aus praktischen Gründen durchgesetzt, denn die klassische Regelung, dass zu große Salatblätter mit dem Messer zusammengefaltet werden, war doch reichlich umständlich.

Suppe

Unter Gourmets ist es ein offenes Geheimnis, dass die Qualität der Suppe ein Maßstab für das Können des Kochs ist. Deshalb gehört die Suppe auch zu den Höhepunkten der Kochkunst.

Die Regel, dass die Suppe immer mit der rechten Hand gelöffelt wird, ist passé. Ein Linkshänder kann heutzutage selbstverständlich den Löffel in die linke Hand nehmen, ohne die Etikette zu verletzen.

Klare Suppen werden meistens in Tassen serviert, gebundene in der Regel in Tellern.

➤ Es ist gegen die Regel, Brot in die Suppe zu tunken.

Die Suppentasse wird mit der linken Hand am Henkel gehalten. Der Teller darf leicht angehoben werden, wenn man den letzten Rest Suppe mit dem Löffel aufnehmen möchte. Vorher wird er nicht angefasst. Natürlich darf der Teller nicht zum Mund geführt werden, um den Rest Suppe zu trinken. Anders bei der Suppentasse, dort ist es erlaubt! Dabei wird die Tasse mit der rechten Hand zum Mund geführt.

Fisch und Meeresfrüchte

Beim Fünf-Gänge-Menü kommt der Fisch als dritter Gang nach der warmen Vorspeise oder der Suppe (bei kalter Vorspeise) auf den Tisch. Für diesen Gang ist ein besonderes Besteck vorgesehen. Fischgabel und Fischmesser unterscheiden sich deutlich von normalen Messern und Gabeln (➛ Seite 35–36, 39). Die Klinge des Fischmessers ist stumpf und leicht abgeschrägt, weil der Fisch nicht geschnitten, sondern zerteilt wird. Hilfreich ist dabei auch die scharfe Spitze des Messers. Fehlt das Fischmesser, können Sie den Fisch auch mit zwei Gabeln zerteilen und essen. Wenn Sie Linkshänder sind, wird Ihnen auch gar nichts anderes übrig bleiben, denn das Fischmesser ist mit der linken Hand nicht korrekt zu handhaben.

➢ *Verlangen Sie als Linkshänder eine zusätzliche Gabel.*

Das Tranchieren eines ganzen Fisches

In einem gehobenen Restaurant werden Sie nicht in die Verlegenheit geraten, einen kompletten Fisch selbst tranchieren, also zerteilen zu müssen. Das be-

sorgt in der Regel der Ober auf dem Servierwagen unmittelbar hinter Ihnen.
Beim Essen in privaten Räumen kann dies aber der Fall sein, weil möglicherweise keine Bedienung anwesend ist, die diese Arbeit verrichten könnte. Der Fisch liegt nun, ob gebraten oder gekocht, im Ganzen mit Kopf, Haut und Flossen vor Ihnen: Wie und wo fängt man mit dem Tranchieren an?
Sie können den Fisch so zerteilen, dass jeder Bissen, den Sie später zu sich nehmen, voller Gräten ist. Das ist ein Zeichen dafür, dass der Fisch nicht fachgerecht zerteilt wurde. Gehen Sie Schritt für Schritt folgendermaßen vor, und Sie werden den Fisch weitgehend ohne Gräten genießen können:

✯ Entfernen Sie zunächst die Flossen und die Haut, indem Sie mit dem Fischmesser am Rücken, also an der oberen, schmalen Seite des Fisches entlangfahren. Dabei sollte die Haut geteilt werden, sodass sie von dort aus nach unten hin abgezogen werden kann.

✯ Das eine Filetstück liegt nun frei vor Ihnen. Fahren Sie am Rücken mit dem Messer entlang, und heben Sie das Filet von den Gräten ab.

Die Haut wird vom Kopf bis zu den Flossen mit dem Fischmesser vorsichtig abgezogen.

✯ Dann wenden Sie den Fisch vorsichtig und lösen auch auf der anderen Seite das Filet von den Gräten.

✯ Die abgelöste Haut kann gegessen werden, wenn sie Ihnen geschmacklich zusagt. Je nachdem, wie der Fisch zubereitet wurde, ist sie durchaus genießbar. Wer die Haut nicht essen will, der legt sie auf dem Grätenteller ab.

✯ Haben Sie trotz größter Sorgfalt beim Tranchieren eine Gräte im Mund, schieben Sie diese mit der Zunge auf die Lippen, von dort auf die Gabel und anschließend auf den Grätenteller.

➢ Für jeden Gast sollte links, oberhalb des Platztellers, ein Grätenteller stehen.

Ein Sonderfall ist geräucherter Fisch. Er wird immer mit einem normalen Besteck gegessen, denn er wird nicht zerteilt, sondern geschnitten.

Austern

Man kann nicht davon ausgehen, dass Austern immer geöffnet serviert werden. Sie werden also möglicherweise irgendwann einmal am Tisch mit geschlossenen Austern konfrontiert werden. Wenn Sie nicht wissen, wie Sie die Austern fachgerecht öffnen, könnten Sie an der steinharten Schale scheitern. Dabei ist es gar nicht so schwer:

✯ Nehmen Sie die Auster in einer mehrfach gefalteten Serviette mit der gewölbten Seite nach unten in die Hand.

✯ Trennen Sie die Schale an der rückwärtigen Nahtstelle mit einem speziellen Austernmesser, das man Ihnen sicherlich zusammen mit einer Austerngabel gereicht hat, auf. Statt eines Austernmessers kann auch eine Austernzange benutzt werden. Dabei halten

Sie die Schale unbedingt waagerecht, weil sich innen Meerwasser befindet.

☆ Im unteren Teil der Schale finden Sie am so genannten Austernpunkt (der Schließmuskel) die Auster, die dort ähnlich wie eine Muschel haftet. Nehmen Sie die Schale in die linke Hand, und lösen Sie die Auster mit der Schneideseite der Austerngabel von der Schale ab. Lassen Sie sie aber in der Schale, sodass sie im Meerwasser schwimmt. Leider ist diese Tätigkeit für Linkshänder nur sehr schwer auszuüben, weil die Gabel für Rechtshänder konstruiert wurde. Entweder Sie versuchen, trotzdem mit der rechten Hand zurechtzukommen, oder Sie lassen sich helfen.

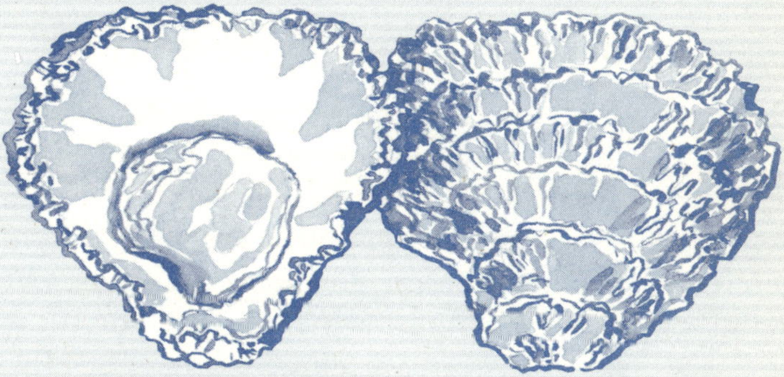

Nach dem Öffnen wird das Fleisch mit der Austerngabel von der Schale abgelöst.

☆ Mit der Austerngabel entfernen Sie nun in der Schale den Bart und den Darm, würzen vielleicht etwas mit Zitrone und schlürfen das Fleisch zusammen mit dem Meerwasser direkt aus der Schale, indem Sie diese zum Mund führen und nicht umgekehrt. Das salzige Meerwasser ist Gewürz genug – ein paar Tropfen Zitrone können aber den Geschmack abrunden. Wenn Ihnen das Schlürfen unangenehm ist, picken Sie das Fleisch mit der Austerngabel auf.

Werden die Austern geöffnet serviert, entfallen diese vorbereitenden Tätigkeiten. Achten Sie darauf, dass das Meerwasser nicht aus der Schale schwappt, wenn Sie die Auster von der Servierplatte heben und auf Ihren Teller legen. Vergewissern Sie sich vor dem Ausschlürfen, dass die Auster wirklich von der Schale gelöst ist. Fahren Sie zu diesem Zweck mit der Austerngabel unter die Auster: Schwimmt sie frei im Meerwasser, können Sie sie essen, hakt sie dagegen noch fest, müssen Sie sie mit der Schneideseite der Austerngabel ablösen.

➤ *Auch wenn es nicht unbedingt nötig ist, sollte ein Fingerschälchen bereitstehen.*

Garnelen, Scampi und Krabben

Es ist eigentlich ein hoffnungsloses Unterfangen, diese Meeresfrüchte mit Besteck essen zu wollen, denn sie werden meistens in ihrer Schale serviert. Nur mit dem kräftigen Einsatz der Finger ist es möglich, diesem Panzer beizukommen. So geht's:

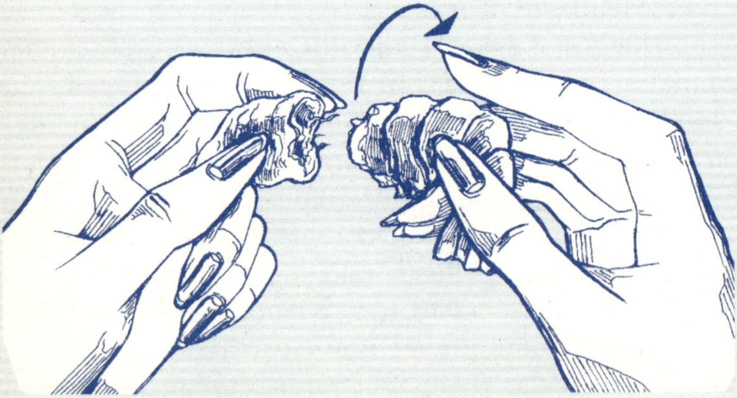

Mit einer leichten Drehbewegung löst man das Krabbenfleisch aus dem Panzer.

Fassen Sie den Kopf der Garnele mit der linken Hand, und drehen Sie mit der rechten Hand den Körper so fest herum, dass sich der Panzer löst. Anschließend ziehen Sie das Fleisch am Kopf aus dem Schwanzende heraus. Den schwarzen Faden des Darms lösen Sie mit der Gabel oder dem Fischmesser.
Nun können Sie das ausgelöste Fleisch genießen. Es ist nicht jedermanns Sache, auch noch die Köpfe der Krabben auszusaugen – Genießer schwören darauf.

Hummer und Langusten

Hummer ist der beliebteste Speisekrebs und zählt zu den Delikatessen. Der »amerikanische Hummer« kann bis zu 17 Kilogramm schwer werden. Der »schlanke Hummer« aus der nördlichen Nordsee, der auch »Kaisergranat« genannt wird, ist feiner im Geschmack.
In der Regel wird der Hummer längs halbiert serviert, denn das Aufschneiden des ganzen Hummers verlangt Übung und Kraft – außerdem ist diese Aktion kaum ohne Spritzer zu bewältigen, was am Tisch unangenehme Folgen haben kann.
Das wichtigste Werkzeug ist die Hummergabel, die sehr lang und schmal und mit zwei greiferähnlichen Zinken versehen ist. Mit ihr löst und zieht man das Fleisch aus der Schwanzfläche.

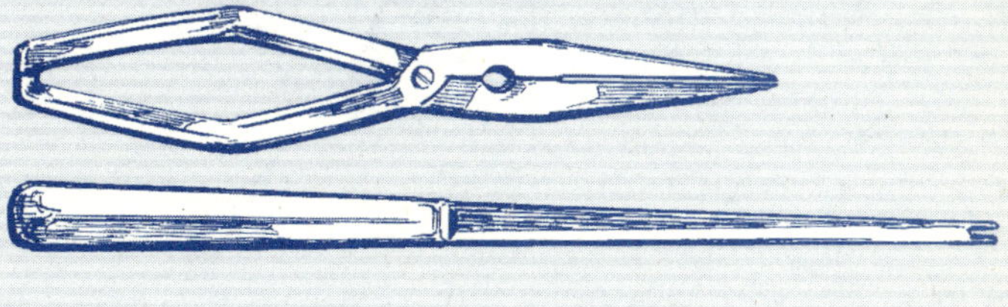

Einem Hummer rückt man fachgerecht mit Hummergabel und -zange zu Leibe.

Außerdem kommt in der Regel noch die Hummerzange zum Einsatz, wenn der Hausherr die Zangen des Hummers nicht schon in der Küche so aufgeschlagen hat, dass sie am Tisch an den Bruchstellen leicht geöffnet werden können.

Das Auslösen des Hummerfleischs

Und so lösen Sie das Hummerfleisch Schritt für Schritt aus: Brechen Sie zunächst den beweglichen Greifer ab, und knacken Sie dann mit der Hummerzange die Scheren Stück für Stück auf. Dabei sollten Sie aber gefühlvoll vorgehen, denn das wertvolle Fleisch in den Scheren sollte weder zerquetscht noch zerstückelt werden. Das Fleisch in den Scheren wird entweder mit der Hummergabel oder den Fingern gegessen.

➤ Auch beim Hummer sollte für jeden Gast ein Fingerschälchen bereitstehen.

Die Beine brechen Sie in den Gelenken in Stücke. Dann nehmen Sie die Hummergabel (mit den Zinken nach oben) in die rechte Hand und lösen und ziehen das Fleisch heraus, während Sie die Schale mit der linken Hand festhalten. Oder Sie saugen an den Röhren, um Fleisch und Saft genießen zu können. Dass das Aussaugen der Beinchen nicht ohne Essensgeräusche vonstatten geht, ist beim Hummeressen kein Problem.
Wenn Sie keine Abneigung gegen die Innereien haben, können Sie diese mit dem Löffel essen.

Wie werden Langusten gegessen?

Die Languste wird ähnlich wie der Hummer gegessen. Sie hat jedoch keine Scheren, und die Beine haben kein Fleisch, wodurch das Auslösen des Fleisches nicht so aufwändig wie beim Hummer ist.

Krebse

Sind Krebse als Hauptspeise vorgesehen, dann bietet die Tafel in der Regel ein ganz anderes Bild als gewöhnlich. Die rote Farbe dominiert: die Tischdecke ist rot, die Servietten sind rot, manchmal werden zum Schutz der Kleidung noch zusätzlich rote Lätzchen gereicht. Denn der Saft dieser gepanzerten Gesellen färbt sehr stark rot.
Krebse werden in der Regel im Ganzen serviert. Um an das Fleisch zu kommen, benötigen Sie ein Krebsmesser, eine Gabel und Ihre Finger. Fingerschälchen sind absolut notwendig, und zusätzliche Papierservietten werden sicherlich dankend angenommen.

Das Krebsmesser benötigt man zum Öffnen des Panzers.

Halten Sie den Krebs mit der linken Hand am Brustpanzer, und ziehen Sie mit der rechten Hand unter leichtem Drehen den Schwanz vom Körper. Indem Sie mit dem Krebsmesser den Panzer an der Unterseite aufschneiden, kommen Sie an das Fleisch (wenn es nicht schon beim Lösen des Schwanzes herausgerutscht ist). Entfernen Sie den Darmkanal.
Das Fleisch wird dann mit Messer und Gabel gegessen. Das Krebsmesser hat ein kleines Loch, durch das die Beinchen gesteckt und geknackt werden. Fleisch und Saft werden anschließend mit dem Mund aus den Röhrchen gesaugt.

Muscheln

Muscheln werden entweder direkt im Suppenteller oder in der Terrine serviert oder kommen in großen Schüsseln auf den Tisch, woraus die Muscheln mit einer Schöpfkelle auf den Suppenteller gegeben werden. In beiden Fällen schwimmen sie noch im Sud, der sehr schmackhaft sein kann. Zum Essen werden Gabel und Löffel sowie Fingerschälchen benötigt. Ein großer Teller dient dazu, die leeren Muschelschalen aufzunehmen. Nehmen Sie eine große, weit geöffnete Muschel in die Hand, und ziehen Sie mit der Gabel das Fleisch heraus. Damit hat die Gabel schon ausgedient, denn von nun an sind die Schalen das Besteck. Für die nächsten Muscheln wird ein leeres Exemplar als Zange verwendet, um die Muscheln aus den Schalen zu lösen. Mit einer halben Muschelschale können Sie den Sud aufnehmen und direkt aus der Schale trinken.

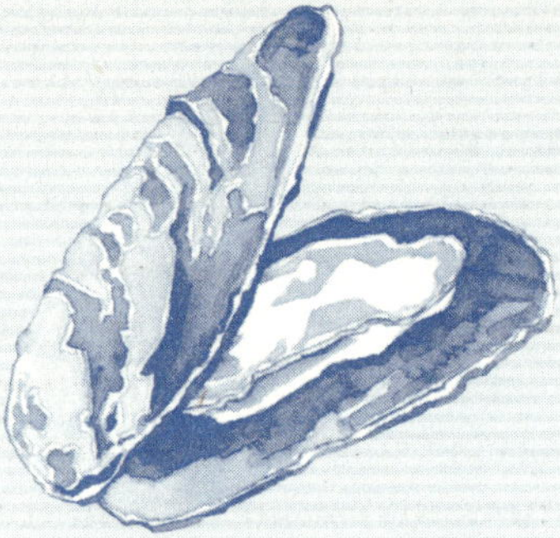

Als »Besteck« nimmt man beim Muschelessen die Schalen von bereits geleerten Muscheln. Sie dienen als Zange und Löffel.

➤ *Lassen Sie geschlossene oder nur wenig geöffnete Muscheln liegen, weil sie möglicherweise nicht frisch sind.*

Kaviar

Die schwarzen oder grauen, kleinen oder großen Perlen gehören zu den kulinarischen Hochgenüssen. Ka-

viar isst man mit der so genannten Schaufel, die angesichts des ziemlich hohen Preises von echtem Kaviar nur sehr klein ist.
Die Schaufel ist in der Regel ein kleiner Perlmuttlöffel, der durch ein spezielles, ebenfalls aus Perlmutt gefertigtes Kaviarmesser mit besonders geschwungener Klinge ergänzt wird. Das Besteck kann auch aus Elfenbein oder Horn sein, niemals aber aus Metall, weil Metall den Kaviargeschmack stark beeinflusst.
Kaviar sollte eisgekühlt serviert werden. Dazu gibt es stilecht Wodka; alternativ kann man auch gut gekühlten Sekt oder Champagner reichen. Mit der Kaviarschaufel nimmt man etwas Kaviar auf den Teller und streicht ihn mit dem Kaviarmesser auf das mit Butter bestrichene Toast. Die Frage, ob mit Pfeffer und Zitronensaft abgeschmeckt werden darf, muss offen bleiben – die Meinungen sind hier geteilt.

Sushi

Sushi ist ein japanisches Gericht, das auch bei uns immer beliebter wird. Es besteht in der Hauptsache aus rohem Fisch und Reis. Es werden Filets von Tunfisch, Makrelen, Lachs oder anderen Fischarten verwendet.
Die Fischfilets schneidet man in dünne Streifen und bestreicht sie mit grünem Meerrettich. Anschließend werden die Filets zusammen mit gekochtem Reis in Rotalgenblätter gewickelt und in Scheiben geschnitten. Sushi werden mit den Fingern oder mit Stäbchen gegessen. Dafür gibt man etwas Sojasauce in ein kleines Tellerchen, taucht eine Sushirolle in die Sauce, führt sie zum Mund und isst sie möglichst mit einem Bissen.

Fleisch

Beim Essen von Fleisch gibt es in unseren Breiten kaum Besonderheiten, die zu beachten wären. Wir sind mit dem Verzehr von Fleisch aufgewachsen und kennen die meisten Spielarten.

Vorbereitungen beim Essen

Gebratenes, gekochtes oder geschmortes Fleisch wird tranchiert, in Scheiben geschnitten oder in kleinere Stücke zerlegt, bevor es auf den Tisch kommt. Dort nehmen Sie sich mit dem Vorlegebesteck etwas Fleisch auf den eigenen Teller und essen es mit Messer und Gabel. Ragout und Gulasch können auch nur mit der Gabel gegessen werden, wenn die Stücke vor der Zubereitung klein genug geschnitten wurden.

Spareribs

Ungewöhnlich ist der Verzehr von Spareribs: Sie werden mit den Fingern gegessen, wenn die Rippen, wie allgemein üblich, schon zerteilt sind. Manchmal bekommen Sie ein Rippenstück im Ganzen, sodass Sie mit einem Steakmesser die einzelnen Rippen tranchieren müssen. Legen Sie dann das Messer zur Seite, und essen Sie mit den Fingern weiter.
Weil Spareribs in der Regel mit einer speziellen Sauce gegessen werden, müssen Finger und Mund nach dem Essen gereinigt werden. Deshalb sollten auf dem Tisch Papierservietten und Zitronensaft (als Fettlöser) oder Reinigungstücher bereitstehen. Es empfiehlt sich, danach die Toilette aufzusuchen und die Hände mit Seife zu waschen.

Schnecken

Schnecken stehen in vielen Ländern der Erde auf der Speisekarte. Bei uns werden vor allem Weinbergschnecken als Delikatesse angepriesen, wovon meistens sechs Stück mit oder ohne Haus in einer Schneckenschale serviert werden.
Das Besteck besteht aus einer Zange und einer kleinen Gabel mit zwei Zinken. Mit der Zange greifen Sie das Gehäuse und legen es auf den Teller oder einen bereitliegenden Suppenlöffel. Sie können nun mit der kleinen Gabel das Fleisch herausziehen und essen. Gibt es Meeresschnecken, dann holen Sie das Fleisch mit einer Stecknadel heraus.
Beim Schneckenessen ist es ausnahmsweise erlaubt, mit Brot zu tunken.

Fondue

Man lädt gerne zu einem ausgedehnten Fondue, wenn sich der Abend mit der kulinarischen Beschäftigung in die Länge ziehen darf und eine kommunikative Atmosphäre erwünscht ist. Sehr beliebt ist aus diesem Grund ein Fondue am Silvesterabend, weil damit das oft quälende Warten auf den eigentlichen Höhepunkt des Abends gut überbrückt wird.

Die Fonduegabel dient nur zum Garen, nicht zum Essen der Fleischstückchen.

Beim Fondue werden mundgerechte Stücke von Fleisch, manchmal aber auch Geflügel, Fisch oder Meeresfrüchte, auf dem Tisch in einem Topf gegart, der entweder mit heißem Fett oder Suppenbrühe gefüllt ist. Unter dem Topf brennt in einem kleinen Behälter, der mit einer brennbaren Flüssigkeit oder Paste gefüllt ist, eine Flamme, die die Flüssigkeit siedend heiß hält.

Der Gast hat einen Fondueteller vor sich, der in verschiedene Abteilungen zur Aufnahme von Saucen und ungegarten Stücken unterteilt ist. Man nimmt ungegarte Stücke auf den Teller, spießt mit einer langen Fonduegabel eines davon auf und gibt es in den Topf.

➤ *Eine Sonderform des Fondues ist das Käsefondue, für das es spezielle Töpfe gibt.*

Wenn es gar ist, wird das Fleisch aus dem Topf genommen und mit einer normalen Gabel von der Fonduegabel gezogen. Dies dauert in der Regel nur wenige Minuten. Essen Sie aus hygienischen Gründen nie direkt von der Fonduegabel, denn zum einen ist sie extrem heiß und zum anderen soll sie ja wieder in den gemeinsamen Topf!

Weißwurst

Heiße Wurst wird im Allgemeinen so verspeist: Man zieht vorher oder nachher die Haut ab und schneidet die Wurst in mundgerechte Scheiben. Oder man nimmt sie in die Hand und beißt mitsamt der Haut Stück für Stück ab.

Weißwurst ist eine Münchner Spezialität, die zwar nicht als »Fleisch« sondern als »Wurstware« gilt, aber hier dennoch erwähnt wird, weil es beim Verzehr einige Besonderheiten zu beachten gilt.

Weißwürste werden in der Terrine serviert, in der alle am Tisch bestellten Weißwürste in ihrem Sud liegen. Der Sud gilt als nicht genießbar.
Jeder Gast nimmt sich so viele Weißwürste, wie er bestellt hat, aus der Terrine und gibt sie auf seinen Teller. Oft ist es notwendig, die Weißwürste, die in einem Endlosdarm hergestellt werden, noch in der Terrine voneinander zu trennen.
Die klassische Variante des Verzehrs ist folgende: Eine Wurst wird an einem Ende in die Hand genommen und mit dem anderen Ende in den süßen Weißwurstsenf, der immer dazu serviert wird, eingetunkt. Dieses Ende steckt man in den Mund und drückt den Wurstinhalt mit Zähnen und Lippen aus der Pelle. So verfährt man, bis nur noch die Haut übrig bleibt.

Zu einem stilvollen Weißwurstessen gehört unbedingt süßer Senf. Dazu isst man Laugenbrezeln oder Semmeln.

Inzwischen wird auch eine weniger zünftige Variante geduldet: Man schneidet die Haut auf der Oberseite der Weißwurst mit dem scharfen Messer längs auf und zieht sie von diesem Schnitt aus ab. Die von der Haut befreite Wurst wird dann mit Messer und Gabel in mundgerechte Scheiben geschnitten und mit süßem Senf verzehrt.

Geflügel

Mit Messer und Gabel kommt man Geflügel nur höchst unbequem bei, sodass sich eine Reihe von Abweichungen von den normalen Essmanieren durchsetzen konnten und zur Regel wurden.
Das heißt aber auch, dass bei Geflügel viele verschiedene Vorschriften beachtet werden müssen, was das Ganze etwas unübersichtlich werden lässt. Nachfolgend haben wir die wichtigsten Regeln für Sie zusammengestellt, die vor allem die sachgerechte Benutzung von Messer und Gabel bzw. der Finger betreffen.

Geflügel darf in bestimmten Fällen auch mit den Fingern gegessen werden.

Apropos Finger: Bei Rebhuhn, Gans, Ente, Hähnchen und Wachtel müssen unbedingt zum Reinigen der Hände Fingerschalen mit heißem Wasser und Zitronenscheiben zur Fettentfernung und zusätzliche Papierservietten gereicht werden.

Truthahn, Gans, Ente, Rebhuhn

Großes Geflügel, also Gans und Truthahn (Pute), wird vor dem Servieren so portioniert, dass man auch mit Messer und Gabel gute Chancen hat, den Großteil zu essen. Dazu wird entweder das ganze Tier filetiert und in kleine Stücke geschnitten (meistens der Truthahn oder eine große Gans) oder in Viertel zerteilt (in der Regel eine kleinere Gans). Ebenfalls geviertelt werden Ente und Rebhuhn, wobei die Größe der dadurch gewonnenen Portionen für den normalen Esser ausreichend ist.

Während man das Brustfleisch einer Ente mit Messer und Gabel isst, dürfen die Schenkel in die Hand genommen werden.

Beim Tranchieren trennen Sie Schenkel und Flügel vom Körper ab, während Sie das Tier mit der großen, zweizinkigen Tranchiergabel halten. Anschließend machen Sie auf dem Rücken einen Längsschnitt und mehrere Querschnitte. Dann lösen Sie das Fleisch vom Brustbein und heben es ab. Eine Füllung holen Sie mit einem Vorlegelöffel heraus.
Die Viertel der Gans sind so groß, dass Sie große Teile der Schenkel und der Brust mit Messer und Gabel abschneiden können. Das Fleisch der Schenkel von Ente und Rebhuhn lässt sich nur bedingt mit Messer und Gabel von den Knochen lösen, sodass es sich anbietet, die Keule in die Hand zu nehmen. Das dürfen Sie aber nur dann, wenn die Enden mit einer Papierbanderole versehen sind, damit Sie beim Anfassen keine fettigen Finger bekommen.

Hähnchen

Huhn wird heute kaum mehr gekocht gegessen, sondern es werden fast ausschließlich gebratene Hähnchen verspeist. Die normale Portion bei einer Hauptspeise ist die Hälfte des Tieres, während als Vorspeise oder beim Buffet nur kleine Teile (kleines Bruststück oder Schenkel) gereicht werden. Das Brustfleisch des Hähnchens essen Sie immer mit Messer und Gabel. Das Fleisch von Flügel und Schenkel dürfen Sie dagegen von den Knochen abnagen, indem sie das Teil nur mit der rechten Hand anfassen.

Kommt das Brathähnchen im Biergarten oder im Bierzelt auf den Tisch, kann es komplett mit den Händen gegessen werden. Es würde an diesen Orten Befremden auslösen, wenn Sie dem Hähnchen mit dem Besteck zu Leibe rücken würden! Ausreichend Servietten sollten bereitliegen.

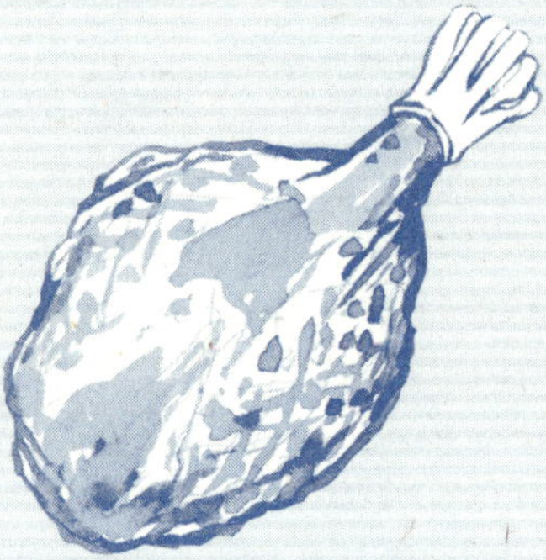

Eine Keule fasst man am unteren, mit einer Banderole versehenen Ende an.

Wachtel

Die kleine Wachtel wird in der Regel halbiert, um eine einigermaßen ausreichende Portion zu erhalten. Oft wird sie auch roh filetiert und dann zubereitet.

Wird die Wachtel halbiert serviert, sollten Sie sie – solange es geht – mit Messer und Gabel essen und erst dann die Finger zu Hilfe nehmen. Filetiertes Wachtelfleisch wird mit Messer und Gabel gegessen.

Gemüse

Auch manche Gemüsesorten bedürfen besonderer Regeln, weil sie normal mit Messer und Gabel nicht gegessen werden können. Das klassische Beispiel dafür ist die Artischocke, die als Distelgewächs ein wehrhaftes Äußeres aufweist, das mit etwas Geschick überwunden werden muss.

Artischocken

Von den Artischocken sind nur die unteren Enden der Hüllblätter, der Blütenboden und eventuell der Stiel genießbar. Das Artischockenherz gilt als die Feinschmeckerspezialität schlechthin und wird in vielen Varianten und in den unterschiedlichsten Gerichten verarbeitet. Es wird mit Messer und Gabel gegessen.

> ➢ *Baby-Artischocken werden roh oder gegart serviert und ganz verspeist.*

Die eigentliche »Schwierigkeit« besteht im Verzehr der Hüllblätter. Hierfür darf man die Finger benutzen: Zupfen Sie Blatt für Blatt ab, tunken sie es in eine Sauce bzw. einen Dip, und lutschen Sie am verdickten Ende des Blattes das weiche Innere zusammen mit der Sauce aus. Der zurückbleibende harte Teil des Blattes kommt auf einen Abfallteller.

Wenn alle Blätter abgezupft sind, liegt der Artischockenboden frei. Vorher müssen Sie aber noch das so genannte Heu, das ungenießbar ist, mit einem kleinen Löffel vom Boden abkratzen und auf den Abfallteller legen.

Nun haben Sie das Artischockenherz vor sich, den besten Teil der Blüte. Säubern Sie Ihre Hände, an denen möglicherweise noch Artischockenheu haftet, in der Fingerschale, und verspeisen Sie den Boden mit Messer und Gabel.

Unter den Blättern liegt das Artischockenherz verborgen – eine echte Delikatesse.

Spargel

Spargel zählt zu den edlen Gemüsesorten und schmeckt dampfgegart und mit etwas zerlassener Butter oder Sauce hollandaise serviert immer noch am besten. Er wird so auf dem Teller angerichtet, dass die Spargelspitzen nach links oben zeigen. Normalerweise wird Spargel mit Messer und Gabel gegessen. Man kann den Spargel aber auch in die Hand nehmen und abbeißen. Früher war dies gang und gäbe, da die Messerklingen den Geschmack negativ beeinflussten. Den Kenner erkennt man daran, dass er den Spargel von der Spitze her verzehrt.

Kartoffeln

Die Kartoffel ist in Europa zu einem der wichtigsten Nahrungsmittel geworden, seit man im 17. Jahrhundert ihre Vorzüge entdeckte und sie vermehrt anbaute. In deutschen Landen fand die Kartoffel erst durch Friedrich dem Großen weite Verbreitung.
Man kann Sie in vielen Variationen verspeisen. Ob gekocht, gebraten oder zu Brei verarbeitet, längst hat die braune Knolle das Armeleute-Image abgetan. Sie gilt heute in allen Kreisen als anerkannte Beilage.
Die wichtigste Regel gleich vorab: Kartoffeln werden fast immer mit der Gabel gegessen! Weder schneidet man sie mit dem Messer, noch isst man Kartoffelbrei mit dem Löffel. Das Zerteilen mit der Gabel ist ganz einfach: Stechen Sie seitlich in die Kartoffel ein, und drehen Sie die Gabel während der Abwärtsbewegung ein wenig. Sie können die Kartoffel auch zerdrücken, aber immer nur kleine Portionen mit der Gabelspitze, die sie dann ein wenig mit der Sauce vermischen und mit der Gabel wieder aufnehmen.

➢ Man soll die Kartoffel schon deshalb nicht mit dem Messer zerschneiden, weil sie an der glatten Schnittfläche kaum Sauce aufnimmt.

Pellkartoffeln schneiden Sie mit einem Messer ein- bis zweimal ein, wodurch die Schale aufplatzt. Ziehen Sie dann die Schale mit Daumen und Zeigefinger ab. Das Messer hat nun ausgedient. Die gepellte Kartoffel wird mit der Gabel gegessen. Die Pellkartoffel kann auch in der Folie serviert werden – in diesem Fall benötigen Sie einen Löffel, mit dem Sie die Kartoffel aus der Schale schälen. Die Schalen der Pellkartoffeln legen Sie auf den bereitgestellten Abfallteller.

Avocado

Der tropische Avocadobaum gehört zu den Lorbeergewächsen. Seine Früchte sind eigentlich Steinfrüchte. Trotzdem gilt die Avocado als Gemüse, das in den Tropen oft als Grundlage für Suppen verwendet wird. Das Fruchtfleisch weist eine mittelfeste Konsistenz auf und schmeckt etwas nussig.

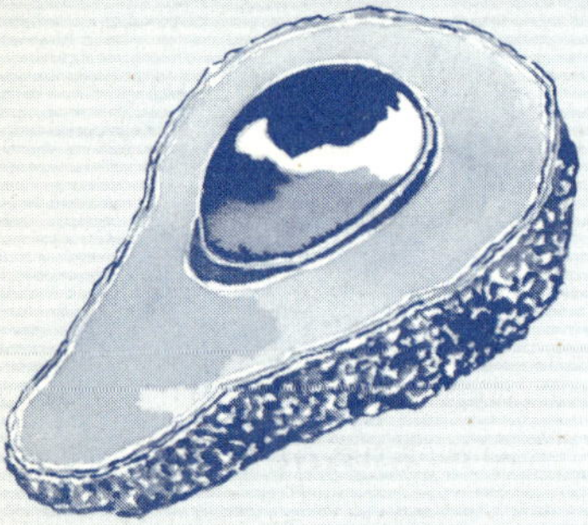

Nachdem die Avocado halbiert wurde, kann der große Kern leicht entfernt werden.

Häufig wird die ungeschälte Avocado halbiert und gefüllt als Vorspeise serviert. Halten Sie die Avocado mit der linken Hand, und heben Sie mit einem Löffel das Fruchtfleisch aus der Schale. Die Avocado kann auch püriert werden und so als Dip gereicht werden.

Käse

Käsebrote isst man mit Messer und Gabel. Ein Brötchen, das mit Käse belegt wurde, kann dagegen in die Hand genommen werden.
Käse kann auch zusammen mit Brot und Butter zwischen Hauptgericht und Dessert auf Platten gereicht werden. (Es ist nicht überall in Deutschland üblich, Butter zum Käse zu essen.) Zum Aufnehmen des Käses wird ein Käsemesser verwendet, mit dem Sie kleine Stückchen abschneiden und mit den Zinken aufspießen. Streifen Sie den Käse auf Ihrem Teller mit dem eigenen Besteck ab.

Zum Abschluss eines Essens wird gerne eine Käseplatte gereicht, von der sich jeder nach Belieben bedienen kann.

Radieschen, Gewürzgurken und anderes Gemüse, das möglicherweise zwischen den Käsestücken auf den Käseplatten liegt, kann mit der Hand aufgenommen und gegessen werden. Wenn verschiedene Sorten angeboten werden, sollten Sie mit einem milden Käse beginnen und dann zu einem pikanteren übergehen. Belegen Sie Ihren Teller so, dass nie eine Sorte Käse auf einer anderen zu liegen kommt.
Essen Sie den Käse sowie das dazu gereichte Brot mit dem kleinen Käsebesteck, das Sie mit dem Teller gereicht bekommen. Finden Sie an einem Stückchen Käse Rinde, dann ziehen oder schneiden Sie diese mit dem Messer ab.

Dessert

An der Art, wie Sie die Nachspeise essen, können Fachleute unschwer feststellen, wie weit Sie die gängigen Essensregeln beherrschen. Denn die »Kleinigkeit« am Schluss des Menüs birgt oft große Tücken. Desserts mit weicher Konsistenz wie Kompott, Mousse au chocolat, Obstsalat oder Pudding essen Sie mit dem kleinen Löffel. Pralinen und Feingebäck können Sie in die Hand nehmen. Für alle anderen Arten von Dessert brauchen Sie Messer und/oder Gabel.

Kernobst

Mit Kernobst sind vor allem Äpfel und Birnen gemeint. Sie werden in der Regel im Ganzen auf einem kleinen Teller zusammen mit dem Obstbesteck serviert. Eine Fingerschale sollte immer bereitstehen!
Nehmen Sie die Frucht in die linke Hand, und schälen Sie mit dem Obstmesser beim Stielende beginnend kreisförmig die Schale ab, wobei diese möglichst dünn sein sollte. Anschließend vierteln Sie das Obst und schneiden das Kerngehäuse heraus.
Sie können die Stücke sowohl mit den Fingern als auch mit dem Obstbesteck essen.

Orangen

Versuchen Sie nicht, in die Schale mit dem Fingernagel ein Loch zu graben und von dort aus die Schale abzuziehen. Das wäre gegen die Regeln; verfahren Sie stattdessen wie folgt: Ritzen Sie die Schale mit dem Obstmesser ein, und ziehen Sie sie ab. Die weiße Haut unter der Schale, die noch am Fruchtfleisch haftet, sollten Sie ebenfalls mit dem Messer abziehen.
Sie können die Orange mit den Fingern in Stücke teilen und mit der Hand essen. Anschließend werden die Finger mit einer Serviette oder in der Fingerschale gereinigt. Mandarinen werden wie Orangen verzehrt.

Kirschen

Beachten Sie, dass Kirschen im Restaurant im Allgemeinen ungewaschen serviert werden, aber eine mit Wasser gefüllte Schale zum Waschen der Früchte bereitgestellt wird. Schwenken Sie eine Kirsche im Wasser, indem Sie sie am Stiel halten, und führen Sie die Kirsche so an den Mund. Mit den Lippen pflücken Sie die Frucht vom Stiel.

Das Ablegen des Kerns sollte so diskret wie möglich vor sich gehen: Ballen Sie die Hand zu einer lockeren Faust vor dem Mund, und legen Sie den Kern mit den Lippen in die Mulde, die zwischen Zeigefinger und Daumen entstanden ist. Lassen Sie den Kern auf den Abfallteller gleiten.

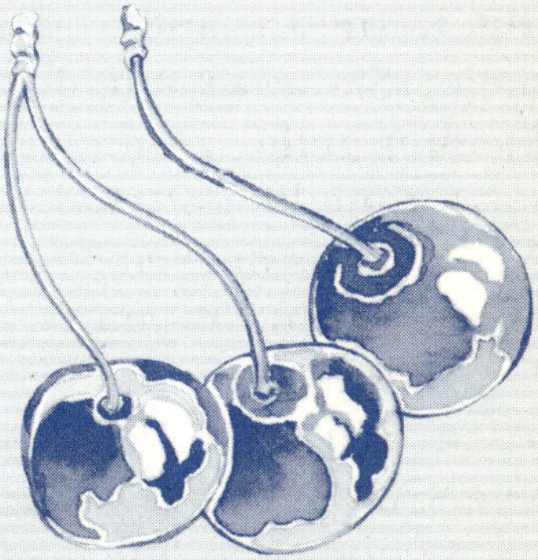

Kirschen fasst man – so vorhanden – am Stiel an.

Steinobst

Zum Steinobst gehören u. a. Pfirsich, Aprikose und Nektarine, die in der Regel im Ganzen serviert werden und zu denen Obstbesteck gereicht wird. Eine Fingerschale ist auch bei Steinobst unerlässlich. Nehmen Sie die Frucht in die linke Hand, und schneiden Sie sie bis auf den Stein ein. Dann wird sie mit dem Messer um den Stein herum halbiert.

Die beiden Hälften, die noch am Stein haften, werden mit beiden Händen einmal gegeneinander gedreht, sodass sie sich vom Stein lösen. Der Stein könnte trotz dieser Aktion noch an einer Hälfte haften – er liegt aber so weit frei, dass Sie ihn mit dem Besteck leicht lösen können. Legen Sie ihn auf Ihrem Teller ab. Die beiden vom Stein befreiten Hälften essen Sie entweder mit dem Besteck, oder Sie nehmen sie in die Hand.

Pflaumen
Wegen ihrer geringeren Größe erfahren die Pflaumen eine Sonderbehandlung: Öffnen Sie die Frucht mit den Fingern, lösen Sie den Kern aus, und legen Sie ihn auf Ihren Teller. Das Fruchtfleisch essen Sie mit den Fingern.

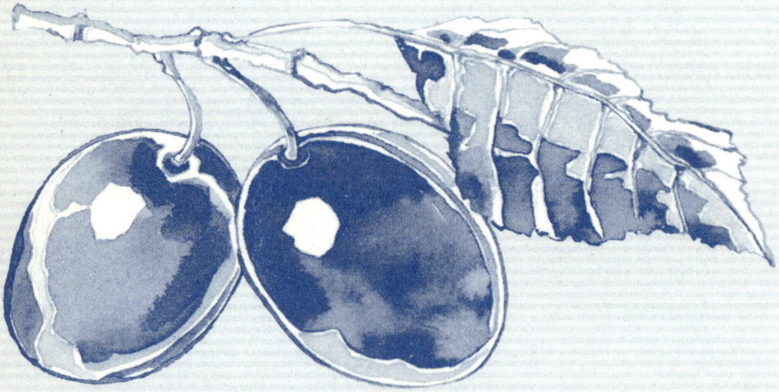

Wenn man Steinfrüchte wie diese Pflaumen nicht mit den Fingern öffnen möchte, kann man dafür auch ein Messer benutzen.

Südländische Früchte

Kiwis werden nicht geschält, sondern in der Mitte durchgeschnitten und anschließend wie ein Ei ausgelöffelt.
Bananen werden zur Hälfte geschält; dann beißt man Stück für Stück ab, schält die restliche Schale ab und isst die Banane ganz auf. Man kann auch die Schale

mit dem Obstmesser oder den Händen komplett abziehen und anschließend die Banane mit Messer und Gabel essen.

Ananas wird nie als ganze Frucht, sondern in Stücken oder Ringen serviert. Zum Verzehr nehmen Sie Messer und Gabel.

Grapefruits werden zunächst mit dem Messer halbiert. Die Hälften legt man auf einen Teller und bestreut sie nach Belieben mit Zucker. Mit einem speziellen Löffel, der an einer Seite gezähnt ist, nimmt man nun zwischen den Häutchen Stück für Stück das Fruchtfleisch auf. Dabei ist Vorsicht geboten, da der Fruchtsaft beim Einstechen leicht herausspritzt.

Dessert-Spezialitäten

Kuchen und Gebäck Gebäck (auch »Teilchen« genannt) wird mit den Fingern gegessen; Kuchen wird dagegen mit einer kleinen Gabel und einem Löffel gereicht. Die Sahne wird nicht auf den Kuchen, sondern immer auf den Teller neben das Gebäck gegeben.

Cremes und Mousse Auch wenn der Könner solche Desserts mit der kleinen Gabel isst, wird trotzdem zusätzlich noch ein Löffel eingedeckt.

Kaffee oder Mokka Bevor Kaffee oder Mokka serviert wird, werden vorher alle Besteckteile, Teller und Gläser abgeräumt. Wurde vorher ein Digestif gereicht, bleibt dieser neben Kaffee oder Mokka stehen. Im Allgemeinen wird Digestif aber zum Kaffee oder Mokka oder unmittelbar danach angeboten. Auch ein eventuell vorhandenes Sektglas wird nicht abgeräumt.

Die gelungene Einladung

Ob Sie als Gastgeber eine Einladung organisieren oder als Gast an ihr teilnehmen – immer gilt es, gewisse Spielregeln zu befolgen, die notwendig sind, um einen harmonischen und formvollendeten Ablauf des gesellschaftlichen Ereignisses zu gewährleisten. Als Gastgeber müssen Sie wissen, wann und mit welchem Wortlaut Einladungskarten verschickt werden. Zu Beginn der Feier müssen alle Gäste gebührend begrüßt und einander vorgestellt werden. Der weitere Verlauf und die Bewirtung hängen davon ab, in welchem Rahmen gefeiert wird. Als Gast sollten Sie möglichst früh auf die Einladung reagieren und zu- bzw. absagen. Mit einem dem Anlass angemessenen Geschenk erscheinen Sie pünktlich zur Feier.

Einladungen versenden

Wenn Sie eine Einladung planen, dann muss Ihnen klar sein, dass dies eine ganze Reihe von organisatorischen Arbeiten erfordert, die einige Zeit in Anspruch nehmen werden. Natürlich hängt der Aufwand auch davon ab, zu was Sie einladen: Ein Essen wird Sie mehr in Anspruch nehmen als ein gemütlicher Abend, an dem nur Getränke und Salzgebäck gereicht werden. Aber eines bleibt immer gleich: Sie werden einen Rahmen bieten müssen, in dem sich Ihre Gäste wohlfühlen.

Dem Anlass entsprechend einladen

Grundsätzlich gilt, dass Sie zu jedem Anlass schriftlich einladen können. Nur bei Treffen im kleinen, engen Freundeskreis könnte eine Einladung etwas aufgesetzt wirken – in diesem Fall tut es eine telefonische Einladung auch.

Ansonsten wählt man eine Form der schriftlichen Einladung, dic durch cine entsprechende Gestaltung dem Ereignis Gewicht verleiht und sich schon allein dadurch von informelleren Treffen abhebt.

Die formlose, handgeschriebene Einladung

Eine kurze handgeschriebene Einladung, in der der Anlass, der Wochentag, das Datum, die Zeit und der Ort nicht fehlen dürfen, geben der Einladung einen weniger offiziellen Touch. Aber auch bei dieser formlosen Einladung darf man nie vergessen zu erwähnen, ob es etwas zu essen gibt oder nicht.

Denn die Missverständnisse, die sich aus einem Fehlen dieses Hinweises ergeben könnten, würden auf jeden Fall peinlich sein: Hungernde Gäste, die von einer Essenseinladung ausgingen, sind in der Regel keine Gäste, die sich rundum wohlfühlen. Oder jede kulinarische Mühe Ihrerseits ist umsonst und für die Gäste eine Qual, wenn diese bereits gesättigt ankommen.

AUF WELCHE FRAGEN SOLLTE DIE EINLADUNG EINE ANTWORT GEBEN?

- Wer lädt ein?
- Wen lädt man ein?
- Darf man jemanden mitbringen (z. B. den Partner)?
- Was ist der Anlass?
- Wann wird gefeiert (Datum und Uhrzeit)?
- Wo wird gefeiert (Adresse mit Telefonnummer und gegebenenfalls Wegbeschreibung)?
- Wie wird gefeiert (Garderobe etc.)?

Die »lockere« Einladung

Die schriftliche Einladung zu einer Geburtstagsparty ist meistens in einem lockeren, eher lustigen Stil gehalten. Wenn Sie einen eigenen Computer haben, wird es Ihnen leicht fallen, selbst eine Karte oder ein schönes Blatt zu gestalten, das Sie anschließend ausdrucken können. Wenn Sie keinen Farbdrucker haben, können Sie Ihre Einladung auf farbigem Papier drucken. Falls Sie mit der Schreibmaschine oder der Hand schreiben, empfiehlt es sich, vorgedruckte Einladungskarten zu kaufen, wo man nur noch die konkreten Daten eintragen muss.

So genannte Cliparts, also Illustrationen für jede Gelegenheit, sind bei den entsprechenden Programmen meist im Lieferumfang enthalten und können auch im privaten Bereich verwendet werden. Viele besitzen inzwischen auch einen Scanner, mit dem selbst entworfene Illustrationen und Schmuckelemente eingescannt und in die Einladung eingefügt werden können. Karten verwenden Sie am besten in gefalteter Form, weil sie so besser wirken.

➤ Unbedruckte Faltkarten sind im Papierfachhandel erhältlich.

Den Anlass der Einladung kann man in der Regel dem Text und der Illustration auf der Vorderseite der Karte entnehmen. Die wichtigen Daten der Einladung (Wochentag, Datum, Uhrzeit, Ort) stehen auf der dritten Seite (also innen rechts), und Hinweise bezüglich der Kleiderordnung (➼ Seite 119–120) und der Zu- bzw. Absage (➼ Seite 95–97) findet man auf der zweiten Seite unten (innen links) in kleiner Schrift. Die Rückseite der gefalteten Karte bleibt unbeschrieben, kann bei der Einladung von Ortsunkundigen jedoch Platz für einen kleinen Lageplan bieten.

So könnte z. B. der Schütze zu seinem Geburtstag einladen.

Die stilvolle Einladung

Bei großen Familienfesten, wie beispielsweise Konfirmation, Kommunion oder Hochzeit, oder anderen gesellschaftlichen Ereignissen sollte die schriftliche Einladung einen gewissen Stil haben. Sie ist in der Regel auf wertvollem, kartoniertem Papier gedruckt und weist passende grafische Elemente auf der Vorderseite auf. Solche Einladungen sollten Sie drucken lassen, sodass sie auch dem bedeutenden Anlass des Festes gerecht werden. Denn nur mit bestem Knowhow und Equipment können Sie mit dem Computer eine Einladungskarte produzieren, die mit einer gedruckten Karte mithalten kann.

Abhängig vom Stil des Festes sollte auch die Einladung entsprechend edel gestaltet sein. Druckereien halten Gestaltungsbeispiele bereit.

Alternativ können Sie auch vorgedruckte Einladungskarten, die Sie nur noch ausfüllen müssen, verschicken. Im Handel werden die unterschiedlichsten Qualitäten angeboten. Bevorzugen Sie edle, nicht zu bunte Karten und hochwertiges Papier.
Machen Sie sich die Mühe, den Umschlag mit der Hand zu beschriften oder Adresse und Absender direkt auf den Umschlag zu drucken – mit einem modernen Drucker ist dies ohne weiteres möglich.

Die Terminvormerkung

Wenn Sie großen Wert darauf legen, dass alle Personen, die Sie einladen, auch kommen können, dann sollten Sie schriftlich oder auch telefonisch kurz auf den Termin hinweisen und darum bitten, im Terminkalender einen Sperrvermerk anzubringen, sobald der Termin der Einladung definitiv feststeht.
Der umgekehrte Weg wäre, die offizielle Einladung schon sehr frühzeitig zu versenden, also mindestens sechs Wochen vor dem Ereignis, und ungefähr zehn Tage vorher mit einem kurzen Brief an den Termin zu erinnern.

➢ *Der Vermerk, dass eine offizielle Einladung folgt (zwei bis drei Wochen vor der Feier), darf nicht vergessen werden.*

Das korrekte Verhalten des Eingeladenen

Es wäre gegenüber den Gastgebern grob unhöflich, auf ihre Einladung nicht zu antworten. Meist werden Sie auf der Karte bereits mit dem Kürzel »u. A. w. g.« (um Antwort wird gebeten) oder »r. s. v. p.« (répondez, s'il vous plaît) darum gebeten. Die Unsitte, Einladungen liegen zu lassen und sich erst am Tag des Termins für oder gegen das Kommen zu entscheiden, erfreut sich besonders an Silvester großer Beliebtheit. Kein Gastgeber wird das akzeptieren, und Sie haben wahrscheinlich von ihm die letzte Einladung erhalten. Außerdem wird man im Gegenzug auch Ihre Einladung nicht ernst nehmen. Man sollte also mit gutem Beispiel vorangehen. Man bedankt sich am besten telefonisch innerhalb eines angemessenen Zeitraums oder spätestens zum angegebenen Termin, der auf der Einladung vermerkt ist.

Nachzügler

Wissen Sie schon zum Zeitpunkt der Zusage, dass Sie möglicherweise etwas später kommen, so teilen Sie dies dem Gastgeber mit. Kommt es zu einer Verspätung von mehr als den üblichen 15 Minuten, die man vorher nicht absehen konnte, dann rufen Sie von unterwegs den Gastgeber an und teilen ihm die wahrscheinliche Ankunftszeit mit.

Rechnen Sie für unvorhergesehene Störungen auf dem Hinweg eine gewisse Zeit ein. Sind Sie dann zu früh dran, gehen Sie bis zum Zeitpunkt der Einladung noch etwas spazieren, denn auch zu frühes Erscheinen wird in der Regel nicht gerne gesehen.

Unpünktlichkeit sollte immer die Ausnahme sein und auf keinen Fall zur Gewohnheit werden.

Auch bei einem Fest mit Eröffnungsprogramm sollten Sie unbedingt pünktlich sein. Wenn bei einer Einladung »ab xx:xx Uhr« steht, können Sie nach diesem Zeitpunkt kommen, wann Sie möchten. Rechnen Sie allerdings nicht damit, dass Sie ein bis zwei Stunden nach dem angegebenen Zeitpunkt noch ein gut gedecktes Buffet erwartet.

Wann wird zu was geladen?

Frühschoppen Es wird zwischen zehn und elf Uhr eingeladen. Es gibt Getränke und eine Kleinigkeit zum Essen.

Imbiss Kann vormittags oder am frühen Abend stattfinden. Es gibt einfaches kaltes oder warmes Essen.

Sektfrühstück Es wird zwischen elf und zwölf Uhr eingeladen. Zum Sekt gibt es eine Kleinigkeit zum Essen, ohne Besteck und Teller (z. B. Kanapees, ➵ Seite 62).

Brunch Findet etwa ab elf Uhr statt. Es wird entweder ein Buffet oder ein Menü angeboten. Ein Brunch hat den Vorteil, dass Familien mit Kindern im Gegensatz zur Abendeinladung problemlos kommen können.

Kaffeetrinken Zu der gemütlichen Runde bei Kaffee und Kuchen wird meist zwischen 15 und 16 Uhr geladen.

Teatime Der Brite lädt zur »blauen Stunde«, also um 17 Uhr, zum Tee, wobei nicht nur dieses anregende Getränk, sondern auch Sandwiches, Scones und Kuchen gereicht werden.

Abendessen Meist wird zwischen 19 und 20 Uhr eingeladen. Es wird ein Buffet oder ein Menü angeboten.

Die Gäste treffen ein

Die Tür wird nur von den Gastgebern geöffnet, bei offenen Türen (beispielsweise im Restaurant) nehmen die Gastgeber unmittelbar im Eingangsbereich Aufstellung. Dort begrüßen sie jeden einzelnen Gast. Zuerst wird die Dame begrüßt, danach der Herr. Wie die Begrüßung ausfällt, hängt in erster Linie natürlich vom Bekanntheitsgrad der Ankommenden ab.

Zur Begrüßung

Die Begrüßungsszenen normalisieren sich in letzter Zeit wieder dahingehend, dass nicht unbedingt alle Gäste mit Küsschen begrüßt werden müssen. Man gibt sich auf jeden Fall die Hand. Nur gute Bekannte können mit einem Wangenkuss empfangen werden, der erst auf der rechten, dann auf der linken Wange ausgetauscht wird. Dabei gibt man sich in der Regel nicht die Hand, weil diese in irgendeiner Weise zwischen die Körper geraten könnte, was als unschicklich gilt. Man legt stattdessen eine Hand leicht an die Seite des Gegenübers, ohne dessen Körper an sich zu ziehen, denn der Wangenkuss sollte körperlos bleiben. Keinesfalls darf auf den Mund geküsst werden!

➤ Mehrere Personen sollten sich nicht über Kreuz die Hände schütteln und begrüßen.

Beim Händeschütteln gilt es eine besondere Reihenfolge zu beachten: Zuerst werden die Damen begrüßt und dann die Herren, wobei mit den älteren begonnen wird. Wenn Sie einen Fauxpas vermeiden wollen, weil Sie nicht genau wissen, wer die Ältere ist, dann fragen Sie einfach, ob Sie der Reihe nach begrüßen dürfen

(»Ich darf Sie doch der Reihe nach begrüßen?«). Sowohl Gastgeber als auch Gäste sollten sich bei der Begrüßung gut konzentrieren, denn kein Mann darf voreilig seine Hand zum Gruß ausstrecken, wenn noch nicht alle Damen begrüßt wurden.

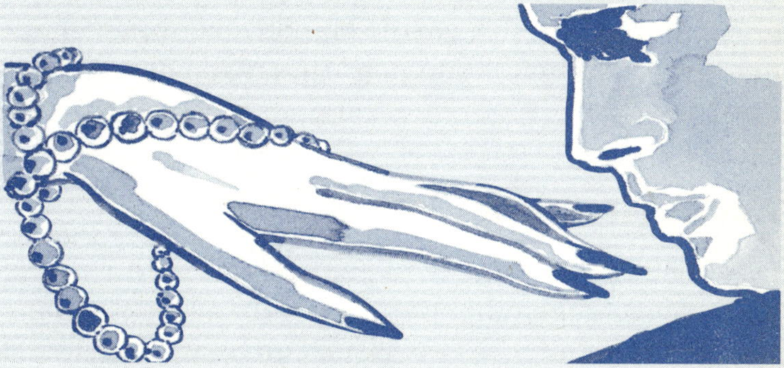

Ein Handkuss wird immer nur angedeutet – man berührt dabei nicht die Finger oder den Handrücken der Dame.

Der Handkuss

Will man diese alte Sitte zu neuem Leben erwecken, sollte man die alten Regeln nicht außer Acht lassen: Die Hand der Dame darf nur in geschlossenen Räumen geküsst werden (dies sieht man heute allerdings nicht mehr so eng). Der Begriff »Kuss« bedeutet in diesem Zusammenhang, dass die Lippen den Handrücken der Dame nicht berühren dürfen. Der Kuss wird vielmehr aufgehaucht, also nur angedeutet. Desweiteren gehört zum formvollendeten Handkuss eine korrekte Körperhaltung. Die Dame muss mit einem angedeuteten Knicks darauf antworten.

Worte des Dankes

Mitgebrachte Geschenke nehmen die Gastgeber am besten mit der linken Hand an, um die rechte Hand für die Begrüßung frei zu haben. Vermeiden Sie als Gastgeber unbedingt die Floskel »Das war aber nicht nötig!«, sondern freuen Sie sich über das Mitbringsel, und würdigen Sie es mit anerkennenden Worten. Der Gastgeber bedankt sich bei der Begrüßung höflich dafür, dass die Gäste der Einladung folgten. Gegebenenfalls bittet er um die Garderobe, wobei er zuerst der Dame und dann dem Herrn aus dem Mantel hilft.

Die Gastgeschenke

Ein Gastgeschenk sollte nichts anderes sein als eine nette Geste gegenüber dem Gastgeber und ein Dank für die Einladung – es muss also nicht als Gegenwert zum materiellen Wert der Einladung verstanden werden und entsprechend wertvoll sein.

Wer den Gastgeber gut kennt, sollte sich ruhig etwas Mühe machen, um ein möglichst originelles Präsent mitbringen zu können. Viel Aufmerksamkeit werden Sie mit dem Gastgeschenk erregen, wenn es mit den Hobbys des Einladenden zu tun hat. So bekommt etwa der Gartenfreund Blumenzwiebeln oder einen Setzling überreicht. Aber natürlich tut es auch ein Blumenstrauß, den Sie entweder persönlich überreichen oder – mit einem Kärtchen versehen – ein paar Stunden vor der Einladungszeit mit einem Blumendienst schicken lassen. Dies erspart Ihnen den Transport des Blumenstraußes und dem Gastgeber die hektische Suche nach einer Vase während des Empfangs der Gäste.

➢ *Als Gastgeber sollten Sie sich die Absender der Blumen gut merken, sodass Sie bei deren Begrüßung darauf eingehen können.*

Bringen Sie als Gast die Blumen selbst mit, wickeln Sie diese vor der Übergabe aus dem Papier. Bei einer Verpackung mit durchsichtiger Folie ist dies nicht notwendig. Blumen werden immer der Dame des Hauses überreicht, wobei rote Rosen unpassend sind, denn sie sind ausschließlich für die Partnerin oder Geliebte vorgesehen.

Sie sollten sich auch vor Schnittblumen hüten, die als »Trauer- oder Friedhofsblumen« gelten (z. B. Chrysanthemen). Zimmerpflanzen im Topf oder Kübel sind vor allem bei Einweihungsfesten angebracht.

Das Mitbringen von Wein oder anderen Alkoholika ist nur dann zu empfehlen, wenn Sie die Vorlieben der Gastgeber in dieser Hinsicht kennen. Mit Pralinen können Sie kaum etwas falsch machen – allerdings zeugt dies nicht gerade von großem Einfallsreichtum.

Statt mit Blumen kann man sich auch mit einem kleinen Mitbringsel für eine Einladung bedanken. Wer die Gastgeber kennt, wird leicht eine persönliche Kleinigkeit finden.

Wenn es sich nicht nur um ein Gastgeschenk, also um ein Dankeschön für die Einladung handelt, bedankt man sich als Gastgeber einige Tage nach der Feier mit einer Dankeskarte für das mitgebrachte Geschenk. Deshalb ist es wichtig, dass dem Geschenk ein Glückwunschkärtchen beigelegt wird, sodass das Geschenk dem Überbringer auch nach dem Fest noch zugeordnet werden kann.
Dankeskarten sind vor allem bei Hochzeiten üblich, wobei zu den Karten meist ein Bild des Brautpaars gelegt wird. Bei anderen Festivitäten wie Geburtstagen, Jubiläen etc. kommt es auf den Rahmen und die Zahl der geladenen Gäste an, ob man sich später schriftlich oder sofort mündlich bedankt.

Wenn die Geschenke erst nach dem Fest ausgepackt werden, bedankt man sich anschließend schriftlich dafür.

Die Vorstellung der Gäste

Wenn sich die Gäste nicht kennen, muss man sie unbedingt miteinander bekannt machen. Diese Rolle fällt dem Gastgeber zu – mit einer Ausnahme: Bringt ein Gast jemanden mit, die oder der dem Gastgeber unbekannt ist, dann wird der unbekannte Gast dem Gastgeber noch bei der Begrüßung vorgestellt.
In diesem Zusammenhang sei noch erwähnt, dass es unhöflich ist, eine Begleitung mitzubringen, die nicht

eingeladen wurde. Bei einer Esseneinladung kann dies zu organisatorischen Problemen führen (Anzahl der Gedecke, Menge der Speisen etc.). Es muss allerdings aus der Einladung deutlich hervorgehen, ob nur der Adressat eingeladen ist oder ob Begleitung mitgebracht werden kann.

Wo werden die Gäste einander vorgestellt?

Die Vorstellung der Gäste durch den Gastgeber wird entgegen den offiziellen Gepflogenheiten, die aus vergangenen Jahrhunderten stammen, in der Regel nicht im Eingangsbereich durchgeführt. Früher ertönte ein Gong oder Ähnliches, und das Ehepaar XY wurde laut und deutlich mit Titel, Namen und Beruf begrüßt, während es den Eingangsbereich betrat. Heutzutage geht der Hausherr oder die Dame des Hauses nach der Begrüßung der Gäste von einem zum anderen und stellt einander unbekannte Gäste vor.

➢ Der Gastgeber kann auch einen Gast, der ihm besonders am Herzen liegt, von Gruppe zu Gruppe führen und vorstellen.

Rangfolge und Titel

Bei der Vorstellung mehrerer Gäste gilt die Regel: Der Herr wird der Dame vorgestellt, der Jüngere dem Älteren und der Rangniedere dem Ranghöheren. Der Titel ist ein Bestandteil des Namens und darf bei der Vorstellung nicht unterschlagen werden, wobei die Anrede »Herr« oder »Frau« dazugehört – also nicht »Doktor Müller«, sondern »Herr Doktor Müller«. Anders verhält es sich bei Standesbezeichnungen, wie z. B. bei »Graf« – er wird immer ohne Herr bzw. Frau gebraucht, also nicht »Herr Graf Dracula«, sondern »Graf Dracula«.

Namensschilder

Auf Namensschildchen wird die Anrede weggelassen, der Titel immer abgekürzt und der Vorname hinzugefügt (z.B. »Dr. Peter Müller«, »Prof. Dr. Peter Müller«). Bei größeren Veranstaltungen, beispielsweise bei Kongressen, Messeempfängen oder auch bei großen Hochzeitsfeiern stellt man sich selbst vor, wenn man mit einem anderen Gast in Kontakt treten möchte. Sehr hilfreich – und weit verbreitet – sind Kärtchen oder Textilaufkleber mit dem eigenen Vor- und Nachnamen, die man sich beim Eintreffen abholen und an der Kleidung anbringen kann. Wenn Sie in der Einladungsliste geführt werden, sind die Schildchen oft schon mit Ihrem Namen bedruckt.

➢ Beim Vorstellen steht man respektvoll auf – nur Gebrechlichkeit sollte einen daran hindern.

Vermeiden Sie bei der Vorstellung althergebrachte Floskeln wie »angenehm« oder »sehr angenehm«, denn Sie sind schon so »abgegriffen«, dass sie aller Bedeutung entleert sind. Drücken Sie mit einem kurzen Satz aus, dass Sie sich freuen, von dem anderen angesprochen worden zu sein.

Der Smalltalk

Nicht jeder beherrscht die Kunst, ein unterhaltsames, witziges und anregendes Gespräch zu führen, ohne damit zu persönlich oder gar lästig zu werden. Dabei kann das unverfängliche Gespräch mit fremden Leuten der Anfang einer tiefer gehenden Kommunikation sein. Natürlich kommt Smalltalk nur dort zum Zuge, wo man sich nicht kennt – bei einander bekannten Personen bieten sich die Themen von selbst an.

Smalltalk sollte – obwohl er nicht in die Tiefe geht – kein Geschwätz ohne Inhalt sein, sondern durchaus interessante Themen zur Grundlage haben, die man allerdings nicht ausschweifend behandelt.
Jeder Gastgeber wird froh über Gäste sein, die mit unbekannten Gästen unbeschwert kommunizieren können. Denn er kann ja nicht überall zugleich sein und die Gesprächsthemen vorgeben.

Welche Themen sind beim Smalltalk tabu?

- Sprechen Sie keine Themen an, über die man in Streit geraten könnte (z. B. Politik).
- Reden Sie nicht über die eigene finanzielle Situation (kann gegebenenfalls als Angeberei verstanden werden), und fragen Sie auch nicht nach der des Gesprächspartners (wird in der Regel als Verletzung der Intimsphäre betrachtet).
- Tabu sind die eigenen Krankheiten, denn die wenigsten Menschen wissen, wie sie darauf reagieren sollen. Natürlich fragt man auch nicht nach dem Gesundheitszustand des Gesprächspartners.

Beim Smalltalk sind charmante, geistreiche und unterhaltsame Gesprächspartner höchst willkommen.

★ Spielen Sie nicht den Alleinunterhalter, sondern lassen Sie auch andere zu Wort kommen.

★ Gespräche über das Wetter werden die wenigsten anregend finden, weil in der Regel gejammert wird – außerdem erschöpft sich das Thema recht schnell.

★ Es gehört sich nicht, über gemeinsame Bekannte zu tratschen. Ihr Gesprächspartner könnte ausgesprochen negativ darauf reagieren.

★ Auch wenn es früher »in« war, einen Witz nach dem anderen als Ersatz für geistvollen Smalltalk zum Besten zu geben: Smalltalk heißt nicht Witze zu erzählen – schon gar keine geschmacklosen.

★ Lassen Sie Ihren Gesprächspartner wieder los! Er ist ja nicht gekommen, um nur mit Ihnen zu sprechen. Wenn Sie sich selbst lösen wollen, helfen Worte wie »Entschuldigen Sie mich bitte, ich muss mich mal um meine Gattin kümmern« oder »Entschuldigen Sie, ich werde mich mal etwas umsehen; wir sehen uns bestimmt noch im Laufe des Abends«, ohne unhöflich zu wirken.

➤ Brillieren Sie nicht mit Fachkenntnissen, denn das langweilt auf Dauer.

Geeignete Themen

Mit so genannten leichten Themen, die von allen verstanden und jederzeit vertieft werden können, schließen Sie die kommunikative Tür zumeist problemlos auf. Überlegen Sie sich schon zu Hause ein paar Themen, über die Sie etwas wissen.

Ein Gespräch muss keineswegs nur mit einer Frage beginnen oder etwas mit der aktuellen Einladung zu tun haben. Sprechen Sie jemand an, und erzählen Sie, nachdem Sie sich kurz vorgestellt haben, einfach etwas. Das kann eine Episode aus dem letzten Urlaub sein, oder etwas, was Sie kürzlich in der U-Bahn erlebt haben. Auch Ihr Hobby können Sie zum Thema machen, wenn es nicht zu speziell ist. Mode ist ebenfalls ein beliebter Aufhänger für ein Gespräch – lästern Sie aber niemals über das Aussehen von Anwesenden.

Gepflegte Kommunikation

Es gehört zu den Selbstverständlichkeiten, dass man nicht mit vollem Mund redet. Auch sollte man versuchen, die »feuchte Aussprache« im Zaum zu halten. Weiterhin ist es sehr unhöflich, Fremde mit dem vertraulichen »Du« anzureden. Im Verlauf eines Smalltalks wird normalerweise nicht von »Sie« auf »Du« gewechselt. Wenn doch, dann sollte der Ältere dem Jüngeren und die Dame dem Herrn das Du anbieten, wobei man sich darüber im Klaren sein sollte, dass damit eine Vertraulichkeit entstehen könnte, die über den Bereich des Smalltalks hinausgeht.

Allzu tief schürfende Gespräche sind beim Smalltalk tabu.

Die Rede bei Tisch

Tischreden bieten dem Gastgeber die Gelegenheit, sich noch einmal bei den Gästen für ihr Kommen zu bedanken und einige Worte über den Anlass des Festes zu verlieren.

Auch als Gast können Sie sich zu Wort melden, wobei der Gastgeber immer den Vortritt hat. Ihre Redeabsicht sollten Sie aber vorher beim Gastgeber »anmelden«. Er spricht meist vor dem ersten Gang, am besten während des Aperitifs, die anderen Redner in den Pausen zwischen den einzelnen Gängen.

Vor Beginn einer Tischrede klopft man kurz an sein Glas, um allgemeine Aufmerksamkeit zu erlangen, erhebt sich und hält eine kurze, gut vorbereitete Rede, die durchaus witzig und anekdotenreich gestaltet sein kann, aber in irgendeinem Bezug zu dem Anlass der Einladung stehen sollte. Gäste können an dieser Stelle auch für die Einladung danken.

Indem man mit einem Löffel kurz gegen ein Glas schlägt, gibt man seine Redeabsicht kund.

Die Verabschiedung

Sensible Gäste wissen, wann man sich am besten verabschieden sollte. Dies darf nicht zu früh, aber auch nicht zu spät erfolgen. Wenn die Einladung ein Essen einschließt, sollte man keinesfalls vor dessen Ende das Fest verlassen. Dies könnte als echter Affront verstanden werden, und zudem könnte das Verlassen des Festes zu diesem Zeitpunkt die Stimmung an der Tafel negativ beeinflussen.

Auch wenn die Tafel vom Gastgeber aufgehoben wird, heißt das noch lange nicht, dass jetzt alle nach Hause

gehen können (oder sollen). Meist wird in einem anderen Raum in gemütlicher Atmosphäre weitergefeiert, wobei Sie wissen sollten, dass man nichts, auch keine Getränke, in den anderen Raum mitnimmt.
Erst jetzt, wenn die Tafel aufgehoben wurde, bietet sich die Gelegenheit, mit anderen als den beiden direkten Tischnachbarn ins Gespräch zu kommen. Müssen Sie frühzeitig gehen, dann tun Sie dies möglichst unauffällig, um keine Aufbruchstimmung zur Unzeit zu erzeugen. Natürlich verabschieden Sie sich trotzdem von den Gastgebern und entschuldigen sich für das frühe Aufbrechen.

Wann sollte man sich verabschieden?

Im Allgemeinen gilt die Faustregel: Sie sollten nicht der Erste, aber auch nicht der Letzte sein. Diese Regel ist nicht praktizierbar, wenn jeder auf die Verabschiedung des Ersten warten würde. Deshalb kann man die Uhr zu Rate ziehen: Wenn Sie sich bei einer Esseneinladung mit anschließendem kleinen Umtrunk gegen Mitternacht verabschieden, machen Sie kaum etwas falsch.

➤ Bei einer Party gilt normalerweise zwei Uhr als die Grenze, die man nicht überschreiten sollte.

Nichts ist für die Gastgeber lästiger, als ein paar wenige Gäste noch bis vier Uhr oder gar später bewirten und unterhalten zu müssen. In diesem Fall ist die dezente Andeutung erlaubt, dass das Fest eigentlich schon beendet ist.
Man verabschiedet sich von den Umstehenden und begibt sich zum Gastgeber. Der begleitet die Gäste zur Garderobe und hilft der Dame in den Mantel. Händeschütteln und Wangenküsse erfolgen nach den gleichen Regeln wie beim Empfang. Jeder Gast bedankt

sich noch einmal ausdrücklich für das gelungene Menü oder für den schönen Abend.
Als sehr aufmerksamer Gast kann man am darauffolgenden Tag zum Telefonhörer greifen oder ein Kärtchen schicken, um sich noch einmal zu bedanken.

Wer sich früh verabschieden muss, sollte keine allgemeine Aufbruchstimmung heraufbeschwören.

Spezielle Regeln im Restaurant

Im Restaurant gelten natürlich andere Regeln als bei einem Essen zu Hause. Vor allem das Verhalten gegenüber der Begleitung und die Behandlung des Personals bieten vielfältige Möglichkeiten, etwas falsch zu machen. Um souverän auftreten zu können, sollte man die wichtigsten Benimmregeln kennen.

Die Auswahl des Restaurants und des Tisches

Wenn Sie in ein Restaurant zum Essen einladen, ob es nun eine Person oder eine ganze Gruppe ist, dann sollten Sie genau überlegen, welche gastronomische Richtung Ihren Gästen am besten entspricht. So wie nicht jeder bayerische, deftige Kost mag, so sind andere wiederum nicht von der chinesischen Küche überzeugt.
Wenn Sie den Geschmack Ihrer Gäste nicht kennen, sollten Sie ein Restaurant mit eher international ausgerichteter Küche vorziehen. Denn dort findet in der Regel jeder in der Speisekarte etwas, was er mag. Dass sich auch das Preisniveau oft erheblich unter-

scheidet, ist hinreichend bekannt und sollte von Ihnen bei der Auswahl berücksichtigt werden.
Handelt es sich um eine sehr wichtige Einladung, dann empfiehlt es sich, im Restaurant Ihrer engeren Wahl ein Probeessen durchzuführen und vor Ort gleich den für Sie am besten geeigneten Tisch reservieren zu lassen. Denn auch die Platzierung im Lokal kann sehr wichtig für das Gelingen der Einladung werden. Weder sollte der Tisch in der Nähe der Toilettentüren sein, noch zu nahe an der Eingangstür, weil im einen Fall unangenehme Gerüche und im anderen Fall Luftzug und Unruhe um den Tisch herum auftreten könnten.

➤ *Es sollte für Ihren Geldbeutel kein Problem darstellen, wenn Ihre Gäste das teuerste Essen bestellen.*

Die Begrüßung
Von Ihrem Platz aus sollten Sie ankommende Gäste gut sehen können. Sie können die Gäste auch an der Bar bei einem Aperitif begrüßen. Erst wenn alle Gäste eingetroffen sind, geht man gemeinsam zum vorbestellten Tisch. Dies hat den Vorteil, dass Sie fremde Gäste in diesem eher lockeren Rahmen miteinander bekanntmachen können und dass die anderen, die sich bereits kennen, Neuigkeiten austauschen können, was bei Tisch eventuell störend wirkt.

Am Tisch Platz nehmen
Betritt ein Herr mit einer Dame das Lokal, dann öffnet der Mann die Tür und geht voran – allerdings nicht, ohne die Dame vorher um Erlaubnis zu fragen. Früher war diese Regel als Schutzmaßnahme gedacht. Heute spielt dies keine Rolle mehr – praktisch ist das Vorangehen des Herrn aber doch, weil er dann ent-

weder gezielt einen freien Tisch ansteuern oder in Verhandlungen mit dem Ober treten kann. Denn in guten Restaurants werden die Gäste vom Kellner empfangen und nach der Reservierung gefragt.

Der Kellner geht voran bis zum reservierten oder anderweitig freien Tisch. Die Dame geht hinterher, und der Herr bildet den Schluss. Der Mann überlässt in jedem Fall der Frau die Platzwahl am Tisch. Anschließend schiebt er vorsichtig den Stuhl der Dame bis knapp hinter ihre Beine, damit sie sich setzen kann. Sie braucht ihm dabei nicht blind vertrauen, sondern kann sich mit einem kurzen Seitenblick vergewissern, wo der Stuhl genau steht.

➢ Auch wenn weitere Damen auf den Tisch zusteuern, erhebt sich der Mann.

Verlässt die Dame den Platz, um beispielsweise die Toilette aufzusuchen, erhebt sich der Herr bei ihrer Rückkehr vom Platz. In größerer Runde wird dies nur angedeutet, weil das Ganze lächerliche Züge annehmen kann und zuviel Unruhe entstehen würde.

Die Bestellung

Es kann sein, dass sich einige Gäste nicht trauen, ein teures Gericht zu bestellen. Die Situation ist gerettet, wenn Sie eine Empfehlung aussprechen, was in diesem Restaurant besonders vorzüglich schmeckt und eine der teuersten Menüzusammenstellungen vorschlagen, sodass es nach oben keine Grenzen in der Speisekarte gibt.

Gentlemanlike

Auch wenn dies heute nicht mehr vorgeschrieben ist: Viele Frauen lassen sich gerne verwöhnen: Der Wein wird nach wie vor vom Herrn probiert, das Essen der

Dame wird von ihm mitbestellt, sie bekommt als Erste den Brotkorb und die Vorspeisenplatte gereicht, man wird ihr als Erste servieren usw.
Das heißt aber nicht, dass sie ihr Essen nicht selbst bestellen kann, ohne aufzufallen. Ebenso sollte sie zahlen, wenn sie zum Essen eingeladen hat.

Die Rechnung
Wollen Sie Ihre Gäste nicht sehen lassen, was ausgegeben wurde – dies verlangt auch die Höflichkeit –, gehen Sie zum Kellner und wickeln dort die Bezahlung unauffällig ab. Wenn Sie zu zweit sind, reicht die normale Diskretion aus, indem Sie die Rechnung gefaltet auf einem Tellerchen gereicht bekommen und mit einer Scheckkarte zahlen.
Vor dem Verlassen des Lokals geht der Herr zur Garderobe und zieht seinen Mantel an. Damit hat er die Hände frei, den Mantel der Dame zu nehmen und ihr in den Mantel zu helfen.

Trinkgelder

Es ist üblich, etwa zehn Prozent des Rechnungsbetrags als Trinkgeld zu geben. Im Ausland gelten oft andere Regelungen (→ Seite 221–222). Geben Sie keines, wenn Sie wirklich unzufrieden waren. Denn Trinkgeld ist die beste Erziehungsmethode zu Freundlichkeit, Aufmerksamkeit und Schnelligkeit. Falls Sie mit Scheckkarte bezahlen, überreichen Sie das Trinkgeld separat dem Kellner. Wenn Sie bar zahlen, lassen Sie sich entsprechend herausgeben.

Kleider machen Leute?

Wer die Novelle »Kleider machen Leute« von Gottfried Keller gelesen hat, weiß, wie sehr das äußere Erscheinungsbild die Einschätzung eines Menschen beeinflusst. Wer immer gut gekleidet auftritt, wird als erfolgreich eingestuft, wer meistens schlecht gekleidet ist, hat mit einem Versagerimage zu kämpfen.

Doch die heutige Welt der Mode ist zu bunt und vielfältig, um klar sagen zu können, wer gut angezogen ist und wer nicht. Ein Kriterium für gute Kleidung hat sich aber bis heute gehalten: die Qualität des Stoffes, die bekanntlich ihren Preis hat. Und wichtiger als je zuvor ist heute diese Regel: Ganz egal, welche Kleidung – sie muss auf jeden Fall sauber sein!

Freizeitkleidung

Grundsätzlich gilt in der Freizeit: Jeder kleide sich so, wie es ihm gefällt! Dagegen ist nichts einzuwenden, solange man sich in seinen eigenen vier Wänden aufhält. Präsentiert man sich dagegen in der Öffentlichkeit, wird dieser Grundsatz auch im Freizeitbereich in Frage gestellt.

Auch hier gibt es Qualitätsunterschiede. Das beginnt bei der Sportbekleidung und endet bei den Jeans. So wird der Mensch nicht nur im Beruf entsprechend seiner Bekleidung eingeschätzt: Ein gepflegt aussehender und gut sitzender Jogginganzug wirkt allemal attraktiver als eine an den Knien ausgebeulte und ungebügelte Hose. Nicht zuletzt spielt auch in der Freizeit der berufliche Bereich eine Rolle – denn wer kann schon sicher sein, in der Freizeit nicht einem Geschäftspartner über den Weg zu laufen?

Die Sportbekleidung

Der einzige Bereich, bei dem verdreckte oder durchgeschwitzte Bekleidung keinerlei Ablehnung hervorruft, ist der Sport. Ein schweißnasses Trikot oder Oberteil ruft zwar im Allgemeinen keine Begeisterung hervor, wird aber in der Gesellschaft geduldet. Wobei man schon Unterschiede machen kann: Schweiß riecht dann nicht abstoßend, wenn man vor dem Sport auf Reinlichkeit geachtet hat. Nur wer schon vor dem Sport etwas verschwitzt war, trägt zu seinem schweißnassen Trikot auch noch eine unangenehme Duftwolke mit sich herum.

Bei Sportarten, die auch bei schlechtem Wetter im Freien ausgeübt werden, gilt der schmutzige, nasse

Dress nahezu als Beweis für sportlichen Einsatz. Es ist keineswegs positiv gemeint, wenn nach dem Sport auf schlammigem Platz darauf hingewiesen wird, dieser oder jene habe noch einen nahezu sauberen Dress an. Dies hat aber alles nichts damit zu tun, dass auch beim Sport auf die Bekleidung geachtet wird. Denn Sportbekleidung in guter Qualität ist im Verhältnis zu anderer Bekleidung nicht gerade preiswert. Das beginnt bei den Schuhen und endet beim Stirnband. Daneben spielt aber auch die Marke eine große Rolle, die sich viele Hersteller teuer bezahlen lassen.

Gewaltige Preis- und Qualitätsunterschiede sind in allen Sportbereichen zu beobachten. Ob man aber alle Moden mitmachen möchte und immer unbedingt das teuerste Modell verlangt, hängt davon ab, wie wichtig einem prestigeträchtige Kleidung ist. Ein Muss ist teure Ware nicht!

Wirklich wichtig ist nur, dass die Sportbekleidung – zumindest vor ihrem Einsatz – sauber und in einem ordentlichen Zustand ist und ihre Funktion erfüllt.

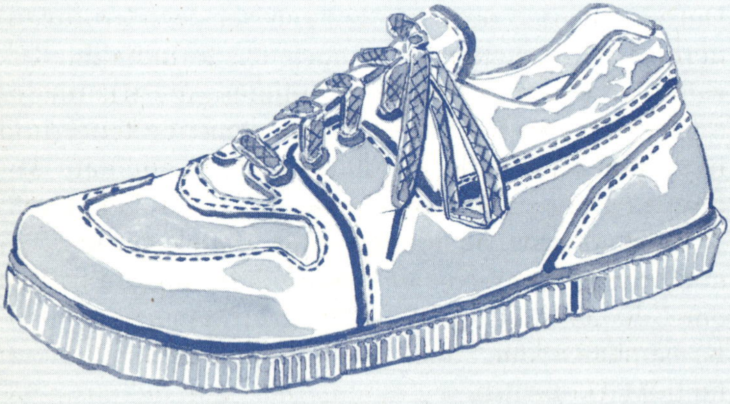

Auch außerhalb des Sportplatzes werden heute gerne Sportschuhe getragen. Im Berufsleben sind sie meist fehl am Platz.

Stadtbummel, Party & Co.

Ob man nun allein, mit Freunden oder mit dem Partner ausgeht – stets zeigt man sich von der besten Seite. Man möchte auf andere Menschen Eindruck machen, beim anderen Geschlecht Aufmerksamkeit erregen oder sich einfach dem Ambiente eines Lokals anpassen.

> ➤ *Keiner fühlt sich heute mehr gezwungen, sich strikt dem gerade aktuellen Modetrend anzupassen.*

Hier lässt uns heutzutage die Mode sehr viel Spielraum, was noch vor wenigen Jahrzehnten keinesfalls selbstverständlich war. So waren beispielsweise in den 60er-Jahren nur ganz bestimmte Hemdmuster modern. Die Hose musste aus einem bestimmten Stoff genäht sein, der Rocksaum endete in einer genau definierten Entfernung vom Knie, zum Minirock mussten unbedingt knielange Stiefel getragen werden und so fort.

Individualität kontra Uniformität

Die Uniformität der Freizeitmode ist verschwunden, denn die Menschen geben sich heute individueller. Eine der wenigen Unterscheidungen, die wir uns in der Freizeit noch leisten, ist die zwischen teuer und nicht teuer. Dass diese Unterscheidung auch auf Anhieb gelingt, dafür sorgen die als teuer bekannten Marken, deren Logos zu diesem Zweck gerne offen getragen werden. Nur die vielen Fälschungen trüben das Bild der klaren Unterschiede etwas ...
Es ist sicher kein Zeichen von Persönlichkeit, wenn man Markenzeichen demonstrativ zur Schau stellt. Andererseits muss man auch nicht alles verstecken, was man hat. Kaufen Sie, was zu Ihnen passt, und

nicht, was das Prestige hebt. Wenn Sie etwas unsicher sind, wenden Sie sich an einen Stilberater.
Dass trotz aller Individualität in »gewissen« Kreisen »gewisse« ungeschriebene Kleiderordnungen herrschen, ist allseits bekannt. Das betrifft die Jugendkultur ebenso wie das Damenkränzchen – um nur zwei Beispiele zu nennen. Wir leben in einer Gesellschaft, die viele Lebensformen, Stilrichtungen und Geschmäcker kennt. Jeder muss für sich entscheiden, inwieweit er sich diesem anpassen oder eigene Wege gehen möchte.

➢ Solange man relativ neutrale Kleidung bevorzugt, wird man sich in vielen Kreisen bewegen können, ohne unangenehm aufzufallen.

Die Kleidung bei gehobenen Feierlichkeiten

Einladungen zu besonderen, nicht alltäglichen Anlässen verlangen nach einer besonderen Kleidung. Denn wenn auch heutzutage der Individualismus so weit gediehen ist, dass prinzipiell jeder anziehen kann, was er will, so ist bei gehobenen Anlässen noch eine gewisse Etikette bei der Kleidung zu beachten.
Diese zu befolgen ist nicht nur gegenüber dem Gastgeber ein Akt der Höflichkeit, sondern macht Sie auch sicher im Auftreten vor dem dort im Allgemeinen kritischeren Publikum. Sie müssen nicht befürchten, hinsichtlich Ihrer Kleidung negativ beurteilt zu werden. Ohne die Sorge, vielleicht unpassend gekleidet zu sein, meistern Sie dann auch andere gesellschaftliche Klippen leichter.

Neben dem Anlass spielen noch andere Faktoren eine Rolle, wie man sich am besten kleidet. Nicht zuletzt ist die Tageszeit von Bedeutung. Auch das Ambiente der Örtlichkeit sollte bei der Kleiderwahl bedacht werden, wenn nicht ohnehin eine Kleiderordnung vorgegeben ist. Wird beispielsweise in einem prunkvollen Barocksaal gefeiert, dann verlangt dies eine gewisse Anpassung an die festliche Atmosphäre, auch wenn es sich nicht um einen rauschenden Ball handelt.

Eine festliche Architektur verlangt eine ebensolche Garderobe.

Die offizielle Einladung

Einc offizielle Einladung ist dann gegeben, wenn sie nach bestimmten Regeln schriftlich ausgesprochen wird. Dies geschieht in der Regel in Form einer gefalteten Karte, der Sie den Anlass entnehmen können sowie den Gastgeber, den Zeitpunkt, die Örtlichkeit, den letzten Tag der Ruckmeldung und Hinweise auf die gewünschte Kleidung.

Dunkler Anzug erwünscht

Wenn ein Kleiderwunsch formuliert ist, können Sie davon ausgehen, dass alle Gäste sich danach richten, was Ihnen wiederum die Qual der Wahl vor dem Kleiderschrank abnimmt. Sollten Sie die gewünschte

Kleidung nicht haben, hilft nur der Gang ins gehobene Bekleidungsgeschäft oder eine Absage, denn mit einer anderen als der erwünschten Kleidung zu erscheinen, würde Ihrem Ansehen schaden.
Vielleicht können Sie die gefragte Kleidung auch bei einem Freund oder in einem Geschäft für Leihgarderobe ausleihen. Das ist vor allem dann sinnvoll, wenn Sie wissen, dass Sie das Kleidungsstück danach nie wieder brauchen werden.

➢ *Bei Feiern auf dem Land oder bei traditionellen Festen kann auch Trachtenkleidung erwünscht sein.*

Die Wünsche der Gastgeber können sich zwischen dunklem Anzug, Smoking (kleiner Gesellschaftsanzug), Frack (großer Gesellschaftsanzug), großes Abendkleid oder einfach nur »Abendgarderobe« bewegen. Die in einer Einladung genannte Kleidung bezieht sich meist auf den Herrn. Die Dame kleidet sich passend dazu. Ein »dunkler Anzug« bedeutet z. B. für die Frau ein kurzes Kleid oder Kostüm.
Ist bei einer offiziellen Einladung kein Bekleidungswunsch vermerkt, schadet es nicht, bei den Gastgebern anzurufen und nach den Gepflogenheiten zu fragen. Dies sollten Sie insbesondere dann tun, wenn Ihnen der Personenkreis nicht vertraut ist. Denn dort könnten ungeschriebene Regeln existieren, von denen Sie nichts wissen.

Empfang und Mittagessen

Zwischen einer Einladung während des Tages und einer für ein abendliches Essen oder eine andere abendliche Veranstaltung wird in gesellschaftlicher Hinsicht stark unterschieden. Festivitäten am Abend sind höher einzuschätzen als solche tagsüber, auch wenn es sich um einen Sonn- oder Feiertag handelt. Dies spiegelt sich auch in der Kleidung wider: Bei einem Empfang während des Tages, bei einem Mittagessen oder bei einer Einladung zum Kaffee werden keinesfalls alle Register gezogen, sondern es wird etwas schlichtere Kleidung bevorzugt. Dies ist für den Herren der Anzug und für die Dame das Kleid oder der Hosenanzug. Selbstverständlich kann die Dame auch ein Kostüm mit oder ohne Hut tragen.

Das »Event« am Abend

Wie bereits erwähnt, ist die Einladung am Abend gesellschaftlich wesentlich höher einzustufen als die am Tag. Denn der offizielle Anlass in den Abendstunden ist immer ein besonderer, ob es sich nun um ein Fünf-Gänge-Menü, um eine Cocktailparty oder um einen Empfang handelt.

Ein umsichtiger Gastgeber gibt in seiner Einladung einen Hinweis darauf, welche Kleidung gewünscht ist. Dies wird in der Regel für den Herrn der dunkle Anzug oder der Smoking sein und für die Dame ein elegantes, dunkles, nicht zu langes Kleid oder Kostüm mit Schmuck – auch ein Hosenanzug statt Kleid oder Rock ist heutzutage gesellschaftsfähig.

Smoking und Abendkleid trägt man normalerweise erst ab 19 Uhr.

Rauschende Feste

Das festliche Bankett oder der rauschende Ball sind die gesellschaftlichen Ereignisse schlechthin. Es gibt keinen Anlass, für den eine noch festlichere Kleidung vorgeschrieben ist. Die genannten Feste geben Ihnen die Möglichkeit, Ihre edelsten Bekleidungsstücke aus dem Schrank zu holen.

Dass auch Ihr ganzes Äußeres mit der besten Kleidung mithalten muss, braucht eigentlich kaum erwähnt zu werden. Das beginnt bei der Frisur und endet bei den Fingernägeln – das gesamte Äußere muss gepflegt wirken.

Konzentrieren wir uns weiterhin auf die Kleidung: Sie ist weitestgchend standardisiert, nicht nur was die Form, sondern insbesondere bei den Männern auch die Farbe der Kleidung betrifft. Aber das vorherrschende Schwarzweiß bei solchen Veranstaltungen hat System, denn es wirkt in einem festlichen Ambiente am gediegensten und neutralsten – gleichgültig, welchen baulichen Stil der Festsaal aufweist, ob prunkvolles Barock oder sachliche Moderne.

Der Herr wird also zum Cut, Stresemann oder Smoking (kleiner Gesellschaftsanzug), oder gar zum Frack (großer Gesellschaftsanzug) greifen, die Dame sich in das lange Abendkleid hüllen und den besten Schmuck anlegen. Der dunkle Anzug und das kurze Kleid erscheinen bei diesen Anlässen »underdressed«.

Mit der richtigen Garderobe weiß man sich auf jedem Parkett sicher zu bewegen.

Die Festbekleidung des Herrn

Beim Mann sind Schnitte und Farben der Festbekleidung wesentlich stärker reglementiert als die Garderobe der Frau. Im Folgenden werden die gängigen Gesellschaftsanzüge beschrieben.

Der Frack

Der Frack (auch großer Gesellschaftsanzug genannt) gilt auch heute noch als das Beste, was der Mann anziehen kann. Viele empfinden den Frack als nicht mehr zeitgemäß, weswegen er weitgehend vom gefälligeren Smoking verdrängt wurde. Trotzdem: Wenn Sie einen Frack haben, dann sollten Sie ihn bei einem Ball oder Bankett auch tragen.

Er besteht aus einer schwarzen Hose mit Doppelstreifen, einem schwarzen, kurz taillierten Jackett mit knielangem Schwalbenschwanz, einem speziellen Frackhemd, einer weißen Pikeeweste und einer weißen Frackschleife. Zudem werden Manschettenknöpfe und ein schwarzer Zylinder getragen.

Der Smoking

Der Smoking (auch kleiner Gesellschaftsanzug genannt) ist heutzutage bei gehobenen gesellschaftlichen Ereignissen die gängigste Kleidung.

> ➢ Der Smoking kommt erst ab 19 Uhr zum Einsatz.

Er sieht einem schwarzen oder dunkelblauen Anzug zwar ähnlich, hebt sich aber in den Details von ihm ab.

So kann der Smoking auch mit einer weißen Jacke getragen werden, was zu dem schwarzweißen Grundton, der die Festbekleidung dominiert, ausgezeichnet passt. Er umfasst eine schwarze Hose mit aufgesetzten Längsstreifen, eine schwarze (oder weiße) Jacke mit Schalkragen oder Revers aus Seide und das so genannte »Kummerbund« bzw. eine Weste. Dazu werden ein weißes Hemd mit verdeckter Knopfleiste sowie Schleife oder Fliege getragen.

Der Cut

Der Name »Cut« (auch: Cutaway, engl. »abschneiden«) kommt tatsächlich von Wegschneiden, denn als man im 19. Jahrhundert der unbequemen und unpraktischen Gehröcke überdrüssig wurde, wusste man radikalen Rat: Die vorderen Schöße wurden schräg abgeschnitten, und der Cut war entstanden.
Er kann sowohl tagsüber als auch abends zu festlichen Anlässen getragen werden, was ihn gegenüber dem Smoking praktischer macht, denn man braucht sich bei gedrängter Terminlage nicht zwischen den Festivitäten umziehen.
Der Cut besteht aus einer schwarzgrau gestreiften Hose, einer einreihigen Schoßjacke mit abgerundeten Schwalbenschwänzen, weißem Hemd, grauer Weste und grauer Krawatte mit Perle.

Der Cut steht, was den Grad der Festlichkeit angeht, über dem dunklen Anzug und unter dem Frack. Er kann sowohl tagsüber als auch abends getragen werden.

Der Stresemann
Der Stresemann wurde, wie der Name schon vermuten lässt, vom ehemaligen deutschen Außenminister Gustav Stresemann (1878–1929) erfunden. Anekdotenhaft wird erzählt, dass Stresemann es leid war, sich zwischen festlichen Terminen und normalen Amtsgeschäften mehrmals täglich umzuziehen, denn der Cut war zu offiziellen Empfängen ein »Muss«, während er für die normalen Regierungsgeschäfte viel zu feierlich war.

➤ Cut und Stresemann können tagsüber und abends getragen werden.

Stresemann wechselte kurzerhand einfach die Jacke: Die Cut-Jacke wurde nach dem offiziellen Termin abgelegt und eine einreihige schwarze Jacke angezogen, bis der nächste offizielle Termin nahte und die Cut-Jacke schnell wieder korrekt ergänzt wurde.
Der Stresemann ist also nichts anderes als ein Cut mit schwarzer Jacke: Er besteht aus einer schwarzgrau gestreiften Hose, schwarzem, einreihigem Jackett, weißem Hemd, grauer Weste und silbergrauer Krawatte mit Perle.

Der Opern- und Theaterbesuch

Ähnlich dem Ball und dem Bankett gilt die Gala-Opern- oder Festspielpremiere als hochrangiges gesellschaftliches Ereignis. Dementsprechend festlich sollten Sie gekleidet sein: Der Herr trägt einen Frack, der in der kalten Jahreszeit mit einem schwarzen Mantel und einem weißen Seidenschal ergänzt wird. Die Dame erscheint im langen Abendkleid bzw. in der Abendrobe, worüber im Winter ein knöchellanger Mantel getragen wird.

Die »normale« Opernpremiere rangiert in der gesellschaftlichen Hierarchie schon deutlich unter der Gala-Premiere, finden doch in den großen Theatern in der Regel mehrere Premieren pro Saison statt. Bei diesen Anlässen ist der Smoking für den Herrn die erste Wahl, während die Dame ein Abendkleid trägt. Der Herr kann zu diesem Anlass auch im dunklen Anzug erscheinen, was die Dame dazu bewegen sollte, auf das Abendkleid zu verzichten und statt dessen ein anderes festlich anmutendes Kleid anzuziehen.

➤ *Als Paar sollte man darauf achten, dass die Garderobe zusammenpasst – sowohl farblich als auch vom Stil her.*

Die passende Kleidung für sie und ihn

Der Theaterbesuch – mit Ausnahme der Premiere – hat sich in den letzten Jahrzehnten zu einem immer weniger festlichen Ereignis entwickelt. Das Ambiente der meisten großen Theater legt aber eine entsprechende Kleidung nahe: Dunkler Anzug sowie Krawatte oder Fliege sollte für den Herrn eine Selbstverständlichkeit sein.

Die Dame kann in einem schicken, ruhig etwas festlich anmutenden Kleid auftreten, denn im Theater wird man kaum »overdressed« erscheinen; hingegen kann zu lässige Kleidung oder das Geschäftskostüm zwischen barockem Stuck und Kristallleuchtern unangenehm auffallen.

Auf jeden Fall sollten Sie die Garderobe der Örtlichkeit entsprechend sensibel auswählen. Dass die Kleidung der Partner im Niveau zusammenpassen muss, ist zwar selbstverständlich, soll hier aber der Vollständigkeit halber noch einmal erwähnt werden.

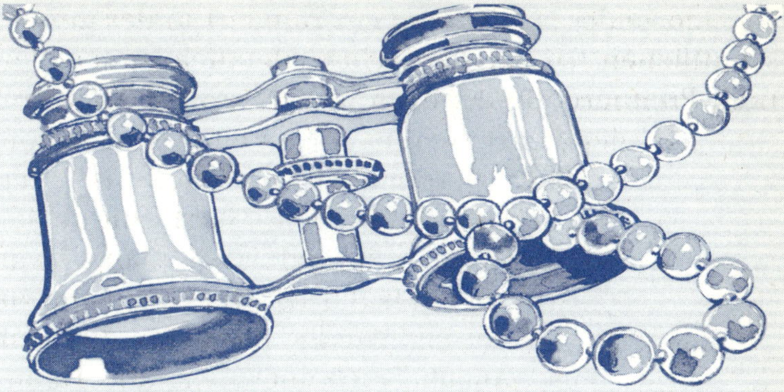

Sehen und gesehen werden – ein Opernbesuch ist nicht nur ein musikalisches, sondern auch ein gesellschaftliches Ereignis.

Auch wenn jüngere Menschen den Konventionen eher kritisch gegenüberstehen: Die Jeans und der Pullover sollten dem Kinobesuch und anderen Freizeitaktivitäten vorbehalten bleiben. Die junge Freizeitmode bietet heute viele Möglichkeiten, neben Lässigkeit auch auf Eleganz und Qualität zu achten.

Die Einladung im privaten Kreis

Für eine private Einladung gibt es keine festgeschriebene Kleiderordnung, sodass Sie sich im Prinzip kleiden können, wie es Ihnen gefällt. Natürlich sollten Sie darauf achten, wie man sich in Ihrem Freundeskreis im Allgemeinen kleidet, und überlegen, welches Outfit zum Kreis Ihrer Freunde passt.

Im privaten Bereich ist es eher problematisch, wenn man zu festlich oder offiziell gekleidet erscheint. Andererseits ist schmuddelige Kleidung »out« – mit fleckigen, abgetragenen Jeans sind kaum noch Pluspunkte zu gewinnen. Ihre Kleidung soll zu Ihrem Typ und Ihrer Figur passen und gute Qualität aufweisen.

Die wichtigsten Kleiderregeln

Einige wenige Grundsätze sollten Sie sich unbedingt einprägen, weil Sie durch deren Beherzigung die schlimmsten Fehler vermeiden können:

Immer up to date?

Dem neuesten Trend sollten Sie nur nachgehen, wenn es der Anlass erlaubt, wie beispielsweise bei einer Einladung im privaten Kreis, oder wenn das brandaktuelle Stück nicht zu ausgefallen und schrill im Design ist. Nicht immer genügt die neueste Mode unseren Anforderungen hinsichtlich Tragbarkeit und Qualität. Letztere sollte beim Kauf der Abendgarderobe den Ausschlag geben und nicht modische Details. Darüber hinaus ist festliche Kleidung nicht gerade preiswert. Sie wird daher meist länger als eine Saison getragen und darf deshalb nicht zu trendig sein.

➤ *Ein zeitloses Modell können Sie auch noch in einigen Jahren tragen. Es lohnt die Anschaffungskosten.*

Typ- und anlassgerechte Kleidung

Kleiden Sie sich immer so, dass Ihr Outfit zu Ihrem Typ passt. Dieser Grundsatz ist nicht immer leicht einzuhalten, denn nichts sehen wir subjektiver als die eigene Person. Fragen Sie Freund oder Freundin, ob die Kleidung, die Ihnen gefällt, auch zu Ihnen passt. Auf jeden Fall können Sie aber beurteilen, ob Sie sich in bestimmter Kleidung wohl fühlen oder nicht. Keine Frau muss sich in ein enges Abendkleid zwängen, wenn Sie legere Kleidung bevorzugt. Ein weiter Hosenanzug kann genauso elegant wirken. Auch hohe Pfennigabsätze sind kein Muss.

Überlegen Sie darüber hinaus, was zu welchem Anlass passt und auf welche Leute Sie treffen werden. Das heißt nicht, dass Sie opportunistisch Ihr »Modefähnchen« in den Wind hängen sollen. Aber etwas Sensibilität ist angebracht!

Kleidung, die zur Figur passt

Heikel, aber wichtig: Ihre Kleidung sollte Ihrem Alter und Ihrer Figur entsprechen. Lassen Sie sich nicht von der Werbung mit ihren jungen und schlanken Modellen verrückt machen, wenn Ihr Körper nicht mehr ganz so rank und schlank ist und auch das Alter nicht mehr als jugendlich zu bezeichnen ist. Quetschen Sie sich darüber hinaus nicht in Kleidung, die Ihnen eigentlich zu eng ist: Sie betonen damit nur die unvorteilhaften Zonen Ihres Körpers und tun Ihrer Gesundheit keinen Gefallen.

Stehen Sie zu Ihrer Figur, und bevorzugen Sie bequeme, nicht zu enge Schnitte.

Betonte Formen

Die besondere Betonung von Weiblichkeit wird vom männlichen Publikum sicherlich registriert werden. Eine Frau kann dies als ein Kompliment betrachten. Sie sollte aber bedenken, dass sie diesen Effekt auch bei solchen Männern hervorruft, mit denen sie nichts zu tun haben will, und sich daher genau überlegen, wie freizügig sie auftreten möchte. Dies hängt natürlich auch vom Rahmen der Festlichkeit ab.

Gemeinsamer Auftritt

Nicht erst kurz bevor Sie das Haus verlassen, sollten Sie sich mit Ihrem Partner vor den Spiegel stellen, um zu überprüfen, ob Ihr Outfit auch in Stil und Farbe zusammenpasst. Denn zum Umziehen ist es nun zu spät. Nehmen Sie in Ihre repräsentative Garderobe einige Stücke auf, die gut mit der Ihres Partners bzw. Ihrer Partnerin harmonieren. Dann genügt im »Ernstfall« eine kurze Absprache, um so gekleidet zu sein, dass Sie gemeinsam auftreten können, ohne dass sich die Kleidungsstücke »beißen«.

Krawatte und Fliege

Vielleicht gehören Sie zu den Männern, die keine Krawatten mögen und für die der »Kulturstrick« eine lästige Verpflichtung darstellt. Ist dies der Fall, dann leben Sie in einer Ihnen sehr entgegenkommenden Epoche. Denn eigentlich gehört zu einem Anzug eine Krawatte – derzeit ist aber auch ein oben offenes Hemd mit Tuch, ein bis oben geschlossenes Hemd ohne Krawatte oder eine schöne Jacke mit T-Shirt en vogue und bei vielen Anlässen erlaubt. So sollten Sie aber nicht im öffentlich geschäftlichen oder offiziellen Bereich auftreten.

Eine Fliege gehört zu Frack oder Smoking, wird aber von manchen Männern zu allen möglichen Gelegenheiten getragen. Sie sollten sich bewusst sein, dass die Fliege im Alltag zum normalen Anzug oder Jackett etwas skurril wirkt.

Der Sinn einer Krawatte besteht daran, die Knopfleiste des Hemdes abzudecken.

Männer und Schmuck

Auch bei Männern ist Schmuck heutzutage üblich. Das betrifft nicht nur Ringe an den Fingern, was ja schon immer üblich war, sondern auch Halskettchen mit oder ohne Anhänger und kleine Ohrringe. Sie sollten aber darauf achten, dass die Schmuckstücke möglichst schlicht und nicht zu auffällig sind.

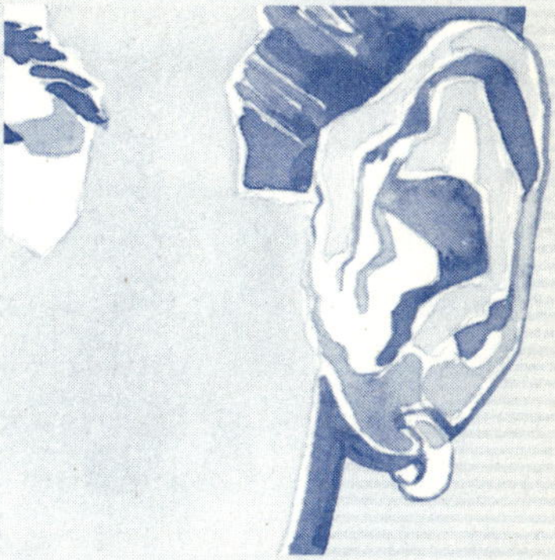

Was früher Aufsehen erregte, ist heute ein gewohnter Anblick: der Ohrring beim Mann.

Beachten Sie, dass es eine gewisse Bedeutung für die eingeweihte Öffentlichkeit hat, ob Sie den Ohrring am rechten oder am linken Ohr tragen (bei Heterosexuellen links).

Wann herrscht Jackenzwang?

Wem es zu warm wird, darf die Anzugjacke im privaten Kreis natürlich ausziehen. Bei offiziellen Anlässen ist es nicht erlaubt, sich von der Jacke zu befreien, auch wenn die Temperaturen noch so hoch sind! Bei weniger offiziellen Anlässen wird der Hausherr, wenn es sehr heiß ist, den Jackenzwang aufheben, indem er selbst die Jacke auszieht und gleichzeitig die anderen Herren ermuntert, gleiches zu tun. In manchen Kreisen gilt noch die Regel, dass die Jacke in Anwesenheit von Frauen nicht abgelegt werden darf – es sei denn, die Damen erlauben es den Herren angesichts unerträglicher Temperaturen.

➤ Leichte Jackenstoffe helfen, einen offiziellen Termin auch im Hochsommer zu überstehen.

Was Sie vermeiden sollten

Leider wird man immer wieder mit klaren Regelverstößen gegen die Kleidungsetikette konfrontiert. Dies allein wäre kein großes Problem, denn man könnte die Fehler ignorieren. Eine derartige Verhaltensweise ist aber nicht die Regel: In allen Bereichen des Lebens werden Fehler anderer in den meisten Fällen nicht ignoriert, sondern fleißig kommentiert. Vor allem nachlässiges Benehmen im Umgang mit einer eigentlich korrekten Kleidung ist immer wieder ein beliebter Gegenstand des Spotts …
Wenn Sie vermeiden wollen, dass Sie aufgrund Ihrer Kleidung negativ beurteilt werden, sollten Sie einige Grundsätze beachten.

Unter Verschluss

Ihre Kleidung sollte immer in einer dem Anlass entsprechenden Verfassung sein. Das heißt im öffentlichen Bereich, bei einer Einladung oder einem Fest, dass alle Knöpfe und Reißverschlüsse geschlossen sind. Denken Sie auch an den obersten Knopf des Hemdes, der auch unter dem Knoten der Krawatte geschlossen sein muss.

> ➢ *Die Krawatte darf nicht so weit gelockert sein, dass Sie nicht mehr korrekt am Hemdenkragen anliegt.*

Die Damen sollten hin und wieder überprüfen, ob die Knöpfe der Bluse noch so weit geschlossen sind, wie es gewünscht ist. Auch wenn es Ihnen zu eng wird: Machen Sie keine Knöpfe oder Reißverschlüsse auf, um den Druck auf den Körper zu mindern. Auch wenn es niemand sehen kann, dürfen Rock und Hosenbund beim Sitzen nicht geöffnet und die Schuhe unterm Tisch nicht ausgezogen werden.

Häufige Fehler

Sie können davon ausgehen, dass jeder der nachfolgend genannten »Fehler« von Personen, die mit der Etikette vertraut sind, auf den ersten Blick erkannt werden. Geben Sie anderen keinen Anlass zum Schmunzeln oder Kritisieren.

Gilt für Mann und Frau

☆ Sie sind für den Anlass oder die Örtlichkeit der Einladung völlig unpassend gekleidet.

☆ Ihre Kleidung ist grell und provozierend im Stil – Sie kleiden sich zu auffällig.

☆ Der Stil Ihrer Kleidung ist für wesentlich jüngere Menschen gedacht und macht Sie auch nicht jünger.

☆ Ihre Schuhe sind schlecht oder gar nicht geputzt.

☆ Ihre Kleidung passt nicht zur Tageszeit.

Der Herr

☆ Sie tragen gegen alle Regeln Hosenträger und/ oder braune Schuhe.

☆ Beim Sitzen kann man unter den Hosenbeinen Ihres Abendanzugs Ihre nackten Waden sehen.

☆ Sie tragen weiße oder kräftig gemusterte Strümpfe zu offiziellen Anlässen.

Die Dame

☆ Sie tragen keine Strümpfe zu offizieller Kleidung, zeigen also nackte Beine bzw. Füße.

☆ Ihre Strümpfe haben Laufmaschen.

☆ Ihr Rocksaum ist ungleichmäßig oder verknittert.

☆ Sie legen beim Sitzen den Fuß auf Ihr Knie oder ziehen beide Beine unter sich.

Die Kleidung im Beruf

Die Arbeitskleidung war früher immer auch ein Standeszeichen – man konnte mühelos an der Kleidung feststellen, welchem Beruf der so uniformiert Bekleidete nachging.
Uniformen gibt es heute eigentlich nur noch in den »Autoritätsbereichen« wie Polizei, polizeiähnlichen Organisationen und Militär sowie bei der Feuerwehr, wo Uniform und zweckgerichteter Arbeitsanzug eine Symbiose eingegangen sind. Auch in den Heil- und Pflegeberufen einschließlich der Sanitäter wird aus Gründen der Hygiene und Zweckmäßigkeit weiterhin eine Art Uniform getragen. In allen anderen Berufen wird heute entweder Schutzkleidung oder Alltagskleidung getragen.

Das Ende der Uniform?

Die meisten Berufstätigen tragen eine Kleidung, die nicht mehr erkennen lässt, womit ihr Träger seine Brötchen verdient. Ob der Herr mit Krawatte nun Autoverkäufer oder Abteilungsleiter einer Molkerei ist, kann nur geraten werden. Sogar die Jeans in Verbindung mit einer Jacke aus Qualitätsstoff und einer Krawatte ist in vielen Berufen gesellschaftsfähig geworden.

➤ Selbst der Geistliche ist nur während des Gottesdienstes beruflich zweifelsfrei einzuordnen.

Dies gilt auch für Frauen, nur mit dem Unterschied, dass das Kostüm in gedeckten Farben das Äquivalent zu Anzug und Krawatte ist. Daraus zu schließen, welchen Beruf die Dame ausübt, ist ebenso wenig wie beim Mann möglich.

Bekleidungsvorschriften am Arbeitsplatz

In Branchen, in denen die Mitarbeiter sehr viel Kontakt mit Kunden haben, existieren oft vonseiten der Geschäftsleitung Vorschriften darüber, wie sich die Mitarbeiter während der Arbeitszeit zu kleiden haben, ohne dass es eine bestimmte Uniform gibt. Dies ist insbesondere bei Banken der Fall, wo man die Kompetenz in Finanzangelegenheiten durch seriöse Kleidung aller Mitarbeiter betonen will.
Es wird ein Zusammenhang zwischen guter Kleidung und Finanzkraft hergestellt: Wer etwas von Geld versteht, kann nicht schlecht gekleidet sein. Auch in den Zentralen großer Konzerne, die heutzutage oft riesigen Palästen ähneln, wird erwartet, dass sich die Mitarbeiter dem Erfolgsimage der Firma in ihrer Kleidung anpassen.

Formelle Kleidung

»Formelle« Kleidung ist das Stichwort für einen Stil, der in allen Positionen vom unteren bis zum höheren Management zu finden ist – und das international.

Bei Geschäftskleidung sollte man auf dezente Farbigkeit und gute Stoffqualität achten.

Regeln für den Mann

- Die Kleidung wirkt umso vornehmer, je dezenter die Farben gewählt sind.
- Empfehlenswert fürs Büro oder für Berufe mit Kundenkontakt ist ein gedeckter Anzug, der nicht zu modisch geschnitten sein sollte. Der Stil von Geschäftsanzügen ändert sich, unbeeindruckt von der Mode, nur in Details und in großen Zeitabständen.
- Das weiße Oberhemd mit Kragen und Manschetten ist Teil der internationalen »Uniform« – farbige Hemden gelten als unpassend und zu modisch.
- Auf Krawatte und Einstecktuch kann nicht verzichtet werden. Beide haben das gleiche Muster und sollten nicht zu auffällig in der Farbe sein.
- Die Socken haben kein Muster und sind von dunkler Farbe, die natürlich zum Anzug passen muss.
- Auch die Schuhe sollten passend zum Anzug gewählt werden – sie sind in der Regel schwarz. Lackschuhe gehören zur festlichen Garderobe und nicht ins Büro.
- Das Stofftaschentuch wird im Allgemeinen noch immer als Teil der Herrenausstattung betrachtet.
- Es grenzt an Sabotage der eigenen Karriere, wenn Sie unkorrekt gekleidet vor Ihren Chef bzw. Ihre Chefin treten.
- Legen Sie bei Kundenbesuchen oder anderen wichtigen Terminen nie das Jackett ab.

Krawatte und Einstecktuch weisen die gleiche Musterung und Stoffqualität auf.

Regeln für die Frau

- Frauen mit Stil tragen im Beruf eine andere Kleidung als in ihrer Freizeit. Denn die berufliche Kleidung sollte nicht irgendeine Freizeitkleidung, sondern der Art der Tätigkeit angepasst sein.
- Im Beruf sollten Sie Ihre körperlichen Reize nicht zu sehr betonen. Das heißt keineswegs, dass Sie sich nicht attraktiv anziehen können, aber Ihre Kleidung sollte nicht zu auffallend weiblich wirken.
- Ein dezentes Kleid, ein Kostüm oder ein gut sitzender Hosenanzug gelten als korrekte Kleidung im Berufsleben.
- Die Schultern sind bedeckt – auch bei hohen Temperaturen.
- Im Sommer werden ebenfalls Strümpfe bzw. Strumpfhose getragen.
- Legen Sie nur sparsam Schmuck an.
- Der Rocksaum sollte glatt sein und nicht höher als eine Handbreit über dem Knie enden.
- Es versteht sich von selbst, dass die Strümpfe keine Laufmaschen haben dürfen. Legen Sie deshalb im Schreibtisch immer Ersatz bereit.
- Vermeiden Sie auffallend durchsichtige Kleider. Keinesfalls sollte der Büstenhalter durch die Bluse oder das Kleid durchschimmern.
- Der Unterrock oder das Rockfutter sollte nicht unter dem Kleid hervorschauen.

Der Ausschnitt von Kleid oder Bluse sollte am Arbeitsplatz nicht zu groß sein.

Was ziehe ich zum Vorstellungsgespräch an?

Sie können in Bezug auf die Kleidung nichts falsch machen, wenn Sie sich an die zuvor aufgeführten Regeln halten (➻ Seite 135–137). Bei der Wahl des passenden Kleidungsstücks spielt es auch eine Rolle, für welche Position Sie sich bewerben und in welcher Branche Sie arbeiten wollen.

➤ *Auch formelle Kleidung sollte so geschnitten sein, dass man sich darin wohl fühlt.*

Wenn Sie sich auf eine Stelle im Handwerk bewerben, sollten Sie trotzdem im Anzug und mit Krawatte zum Vorstellungsgespräch erscheinen. Das zeigt dem Personalchef, dass Sie im wahrsten Sinne des Wortes über den »Blaumann« hinausdenken können.

Für kaufmännische Berufe und leitende Positionen gilt, dass Sie das tragen, was Sie im beruflichen Alltag anziehen. Ihre Kleidung muss den Regeln in jeder Hinsicht entsprechen, denn Ihre berufliche Qualifikation wird nicht zuletzt auch danach beurteilt.

Es gibt heutzutage Branchen, in denen sich die Mitarbeiter einen legeren Anstrich geben und in denen mehr Raum für Individualität gegeben ist. Lassen Sie sich nicht täuschen – das heißt nicht, dass Sie deshalb in billigerer Kleidung auftreten können, denn auch legere Qualitätskleidung hat ihren (hohen) Preis.

Korrekte Kleidung ist bei einem Vorstellungsgespräch unabdingbar.

Besondere Anlässe

Bei nicht alltäglichen Anlässen sind auch hinsichtlich der Kleidung besondere Regeln zu beachten. Da hier die Empfindlichkeit der Betroffenen meistens sehr viel stärker ausgeprägt ist, würde man Ihnen einen Fauxpas möglicherweise sehr übel nehmen.

Die Trauerfeier

In Europa ist Schwarz die Trauerfarbe – das macht die Auswahl der Kleidung hinsichtlich der Farbe einfach: Sie tragen von Kopf bis Fuß überwiegend oder ganz schwarz.

Männer greifen also am besten zu einem schwarzen oder zumindest dunklen Anzug mit einer schwarzen Krawatte. Dazu gehören zwangsläufig schwarze Strümpfe und schwarze Schuhe. Auch wenn es heute schwarze Hemden zu kaufen gibt, sollten Sie ein weißes Hemd zu der schwarzen Bekleidung tragen. Denn ein schwarzes Hemd zu schwarzer Kleidung hat eindeutig einen modischen Anstrich und entspricht nicht dem klassischen Geschmack, der bei Trauerfeiern maßgeblich ist.

➢ Sie sollten nicht zu modisch auftreten, denn neben der schwarzen Farbe gehört zur Trauerkleidung auch eine gewisse Schlichtheit.

Für die Damen gilt grundsätzlich das Gleiche: Sie sollten schlichte schwarze Kleidung mit langem Arm, schwarze Strümpfe, schwarze Schuhe und vielleicht einen schwarzen Hut tragen. Eine schwarze oder dunkle Bluse stellt bei Frauen keine modische Besonderheit dar und sollte einer weißen vorgezogen werden.

Ein heller Mantel über der schwarzen Trauerkleidung zerstört Ihre Bemühungen, dem Anlass entsprechend gekleidet zu sein. Für solche Anlässe sollten Sie einen Mantel in Schwarz, Anthrazit oder dunklem Grau im Schrank haben. Lässt es sich nicht vermeiden, in der Alltagskleidung zu erscheinen, so sollten Sie zumindest darauf achten, dass die Farben Ihrer Kleidung dezent dunkel sind. In diesem Fall ist es auch Brauch, am linken Arm über der Jacke oder dem Mantel einen schwarzen Trauerflor zu tragen.

Die Hochzeit

Auch bei der Hochzeit müssen einige besondere Regeln hinsichtlich der Kleidung beachtet werden. Für die weiblichen Gäste gilt: Weiß ist ausschließlich der Braut vorbehalten! Dass keine der anwesenden Damen Weiß tragen darf, gilt auch dann, wenn die Braut selbst nicht in Weiß geht. In der Regel trägt die Braut ein langes Kleid, was den weiblichen Gästen erlaubt, ebenfalls in einem langen (aber nicht weißen) Kleid zu erscheinen. Zudem sollten die weiblichen Gäste darauf achten, dass in der Kirche kein tiefes Dekolletee und keine nackten Schultern gezeigt werden bzw. gegebenenfalls mit einer Jacke bedeckt werden.

> ➢ Trägt die Braut dagegen ein kurzes Kleid, darf keine der anderen Damen ein langes Kleid anziehen.

Der Bräutigam wird einen schwarzen Anzug, Stresemann, Cut oder Frack tragen – aber keinen Smoking, weil der vor 19 Uhr nicht in die Öffentlichkeit gehört. Die Herren sollten im schwarzen Anzug erscheinen, weil sie damit nicht Gefahr laufen, offizieller als der Bräutigam aufzutreten.

Ganz allgemein gesagt heißt das: Keiner der Gäste ist eleganter und auffälliger gekleidet als das Brautpaar! Weil die Gäste aber oft nicht wissen, wie das Brautpaar gekleidet sein wird, sollten sie sich vorab schlau machen: Entweder entnehmen sie die Kleiderordnung der Einladung oder sie erkundigen sich direkt beim Brautpaar.

Die Blume, die sich der Bräutigam ans Revers heftet, muss mit den Blumen im Brautstrauß korrespondieren.

Die Kleidung im Ausland

Das Verhalten von Touristen ruft bei der einheimischen Bevölkerung immer wieder Irritationen oder gar tiefe Verärgerung hervor, die nur wegen der wirtschaftlichen Notwendigkeit des Tourismus mühsam unterdrückt wird. Viele Touristen machen sich gar nicht erst die Mühe, die Verhaltensnormen im Gastland zur Kenntnis zu nehmen und zu beherzigen. Dies betrifft auch die Kleidung.

So betrachten Besucher eine Kirche eher als Museum denn als einen Ort des Gebets. Entsprechend unterscheidet sich dort die Kleidung mancher Touristen kaum von der, die am Strand getragen wird.

Dies zeugt von einer beispiellosen Arroganz und Respektlosigkeit gegenüber den Gläubigen. In islamischen Ländern kann der Tourist bei der Nichtbefolgung der Kleiderordnung an heiligen Stätten sehr schnell mit der Polizei in Konflikt geraten!

Am Strand

Auch bei der Badebekleidung sollte man darauf achten, dass in vielen südeuropäischen Ländern das Baden »oben ohne« oder gar das Nacktbaden nicht üblich ist. Das gilt vor allem für Strände, die unmittelbar vor Ortschaften oder in deren Nähe liegen.

Wollen Sie auf die »Freiheit« des unbekleideten Badens nicht verzichten, dann sollten Sie sich einen offiziellen FKK-Strand oder einen Strand weit abseits suchen, der von den Familien der einheimischen Bevölkerung nicht frequentiert wird.

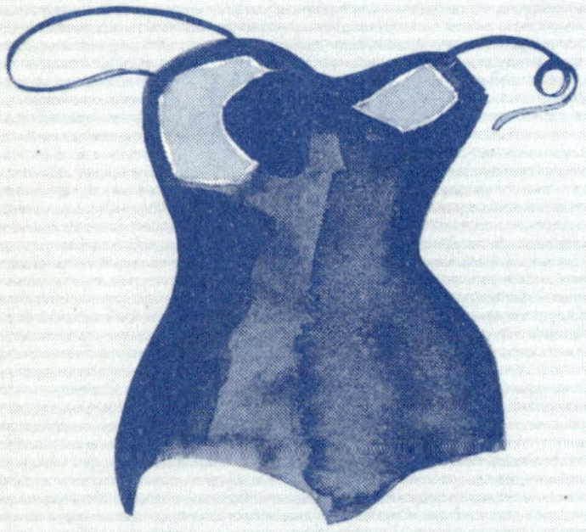

Nicht überall ist Nacktbaden erlaubt, weshalb man immer Badebekleidung einstecken sollte.

Im Restaurant

Die Kleidung in Restaurants, Cafés, Bistros etc. sollte dem entsprechen, was die Einheimischen tragen. Der Jogginganzug bleibt zu diesen Anlässen im Hotelzimmer, und stattdessen wird etwas bessere Kleidung aus dem Schrank bzw. Koffer gezogen.

In südlichen Ländern ist es durchaus üblich, dass Männer kurze Hosen tragen – aber bitte nur Bermudas, keine kurzen Sporthöschen. Nur in Lokalen, die zum Strandbereich gehören, kann man in Badeklei-

dung erscheinen. »Oben ohne« sollten Sie als Frau auch in einem Strand-Bistro nicht erscheinen!
Zum Abschluss soll noch ein Spruch zitiert werden, den man des öfteren in den USA an den Eingangstüren von Geschäften findet: »No shoes, no shirt, no service« – »Keine Schuhe, kein Hemd, keine Bedienung«. Ein nackter Oberkörper wird selten gern gesehen, vor allem dann, wenn Lebensmittel im Spiel sind. Und schmutzige Füße sind auch nicht nach jedermanns Geschmack.

Hüte sind wieder en vogue

Der Hut war früher sowohl bei den Damen als auch bei den Herren ein fester Bestandteil der offiziellen Kleidung. Heute ist das Tragen von Hüten eine Frage der modischen Erscheinung. Wer will, kann einen Hut tragen – man kann es aber auch sein lassen.
Trägt der Herr einen Hut, muss er sich auch den Regeln unterwerfen, die früher an der Tagesordnung waren: Beim Gruß auf der Straße wird der Hut etwas gelüftet und innerhalb eines Gebäudes ist der Hut abzunehmen.
Die Damen unterliegen diesen Zwängen nicht: Sie können den Hut immer auf dem Kopf lassen, ob beim Grüßen oder innerhalb von Räumen. Andere Kopfbedeckungen wie Schals, Kopftücher oder Mützen werden in geschlossenen Räumen abgelegt.
Für manche Anlässe besteht auch heute noch Hutzwang: bei offiziellen Trauerfeiern sowie bei großen Hochzeiten und anderen gehobenen gesellschaftlichen Veranstaltungen.

Die Umgangsformen im Beruf

Die Umgangsformen, die in einem Unternehmen zwischen Mitarbeitern und Führungspersonal sowie zwischen den Mitarbeitern untereinander herrschen, bestimmen in hohem Maße die Unternehmenskultur. Stark geprägt werden die Umgangsformen vom Verhalten der Vorgesetzten – vom Gruppenleiter aufwärts bis zum Geschäftsführer. Der Stil, der von diesen Personen vorgelebt wird, setzt sich auch in den unteren Ebenen durch. Höflichkeit sollte in jedem Unternehmen eine der obersten Tugenden sein, denn sie zeugt von gegenseitigem Respekt. Ein wertvoller Mitarbeiter zeichnet sich nicht nur durch fachliche Kompetenz, sondern auch durch gute Manieren aus.

Umgang zwischen Vorgesetzten und Mitarbeitern

Früher lag in Unternehmen und Behörden zwischen den Chefs einerseits und den Mitarbeitern andererseits ein tiefer Graben. Eine große Distanz zwischen den Ebenen machte die innerbetriebliche Kommunikation über die eigene Ebene hinaus nahezu unmöglich. Heute weiß man, dass diese Starrheit so manches Unternehmen an den Rand des Abgrunds brachte. Innovative Ideen haben in einem solchen Klima keinen guten Nährboden, oder sie können nicht an die Entscheidungsträger herangetragen werden. Daraus hat man gelernt und praktiziert heutzutage einen Führungsstil, der auf die Eigenverantwortung der Mitarbeiter setzt und neue Ideen willkommen heißt. Ein solcher Stil setzt jedoch den Willen voraus, zwischen allen Ebenen zu kommunizieren, was offen und in einem höflichen Ton geschehen sollte.

Der Chef und seine Mitarbeiter

Trotz aller »offenen« Hierarchien ist es die erste Aufgabe eines Vorgesetzten, Anweisungen zu erteilen bzw. Aufgaben zu delegieren. Führungsqualitäten kann man auch daran messen, in welchem Stil dies geschieht. Denn es ist sehr wohl möglich, freundlich, aber bestimmt gegenüber Mitarbeitern aufzutreten.

Anweisungen geben

Eine Anweisung sollte immer höflich formuliert werden, weil dadurch der Respekt gegenüber der Person und der Arbeitsleistung des Mitarbeiters demonstriert wird. Dazu gehört auch, dass der Chef »bitte« und »danke« sagt, seine Mitarbeiter mit ihrem Namen anredet, wobei auch die jüngsten und die unverheirateten Frauen heutzutage nicht mehr Fräulein genannt werden.

➤ *Selbstständiges Arbeiten bedeutet nicht, dass der Vorgesetzte nicht mehr über alle wichtigen Tätigkeiten informiert wird.*

Anweisungen müssen verständlich formuliert werden und sachgerecht durchführbar sein, sodass keine Missverständnisse in der Ausführung auftreten können. Außerdem sollten sie begründet werden, weil dadurch dem Mitarbeiter die Möglichkeit gegeben wird, Zusammenhänge im betrieblichen Ablauf zu erkennen. Er kann so besser auf innerbetriebliche Probleme hinweisen und Verbesserungsvorschläge machen.
Soweit es betrieblich möglich ist, sollte jeder Mitarbeiter seinen Arbeitsbereich weitgehend selbstständig organisieren – das fördert das »Mitdenken« und verbessert die Arbeitsleistung.

Lob und Kritik
Die Ausführung eines Auftrags muss in jedem Schritt nachvollziehbar sein, weil ein wichtiger Faktor neben der korrekten Arbeit auch die Anerkennung durch Vorgesetzte ist. Nur wenn man genau weiß, wie die Mitarbeiter einen bestimmten Auftrag angehen, kann man die Qualität der Arbeit loben, was für die Motivation in der Abteilung von großer Bedeutung ist.
Schlechter Führungsstil ist es, einen Mitarbeiter im Kreis seiner Kolleginnen und Kollegen zu kritisieren. Der souveräne Chef bittet die entsprechende Person ohne viel Aufheben zu einem Gespräch unter vier Augen in sein Büro und äußert sich auch anschlie-

ßend nicht gegenüber anderen Mitarbeitern zum Inhalt des Gesprächs.

Positive Autorität

Auch das allgemeine Verhalten eines Vorgesetzten bestimmt das Betriebsklima maßgeblich: Der Vorgesetzte muss mit seinem Verhalten Souveränität ausstrahlen. Seine Autorität muss anerkannt werden, ohne dass er mit massivem Druck Ängste bei den Mitarbeitern erzeugt.

Ein guter Chef sollte auch mal selbst mit »anpacken«, wenn es nötig ist, weil er damit nicht nur seine Führungsqualitäten, sondern auch seine eigene fachliche Kompetenz demonstrieren kann und in der Achtung der Mitarbeiter steigt.

Der Chef sollte Objektivität und Fairness gegenüber den Mitarbeitern zeigen, denn nichts schädigt die Motivation mehr, als wenn sich Mitarbeiter ungerecht behandelt fühlen. Der Vorgesetzte muss in dieser Hinsicht auch gegenüber den Argumenten und Vorschlägen anderer offen sein.

Mit etwas Distanz erscheinen viele Dinge in einem objektiveren Licht.

Distanz wahren

Ein kumpelhafter Führungsstil trägt Tücken in sich, denn die letztlich notwendige Autorität und die damit verbundenen Abgrenzungen werden verwischt. Es kann zu Missverständnissen und persönlichen Verletzungen führen, wenn die Distanz verloren geht und im Konfliktfall erst wieder aufgebaut werden muss.

> ➢ *Das »Du« gegenüber den Mitarbeitern muss strikt vermieden werden, wenn diese den Chef nicht selbst anduzen dürfen.*

In vielen Unternehmen wurde das »Du« zwischen Vorgesetzten und Mitarbeitern, das man einmal als förderlich für das Betriebsklima einschätzte, wieder eingemottet. Denn einerseits hat sich herausgestellt, dass auch zwischen Menschen, die sich duzen, nicht automatisch ein gutes, entspanntes Klima herrscht, und andererseits auch mit dem »Sie« eine freundliche Atmosphäre im Betrieb hergestellt werden kann, ohne dass mit dem »Du« die notwendige Distanz gefährdet wird.

Mit gutem Beispiel voran

Rüpelhaftes Benehmen eines Chefs hat zwar in der Regel keine direkten Folgen für ihn, weil er zunächst am längeren Hebel sitzt – er wird aber auf Dauer ein Absinken der Motivation und der Leistungsbereitschaft feststellen. Er wird auch mit einer starken Personalfluktuation zu kämpfen haben, die sich ebenfalls in einer Verschlechterung der Arbeitsqualität niederschlägt.

Auch wenn es manche »cool« finden mögen, gehört es sich nicht, wenn der Vorgesetzte in Anwesenheit von Untergebenen die Füße auf den Tisch oder andere hierfür nicht vorgesehene Einrichtungsgegenstände legt. Er sollte sich immer bewusst sein, dass er nicht zu Hause, sondern am Arbeitsplatz ist. Allzu legere Verhaltensweisen können auf die Mitarbeiter abfärben und einen lässigen, undisziplinierten Arbeitsstil zur Folge haben.

Die Mitarbeiter und ihr Chef

Ein Chef kann unter Umständen über das berufliche Schicksal und damit auch über die persönliche Zukunft eines Mitarbeiters entscheiden. Das darf jedoch nicht dazu führen, Vorgesetzte als Götter zu betrachten und sich entsprechend unterwürfig zu verhalten. Andererseits sollte der Chef nie wie ein Kumpel behandelt werden, auch wenn sein Verhalten dies fördern sollte, denn es kann sehr schmerzhaft sein, wenn der Chef dann doch seine Autorität spielen lässt.

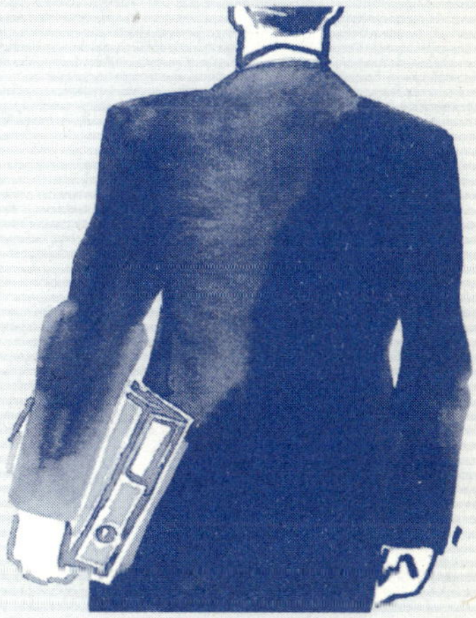

Ein korrektes, diszipliniertes Verhalten vonseiten des Chefs animiert die Mitarbeiter, ebenso zu handeln.

Korrektes Verhalten

Treten Sie gegenüber den Vorgesetzten nicht lässig auf. Drücken Sie mit Ihrer Körpersprache Achtung und Respekt aus, ohne Ihr Selbstbewusstsein zu vernachlässigen – »Buckeln« ist nicht mehr zeitgemäß. Zu einem korrekten Auftreten gehört beispielsweise, dass Sie vor dem Chef nie die Hände in die Hosentasche stecken oder dass Sie beim Sitzen im Sessel lümmeln. Gegenüber dem Chef sollten Sie auch keinen saloppen Ton pflegen, auch wenn der Chef selbst so gegenüber seinen Mitarbeitern auftritt.

Sprechen Sie Vorgesetzte immer direkt mit ihrem Nachnamen an, und vergessen Sie nicht, gegebenenfalls den Titel zu verwenden. Man sagt beispielsweise »Frau Doktor Meier« oder »Herr Professor Müller«.

> *Ihre guten Manieren dürfen nicht aufgesetzt und so wirken, als würden sie von Ihnen nur strategisch geschickt eingesetzt werden.*

Im Normalfall grüßt derjenige zuerst, der einen Raum betritt. Ist es der Chef, dann sollten Sie nicht erst lange auf dessen Gruß warten, sondern in gut gelauntem Ton zuerst grüßen.

Ein Gespräch unter vier Augen

Suchen Sie von sich aus ein Gespräch mit Vorgesetzten, dann sollten Sie keinesfalls unangemeldet dort erscheinen. Lassen Sie sich einen Termin von der Sekretärin geben, und erscheinen Sie rechtzeitig zu diesem Zeitpunkt. Warten Sie, bis die Sekretärin Sie beim Chef angekündigt hat, klopfen Sie an die Tür des Chefbüros, warten Sie auf das »Herein«, und treten Sie dann erst ein. Ein »moderner« Chef, der gute Manieren hat, kommt auf Sie zu, um Sie mit Handschlag zu begrüßen und Ihnen einen Sitzplatz anzubieten. Geschieht dies nicht, sondern bleibt der Chef hinter seinem Schreibtisch sitzen, dann warten Sie an der Tür, bis der Chef etwas sagt. Eilen Sie keinesfalls auf ihn zu, um ihn mit Handschlag zu begrüßen, und setzen Sie sich erst, wenn Sie dazu aufgefordert werden. Tragen Sie Ihr Anliegen nicht in epischer Breite vor, sondern fassen Sie sich kurz.

Allgemeines über das Verhalten im Beruf

Für die meisten Menschen ist das Berufsleben der Mittelpunkt ihrer Existenz: Dort verbringen sie die meiste Zeit ihres Lebens und kennen dadurch manche Kollegen besser als den eigenen Lebenspartner. Dementsprechend sollten Sie auch in Ihrem Verhalten den Arbeitsplatz als wichtigen Teil Ihres Lebens betrachten und dort die guten Manieren zeigen, die Sie im privaten Leben als selbstverständlich ansehen.

Die Pünktlichkeit

Im Zeitalter elektronischer Zeiterfassung und flexibler Arbeitszeit ist es oft nicht mehr wichtig, wann man innerhalb des Gleitbereichs am Arbeitsplatz erscheint. Das gilt aber nicht für alle Stellen. Bei festgelegtem Arbeitsbeginn wird es kein Chef akzeptieren, wenn man mehrmals hintereinander unpünktlich ist.

Statt fünf Minuten zu spät, sollte man lieber fünf Minuten früher eintreffen.

Termine einhalten

Wenn in Ihrem Beruf pünktliches Erscheinen erwartet wird, sollten Sie die Fahrzeit zum Arbeitsplatz großzügig berechnen, um trotz unvorhersehbarer Ereignisse immer noch pünktlich anzukommen.

Haben Sie einen Termin vereinbart, so gebietet es die Höflichkeit, pünktlich am Treffpunkt zu erscheinen, denn Sie möchten sicherlich nicht den ganzen Zeitplan Ihres Gesprächspartners durcheinander bringen. Er könnte auch ein gewisses Desinteresse an seiner Person oder am Gegenstand des Gespräches in Ihre Unpünktlichkeit hineininterpretieren. Die meisten Menschen warten nicht gern, sodass ein wichtiges Gespräch vielleicht von Anfang an wegen Unpünktlichkeit unter einem ungünstigen Stern steht.

Zu einem modernen Zeitmanagement gehört auch das Führen eines Terminkalenders.

Die korrekte Anrede

Nicht nur gegenüber dem Vorgesetzten, sondern auch im Kollegenkreis sowie gegenüber Kunden und Lieferanten ist die Anrede mit Namen sehr wichtig. Denn dies verleiht den beruflichen Kontakten eine persönlichere Atmosphäre. Hierzu gehört auch, dass man sich gegenseitig vorstellt.

Aller Anfang ist (nicht) schwer

Im Kollegenkreis sollten Sie an den Anfang eines Gesprächs immer den Namen setzen – wie etwa »Frau

Meier, ich würde gern ...« oder »Wie geht's Ihnen heute, Herr Müller? Darf ich ...«. Wenn Sie sich duzen, was mit gleichrangigen Kolleginnen oder Kollegen kein Problem ist, dann verwenden Sie natürlich den jeweiligen Vornamen.

Beim Gespräch mit Kunden oder Lieferanten stellt man sich gegenseitig selbst mit Namen vor, wenn der Gesprächspartner etwa gleichrangig ist. Man bittet in diesem Fall auch um eine Visitenkarte, um den Namen – falls man sich verhört hat – auch schriftlich vorliegen zu haben. Außerdem hat man bei einem späteren Schriftwechsel den korrekten Namen zur Hand.

➢ *Hochrangige Besucher können erwarten, dass ihr Name bekannt ist, weil sie ja in der Regel auch angemeldet wurden.*

Der Empfang von Gästen

Geschäftspartner werden umgehend von der Eingangshalle abgeholt oder vom Empfangspersonal zum Besprechungsraum geleitet. Man geht ihnen auf dem Flur vor dem Besprechungsraum ein Stück entgegen, um die Wichtigkeit des Besuches für das Haus zu demonstrieren. Manche Häuser pflegen auch die weniger förmliche Gewohnheit, dass angemeldete Besucher zwar vom Pförtner den Weg zu ihrem Gesprächspartner beschrieben bekommen, diesen aber selbstständig zurücklegen müssen.

Sollten Sie gerade ein Telefongespräch führen, wenn ein Gast eintrifft, brechen Sie dieses mit einer höflichen Entschuldigung sofort ab. Sollte der Gesprächspartner am Telefon jedoch sehr wichtig oder höherrangig sein, dann bitten Sie Ihren Besucher mit einer freundlichen Handbewegung, sich zu setzen.

Nach einer möglichst schnellen Beendigung des Telefongesprächs entschuldigen Sie sich bei Ihrem Besucher und fragen, ob er oder sie nicht ablegen möchte. Männer helfen einer weiblichen Besucherin aus dem Mantel, während Frauen dies nur bei älteren Damen tun. Legen Sie die Garderobe nicht irgendwo hin, sondern hängen Sie sie ordentlich auf einen Bügel. Sorgen Sie dafür, dass einige Bügel in Ihrem Büro vorhanden sind.

So schaffen Sie eine entspannte Atmosphäre

Es ist allgemein üblich, nicht sofort das Gespräch zu beginnen, sondern einem Gast erst Getränke anzubieten und bis zum Servieren der Getränke Smalltalk zu betreiben. Erst dann sollten Sie auf den Grund des Besuches überleiten, indem Sie fragen: »Was kann ich nun für Sie tun?« oder »Wollen wir nun zu Ihrem Anliegen kommen?«

Bieten Sie Kaffee, Getränke etc. nur dann an, wenn Sie nicht selbst kochen und servieren müssen. Denn es ist unhöflich und möglicherweise auch nicht ratsam, Besucher allein im Büro sitzen zu lassen.

Der Arbeitsplatz

Unter dem Begriff Arbeitsplatz versteht man nicht nur den Schreibtisch oder das Büro, also die Örtlichkeit des Arbeitens, sondern es ist das ganze Umfeld der Arbeit gemeint. Neben einem ordentlichen Büro oder einer aufgeräumten Werkstatt sollte auch der Kontakt mit den Vorgesetzten und Kollegen geordnet und ohne Probleme vonstatten gehen. Die Art, wie man seinen Arbeitsplatz einrichtet und in Schuss hält, verrät oft viel über die Persönlichkeit seines Besitzers.

Die Gestaltung des Büroarbeitsplatzes

Machen Sie etwas aus Ihrem Arbeitsplatz, indem dort auch persönliche Dinge Platz finden: Bringen Sie Pflanzen mit, hängen Sie schöne Bilder an die Wand, stellen Sie Bilder von Familie, Hund oder Katze auf den Schreibtisch, und halten Sie Ordnung im Raum. Apropos Bilder: »Pin-up-Girls« sind heute absolut out. Ihre weiblichen Kollegen werden Sie damit sicherlich nicht beeindrucken können – im Gegenteil.

Räumen Sie jeden Tagen die Akten auf, und verstauen Sie sie in einem Schrank. Hohe Aktenberge können zwar dahingehend interpretiert werden, dass Sie sehr beschäftigt sind, aber es könnte auch die Frage im Raum stehen, warum so viele Vorgänge noch nicht erledigt sind.

Einige persönliche Dinge am Arbeitsplatz zeigen den ganzen Menschen und nicht das gesichtslose Rädchen im Getriebe.

Rauchen am Arbeitsplatz

Herrscht in Ihrem Raum ein ständiges Kommen und Gehen, oder finden in Ihrem Raum öfters Geschäftsgespräche statt, dann sollten Sie dort nicht rauchen. Das Rauchen am Arbeitsplatz ist heutzutage mit Rücksicht auf die nicht rauchenden Kolleginnen und Kollegen ohnehin oft verboten – für Raucher stehen dann meistens irgendwo so genannte Raucherecken zur Verfügung. Das Rauchen wird von den Arbeitgebern im Allgemeinen nicht gern gesehen, denn addiert man die Zeit, die jährlich in Raucherecken verbracht wird, dann kommen oft viele Tage versäumte Arbeitszeit zusammen.

Wenn Sie den Raum mit jemandem teilen

Sitzen Sie nicht allein in einem Raum, können über das übliche Maß hinausgehende telefonische Privatgespräche Ihre Kollegen erheblich stören.

Schreibtisch, Computer und private Dokumente von Kollegen sind für alle anderen tabu. Werden Schreibtische und PCs wechselweise benutzt, haben privatc Inhalte dort nichts verloren. Für sie sollten Schränke oder abschließbare Rollcontainer zur Verfügung stehen. Übrigens: Der enge Kontakt zu den Kollegen im gleichen Büro verführt oft zum Lästern. Doch das kann im beruflichen Leben sehr schnell zum Bumerang werden! Hüten Sie sich davor, zu tratschen, denn Sie können sicher sein, dass dann auch über Sie geredet wird.

Disziplin und Toleranz sind gefordert, wenn man das Büro mit anderen Menschen teilt.

Das berufliche Gespräch

Gespräche mit Repräsentanten anderer Unternehmen oder Institutionen sind oft von großer Wichtigkeit für den Erfolg eines Hauses. Es versteht sich von selbst, dass Sie gegen keine Benimmregel verstoßen dürfen, um zu vermeiden, dass man Ihre fachliche Kompetenz bzw. die des Unternehmens aufgrund Ihres Auftretens in Frage stellen könnte. Folgende Gesprächsregeln sollten Sie unbedingt beherzigen:

Die Begrüßung

Stellen Sie sich bei der Begrüßung vor, und nennen Sie dabei laut und deutlich Ihren Namen. Überreichen Sie Ihrem Gesprächspartner Ihre Visitenkarte – bekommen Sie im Gegenzug nicht die des Gesprächspartners, dann fragen Sie danach. Die Visitenkarte kann bei komplizierten Namen oder bei der Nachbereitung des Gesprächs von großem Nutzen sein.

➢ *Reden Sie den Gast des öfteren mit seinem Namen (und gegebenenfalls dem Titel) an.*

Eine positive Gesprächsatmosphäre

Stellen Sie eine möglichst positive Gesprächsatmosphäre her, indem Sie das Gespräch mit einem netten Thema beginnen, das mit dem eigentlichen Gesprächsinhalt nichts zu tun hat, bis Kaffee und Gebäck und/oder Getränke serviert wurden.

Vermeiden Sie, dass die Anwesenden auf verschiedenen räumlichen Ebenen sitzen. Niemand sollte höher sitzen als der andere, denn dies wäre unhöflich gegenüber den unten sitzenden Gesprächspartnern.

Psychologisch wichtig für den Verlauf des Gesprächs ist, dass Sie durch Ihr Benehmen und durch Ihre Körpersprache Interesse am Gesprächspartner zeigen. Dies können Sie zum einen durch Höflichkeit demonstrieren, zum anderen dadurch, dass Sie sich dem Gegenüber öfters zuneigen, in direkt ansehen oder mit Gesten auf ihn eingehen. Das heißt natürlich nicht, dass Sie aufdringlich werden oder gar persönliche Fragen stellen.

Auch wenn das Thema ernst sein sollte: Vergessen Sie nicht zu lächeln, andererseits sollten Sie aber auch nicht ein ständiges Grinsen an den Tag legen. Natürlich ist eine heitere Mimik fehl am Platze, wenn der Anlass des Gesprächs in irgendeiner Weise mit einem Trauerfall zu tun hat.

Wichtige Gesprächsregeln

Lassen Sie die Gesprächsteilnehmer immer ausreden, denn nur dann sind Sie in der Lage, auch gut zuzuhören. Das konzentrierte Zuhören ist mindestens so wichtig wie die eigenen Redcbciträgc. Auch wird ein Gespräch schnell hektisch und unproduktiv, wenn man einander ständig ins Wort fällt. Wird das Gespräch von Ihnen aus irgendeinem Grund unterbrochen, so entschuldigen Sie sich beim Gesprächspartner. Dies sollte aber wirklich nur in Ausnahmesituationen geschehen, denn in der Regel werden während einer Besprechung keine Telefongespräche durchgestellt und ein späterer Besuch muss warten, bis das aktuelle Gespräch beendet ist.

➤ *Auch das Handy sollte bei einer Besprechung ausgeschaltet sein.*

Als Gesprächsleiter sollten Sie darauf achten, dass alle beim Thema bleiben und niemand unnötig lange redet. Zum Schluss beenden Sie das Gespräch, indem Sie die wichtigsten Ergebnisse zusammenfassen.

Das Vorstellungsgespräch

Da ein Vorstellungsgespräch zumeist wichtige Weichen für die Zukunft stellt, ist es sehr wichtig, gut vorbereitet zu sein. Nachfolgend einige Tipps, wie diese Vorbereitung aussehen könnte und wie man sich an Ort und Stelle verhalten sollte.

Die Vorbereitung

Checken Sie Ihren Lebenslauf auf Lücken und Ungereimtheiten! Sollten solche vorhanden sein, überlegen Sie sich, wie Sie auf Fragen in diese Richtung reagieren. Denn Sie können davon ausgehen, dass Ihr Lebenslauf genau unter die Lupe genommen wurde. Vergegenwärtigen Sie sich Ihre beruflichen Stärken, die Sie im Gespräch offensiv vertreten können und die Ihnen speziell bei dieser Bewerbung als Vorteil angerechnet werden können. Überlegen Sie sich eine gute Antwort auf die Frage, warum Sie sich ausgerechnet für diese Arbeitsstelle beworben haben.

Informieren Sie sich über das Unternehmen, indem Sie beispielsweise ausfindig machen, welche Unternehmen zusammengehören, zu welcher Gruppe die Firma gehört, wer der Inhaber ist usw. Auch über die Produkte sollten Sie weitgehend Bescheid wissen.

Fordern Sie vor einem Vorstellungsgespräch Kataloge oder andere Drucksachen der betreffenden Firma an.

Wählen Sie die Kleidung, von der Sie annehmen, dass Sie im Büroalltag dieses Unternehmens üblich ist und die zur feineren Kategorie gehört (→ Seite 138).

Das Verhalten während des Gesprächs

Bei der Begrüßung warten Sie darauf, dass man Ihnen die Hand reicht. Keinesfalls gehen Sie mit gestreckter Hand auf die Gesprächspartner zu.

Zeigen Sie durch Ihre Körperhaltung, dass Sie an der Arbeitsstelle interessiert sind: Lehnen Sie sich nicht lässig im Sessel zurück, und ziehen Sie beim Sitzen nicht einen Unterschenkel aufs Knie.

> ➤ Durch eine aufrechte, leicht nach vorn gerichtete Haltung bekunden Sie Ihr Interesse.

Das Übereinanderschlagen der Beine ist erlaubt. Frauen sollten darauf achten, dass dabei Rock oder Kleid nicht zu hoch rutschen.

Wann das Gespräch vorüber ist, entscheiden nicht Sie, wenn Sie wirklich Wert auf die Anstellung legen! Achten Sie aber auf die Signale, mit denen die Gesprächspartner das Gespräch zu einem Ende führen. Ist es beendet, stehen Sie in normalem Tempo auf, bedanken sich für das aufschlussreiche Gespräch und warten, bis man Ihnen zum Abschied die Hand reicht.

Der erste Arbeitstag

Der erste Arbeitstag beginnt im Allgemeinen damit, dass Sie von Ihrem unmittelbaren Chef vom Eingangsbereich abgeholt und zu Ihrem Arbeitsplatz geführt werden. Gleichzeitig wird er Sie mit Ihren Kolleginnen und Kollegen bekannt machen. Weiter wird er einen erfahrenen Mitarbeiter bestimmt haben, der

Sie in der nächsten Zeit in Ihren Tätigkeitsbereich einführen wird. Eines sollte Ihnen klar sein: Sobald Sie Ihren neuen Arbeitsplatz eingenommen haben, stehen Sie unter der mehr oder weniger offenen Beobachtung Ihrer neuen Kolleginnen und Kollegen – ein Grund mehr, keinen Anlass zur Kritik zu bieten.

Ein neuer Arbeitsplatz, neue Kollegen, neue Aufgaben – mit Zuversicht meistert man die ersten Hürden.

Die Kennenlernphase

Sie sollten sich zunächst defensiv verhalten, indem Sie versuchen, keine Eifersüchteleien oder gar Ängste zu wecken. Treten Sie nicht zu forsch auf, man könnte Ihnen das als Respektlosigkeit auslegen. Beginnen Sie in den ersten Wochen von sich aus kein privates Gespräch, sondern beobachten Sie aufmerksam, wer auf Sie in welcher Weise zukommt. Entscheiden Sie dann, ob und mit wem Sie vertrauter werden wollen. Fachliche Fragen stellen Sie in höflichem Ton – haken Sie ruhig nach, wenn Sie eine Erklärung nicht gleich verstehen. Vermeiden Sie in den ersten Wochen unbedingt, Missstände anzuprangern – machen Sie sich stattdessen zu Hause Notizen, und bringen Sie Verbesserungsvorschläge erst ein paar Monate später ein. Das schützt Sie u. a. davor, aus Unkenntnis der Zusammenhänge falsche Kritik anzubringen. Am Anfang mit Wissen glänzen zu wollen, stößt bei den Kollegen meistens nicht auf Anerkennung.

Der Einstand

Nicht immer darf in den Betriebsräumen gefeiert werden – schon gar nicht während der Arbeitszeit! Für Ihren Einstand, der meistens erwartet wird, sollten Sie, nachdem ein paar Wochen vergangen sind, ein bis zwei Stunden nach Betriebsschluss einplanen. Falls nicht in der Firma gefeiert wird, können Sie die Kolleginnen und Kollegen in eine nahe gelegene Gaststätte einladen.

Der Einstand muss nicht opulent sein – Kanapees, Salate, alkoholfreie Getränke sowie ein paar Flaschen Sekt zum Anstoßen sind ausreichend. Auf jeden Fall sollte der Chef zum Einstand eingeladen werden!

Der Einstand bietet eine gute Gelegenheit, die neuen Kollegen etwas besser kennen zu lernen.

Zwischenmenschliches

Am Arbeitsplatz ist es sehr wichtig, persönliche Angelegenheiten mit einer besonderen Diskretion bzw. mit Fingerspitzengefühl zu behandeln. Denn ein Fehltritt kann nicht einfach dadurch ungeschehen gemacht werden, dass man sich zurückzieht. Ein Rückzug am

Arbeitsplatz würde bedeuten, dass man kündigen oder – in einem großen Unternehmen – sich versetzen lassen müsste.

»Affären«

Die Anbahnung einer intimen Beziehung zwischen zwei Mitarbeitern ist für alle, die gerne tratschen, ein gefundenes Fressen. Dass eine solche Beziehung im Betrieb erst einmal als »Affäre« bezeichnet wird, zeigt die Brisanz einer solchen Liaison. Ist dazu noch der Vorgesetzte in die »Affäre« verwickelt, ist das Aufsehen sicher besonders groß. Das betroffene Paar sollte sich gut überlegen, inwieweit der Rest der Belegschaft etwas von ihrer Beziehung wissen soll. Auf die Dauer lässt sie sich (und will man sie wahrscheinlich) nicht verheimlichen, aber am Anfang kann man sich einiges an Ärger und anzüglichen Bemerkungen ersparen. Natürlich hängt dies auch von der konkreten Situation in der Firma ab; möglicherweise stellt eine neue Beziehung gar kein Problem dar und kann offen geführt werden.

➤ Schon gewusst? Fast 30 Prozent aller Paare haben sich am Arbeitsplatz kennen gelernt!

Grund zum Feiern

Geburtstage, Hochzeit, Geburt eines Kindes etc. sind persönliche Ereignisse, die in der Regel auch unter Kollegen wahrgenommen und mit einem Geschenk gewürdigt werden. Im Gegenzug wird erwartet, dass man ein solches Ereignis zum Anlass nimmt, mit den Kollegen darauf anzustoßen.

Auf keinen Fall sollte man ein aufwändigeres Fest veranstalten, als es in der Firma allgemein üblich ist. Dadurch fühlen sich die anderen unter Umständen

genötigt, beim nächsten Mal noch mehr aufzutrumpfen. Wenn jemand seinen Geburtstag oder ein anderes Ereignis nicht feiern möchte, kann er erwarten, dass die Kollegen dies ohne bissige Kommentare akzeptieren.
Eine Beförderung sollte man allerdings immer zum Anlass einer Feier nehmen, denn sie steht im unmittelbaren Zusammenhang mit dem Arbeitsplatz.

Siezen und Duzen

Das Duzen unter Mitarbeitern – oft einschließlich der Vorgesetzten – ist heute nicht mehr so verbreitet wie noch vor 20 oder 30 Jahren. Einerseits schafft es eine größere Vertraulichkeit und eine lockere Atmosphäre, andererseits kann eine gewisse Distanz manchmal sehr wohltuend sein. Gerade in Konfliktsituationen ist es oft besser, ein wenig Abstand zu halten. Das heißt nicht, dass man nicht auch mit dem Sie einen freundlichen Umgangston pflegen kann.

Das Du schafft eine vertrauliche Atmosphäre, ist aber kein Garant für eine gute Zusammenarbeit.

Problematisch kann es werden, wenn Feierlichkeiten oder gar die berüchtigten Betriebsausflüge, auf denen oft viel Alkohol fließt, persönliche Annäherungen fördern. Vielleicht ist es leichter gesagt als getan: Lassen Sie bei solchen Anlässen nur das zu, was Sie am nächsten Tag am Arbeitsplatz nicht bereuen. Denn kaum etwas kann unter Kollegen unangenehmer sein, als wenn Sie wieder »zurückrudern« müssen, weil Sie ein paar Versprechen zu viel gegeben haben. Und wenn es auch nur darum gehen sollte, vom vertraulichen »Du« wieder zurück zum Distanz wahrenden »Sie« zu kommen.

Frauen im Beruf

Es sollte eigentlich nicht notwendig sein, der Frau im Beruf einen eigenen Abschnitt zu widmen. Zumindest in der Theorie ist mit der Gleichberechtigung der Frau in Unternehmen, Behörden usw. alles beim Besten – so lautet jedenfalls die offizielle Einschätzung. Die Erfahrung lehrt aber, dass die Praxis der Theorie hinterherhinkt.

Frauen sind im Berufsleben noch immer benachteiligt. Gerne wird darauf verwiesen, dass es nun einmal die Frauen seien, die im besten Berufsalter Kinder kriegen und deswegen nicht voll im Berufsleben stehen oder dort zumindest keine Karriere machen könnten. Dass dies aber trotzdem geht, wurde inzwischen tausendfach von Frauen bewiesen, auch wenn dafür vielleicht der Berufsalltag etwas anders organisiert werden muss.

Größere Firmen haben alle eine Frauenbeauftragte, an die man sich als Frau unbedingt wenden sollte, wenn man berufliche Blockaden erfährt und der Karriere Steine in den Weg gelegt werden. Es nützt nichts, sich im Stillen zu ärgern. Wirklich etwas erreichen kann man nur, wenn man sich mit anderen Frauen zusammentut und konstruktive Vorschläge zur Verbesse-

➤ *Leider wird Vätern, die den Wunsch äußern, Erziehungsurlaub zu nehmen, noch immer das (Berufs-)Leben schwer gemacht.*

rung der weiblichen Arbeitsplatzsituation macht. Solange alles in einem freundlichen, aber bestimmten Ton verläuft, kann Ihnen niemand wegen Ihres Engagements einen Vorwurf machen.

Ein selbstbewusstes und überzeugendes Auftreten hilft, die eigenen Interessen besser durchzusetzen.

Sexuelle Belästigungen

Egal, ob es sich um anzügliche Bemerkungen, Grapscher oder noch handfestere Eingriffe in Ihre Intimsphäre handelt, dulden Sie als Frau solche Belästigungen nicht, und gehen Sie mit dem Problem zu einem Vorgesetzten, auch wenn Sie keine Chance sehen, dass gegen den Betreffenden Sanktionen ergriffen werden. Es könnte aber bewirken, dass er dies in Zukunft sein lässt.

Wenn Sie sich nicht von Anfang an gegen derartige Belästigungen wehren, könnte der andere meinen, dass Sie seine Annäherungsversuche angenehm finden. Die Folge wird sein, dass die Übergriffe immer massiver und fordernder werden. Auf keinen Fall sollten Sie den Mantel des Schweigens darüber decken, sondern sich an eine Vertrauensperson (z. B. die Frauenbeauftragte) wenden, die Sie in Ihrem Protest unterstützen wird.

Die Nachsilbe »-innen« und andere sprachliche Feinheiten

Wenn Sie sich schriftlich an alle Mitarbeiter und Mitarbeiterinnen wenden, beispielsweise in einem Rundschreiben am schwarzen Brett, dann sollten Sie auf Wortkonstruktionen wie »Liebe Mitarbeiter/innen« oder » Liebe MitarbeiterInnen« verzichten. Flüssiger und symphatischer klingt es, wenn man »Liebe Mitarbeiterinnen und Mitarbeiter« schreibt. Wenn Sie nicht der Vorgesetzte sind, schreiben Sie »Liebe Kolleginnen und Kollegen«.

Im Berufsleben wird eine Frau auch als solche bezeichnet – und nicht als Dame. Der Begriff »Dame« beinhaltet in gesellschaftlicher Hinsicht etwas grundsätzlich anderes als die soziale Stellung einer berufstätigen Frau. Eine Frau könnte es als Beleidigung und Ignoranz gegenüber Ihrer Berufstätigkeit auffassen, wenn man sie Dame nennen würde.

Dass die Anrede »Fräulein« ausgedient hat, dürfte sich mittlerweile herumgesprochen haben. Trotzdem soll es immer noch einige wenige Unbelehrbare geben ...

Moderne Kommunikation

Die Welt der Kommunikation hat sich im vergangenen Jahrzehnt drastisch verändert. Noch vor wenigen Jahren nutzten meist nur Geschäftsleute die Vorzüge des mobilen Telefonierens. Heute jedoch besitzen Millionen von Menschen allein in Deutschland ein Handy. Das Fax, das sich in den neunziger Jahren langsam auch im Privatbereich durchsetzte, wird mittlerweise häufig durch E-Mails abgelöst. Der private oder geschäftliche Brief ist längst nicht mehr das einzige Mittel der schriftlichen Mitteilung. Innerhalb kürzester Zeit sanken dank stärkerer Konkurrenz die Telefongebühren, und das Internet mit seinen vielfältigen Möglichkeiten der Kommunikation gewinnt immer mehr an Bedeutung.

Geschäftlich und privat

Zwischen privater und geschäftlicher Kommunikation sollte deutlich unterschieden werden: Sprachstil, Wortwahl, Schrift (Maschinen- oder Handschrift), Stil, Papier und Inhalte werden im privaten Bereich grundsätzlich persönlicher und informeller gehalten als bei geschäftlichen Angelegenheiten.
Diese Aussage mag dem einen oder anderen vielleicht banal erscheinen, doch gerade im Umgang mit den neuen Medien verwischen die Grenzen immer mehr. Vor allem im Internet, wozu auch das Versenden von E-Mails gehört, wird häufig ein salopper Stil gepflegt, der dem Anlass nicht immer gerecht wird. Unabhängig vom Medium (Fax, Brief, Telefonanruf etc.) und unabhängig davon, ob mündlich oder schriftlich vorgetragen: Mit einem angemessenen, situationsgerechten Stil wird Ihr Anliegen sicherlich den gewünschten Anklang finden.

Handy und Telefon

Das Handy hat gegenüber allen anderen Kommunikationsmitteln einen unbestrittenen Vorteil: Man ist (fast) immer erreichbar und kann jederzeit telefonieren. Ein Handy kann möglicherweise Leben retten und im Berufsleben, wenn es um schnelle Informationsübermittlung geht, entscheidend für den beruflichen Erfolg sein.
Diese praktischen Seiten des mobilen Telefons, das heute etwa die Größe einer Zigarettenschachtel hat, können allerdings nur eingeschränkt genutzt werden:

Nicht überall kann man mit dem Handy telefonieren, zum einen, weil Mauern, Tunnel, U-Bahnschächte etc. die Wellen nicht immer passieren lassen, oder weil zum anderen das Gebiet funktechnisch nicht erschlossen ist.
Die heutzutage gebräuchlichen Handys können nur funktionieren, wenn in einem Umkreis von höchstens fünf, meistens auch nur zwei Kilometern ein Funkmast für das entsprechende Netz steht. Derzeit ist aber ein satellitengestütztes System im Aufbau, mit dem man in Zukunft in allen Teilen der Erde mobil telefonieren kann bzw. erreichbar ist.

Vom sensiblen Umgang mit dem Handy

Handys haben leider auch eine ganze Reihe von Nachteilen, die alle durch die Art und Weise verursacht werden, wie das Handy von seinem Nutzer eingesetzt wird.

➢ *Ein Handybesitzer muss nicht in jeder Situation empfangs- und gesprächsbereit sein.*

Menschen, die kein Handy besitzen, neigen manchmal zu der Ansicht, dass die meisten Leute nur deshalb ein Mobiltelefon haben, weil sie sich wichtig machen möchten. Denn leider kann man allzu oft beobachten, dass die kleinen »Plagegeister« immer dort klingeln oder mit ihnen telefoniert wird, wo viele Menschen unterwegs sind und wo es sehr störend wirkt.
Der unsensible Umgang mit dem Handy ist weit verbreitet: Sie klingeln im Theater, im Konzert, im Kino, ganz ungeachtet der Tatsache, dass man das Gerät auch stumm schalten oder die Vibrierfunktion betäti-

gen kann, ohne gleich die Off-Taste zu drücken. Selbst im Restaurant wird immer häufiger öffentlich telefoniert, und man wird ungewollt Zeuge dessen, was am Nachbartisch »Wichtiges« besprochen werden muss. Beim Autofahren ohne Freisprecheinrichtung zu telefonieren kann sehr gefährlich werden, wenn die Aufmerksamkeit nicht mehr in ausreichendem Maße dem Verkehrsgeschehen gewidmet wird. Auch im Privatbereich kann man sich Situationen vorstellen, in denen Telefongeklingel der Romantik ein schnelles Ende bereitet. Dass ein Handy während einer Trauerfeier oder Beerdigung nicht nur störend, sondern sogar beleidigend für die Trauernden ist, müsste eigentlich jedem Handybesitzer einleuchten.

Schenken Sie dem Gesprächspartner Ihre ungeteilte Aufmerksamkeit, und schalten Sie rechtzeitig das Handy ab.

Goldene Handyregeln

Um diese störenden Nachteile des Handys zugunsten seiner Vorteile möglichst weitgehend abzustellen, sollten folgende Handyregeln beachtet werden:
Es ist nichts dagegen einzuwenden, wenn Sie Ihr Handy überall mitnehmen, aber stellen Sie es dort, wo das

Signal störend wirken könnte, entweder stumm oder ganz ab. Der Vorteil der Stumm- oder Vibrierfunktion ist, dass Sie sehen bzw. spüren können, wenn jemand Sie erreichen möchte. Im Nachhinein können Sie dann die Liste der Anrufer durchgehen, insofern diese vom Handy oder von einem ISDN-Anschluss im Festnetz aus angerufen haben. Auch die Aktivierung der Anrufbeantworterfunktion schützt vor Störungen – allerdings muss sie auf »Sofort« geschaltet werden.

Im Restaurant und im Theater

Wollen Sie in einem Restaurant anrufen, dann tun Sie das nicht am Tisch, sondern gehen in einen anderen Raum, in den Eingangsbereich oder auf die Straße. Halten Sie das Gespräch so kurz wie möglich, und gehen Sie umgehend an den Tisch zurück.

Wenn Ihr Handy im Restaurant klingelt, ist das zwar nicht so katastrophal wie im Theater oder im Konzertsaal. Trotzdem wirkt es auf die Gäste, die das Essen genießen und sich unterhalten wollen, störend. Falls das Handy doch einmal in einem unpassenden Moment klingelt, wird es – auch wenn das den Anrufer irritieren kann – schnell zum Schweigen gebracht. Sie sollten nicht mit dem piepsenden Gerät in der Hand durch die Räumlichkeiten eilen. Das würde nur noch mehr Aufsehen erregen.

> ➤ *Ein romantisches Tête-à-tête sollten Sie sich erst recht nicht durch Ihr Handy verderben lassen!*

Es sollte auch selbstverständlich sein, dass Sie im Kino, Theater oder Konzertsaal nicht mit dem rufenden Handy aufstehen und die Besucher einer halben Reihe nötigen, dies ebenso zu tun, nur weil Sie im Foyer telefonieren wollen.

Unterwegs telefonieren
In öffentlichen Verkehrsmitteln (in Bus, Straßenbahn, U-Bahn, Flugzeug – nicht aber in den Waggons eines Zuges) ist das Telefonieren mit Handy verboten, weil nicht ausgeschlossen werden kann, dass die Funkwellen die Fahrzeugelektronik beeinflussen. Im Zug sollten Sie aber Rücksicht auf die anderen Fahrgäste nehmen und nicht im Abteil telefonieren, sondern im Gang des Waggons.

Allgemeines über das private Telefonieren

Das Telefon, ob Handy oder Festnetz, ist ein wichtiger Teil unseres Lebens geworden, seit – zumindest in unseren Breitengraden – fast alle Menschen zu Hause telefonisch erreichbar sind. Damit bestreitet das Telefon einen großen Teil der Kommunikation. Im Prinzip ist fast alles über das Telefon regelbar, auch wenn manche Dinge mit einer Unterschrift bestätigt werden müssen oder das Telefongespräch den körperlichen Kontakt nicht ersetzen kann.
Da fast jeder ein Telefon hat, erwartet heute kaum noch jemand spontane Besuche, denn es erfordert die Höflichkeit, als Gast vorher anzurufen und zu fragen, ob der Besuch auch willkommen ist.

Es gibt Zeiten, zu denen man andere besser nicht durch einen Anruf stört.

Ganz wichtig ist: Lassen Sie sich nicht vom Telefon terrorisieren: Niemand kann von Ihnen verlangen, dass Sie immer ans Telefon gehen! Wenn das jemand nicht einsehen will und immer wieder anruft, dann sagen Sie dieser Person, dass Sie sich die Freiheit nehmen, auch mal ungestört die Freizeit zu verbringen. Es gibt bestimmte Regeln der Höflichkeit, die man insbesondere als Anrufender befolgen sollte.

Wann sollte man nicht anrufen?

Abgesehen vom engsten Freundeskreis sollten bestimmte Zeiten eingehalten werden, die früher als Besuchszeiten definiert wurden: Rufen Sie nicht nach 22 Uhr an, denn viele gehen um diese Uhrzeit bereits ins Bett; halten Sie die Mittagspause von 12 bis 15 Uhr ein – vor allem dann, wenn Kleinkinder beim Mittagsschlaf gestört werden könnten; etwa zwischen 18 und 20 Uhr wird in vielen Familien zu Abend gegessen. Diese Regeln gelten natürlich nicht, wenn Sie definitiv wissen, dass man Ihren Anruf zu jeder Zeit gerne entgegennimmt.

Nur in wirklich dringenden Fällen darf man andere aus dem Schlaf klingeln.

Wichtige Gesprächsregeln

Melden Sie sich immer mit Ihrem Namen und einer passenden Begrüßung, wenn der Angerufene sich nicht schon mit »Hallo, Tanja!« oder »Guten Tag, Frau Müller!« meldet, weil er Ihre Telefonnummer in seinem Display erkennen konnte (das funktioniert nur, wenn der Anrufer ein Handy oder einen ISDN-Anschluss hat).

Ist der gewünschte Gesprächspartner nicht direkt am Apparat, so sollten Sie sich kurz für die Störung entschuldigen und fragen, ob man ihn sprechen kann. Auch wenn Sie sich verwählt haben, sollten Sie sich mit ein paar netten Worten für die Störung entschuldigen, bevor Sie auflegen.

➤ *Werden Sie angerufen und der Anruf ist gerade unpassend, dann können Sie dies ruhig sagen und einen späteren Rückruf anbieten.*

Am Telefon ist es besonders wichtig, dem anderen nicht ins Wort zu fallen, weil es dann meistens zu Rückfragen wie »Bitte, hast du etwas gesagt?« oder kurzen Gesprächsunterbrechungen kommt, die den Fluss eines Gesprächs ins Stocken bringen können.

Der Anrufbeantworter

Ein geeignetes Mittel, zu Hause störenden Telefonanrufen zu entgehen, ist die Zuschaltung eines Anrufbeantworters. Sie können einstellen, wie oft das Rufzeichen ertönt, bis der Anrufbeantworter das Gespräch entgegennimmt. Ihre Ansage, die nun abgespielt wird, hören Sie in der Regel nicht, sondern nur der Anrufende. Mithören können sie aber das, was auf das Band des Anrufbeantworters gesprochen wird. Wenn Sie das Gespräch dann doch noch entgegennehmen wollen, heben Sie einfach den Hörer ab.

Die NetBox

Komplett ruhig stellen können Sie Ihr Telefon mit der Schaltung einer so genannten NetBox, einem »Anrufbeantworter« auf den Rechnern Ihrer Telefongesellschaft, den Sie über das Telefon bedienen können. Wenn Sie »Anrufweiterschaltung sofort« wählen, wird der Anrufende direkt mit der NetBox verbunden, ohne dass Ihr Telefon auch nur einen Laut von sich gibt. Vergessen Sie aber nicht, die Benachrichtigungsfunktion so einzustellen, dass Sie nicht direkt nach dem Eingang der Nachricht durch einen automatischen Anruf darüber informiert werden. Diese Funktion lässt sich z. B. so einstellen, dass Sie zu einem bestimmten Zeitpunkt, den Sie frei wählen können, die eingegangenen Nachrichten empfangen.

➤ Hören Sie regelmäßig das Band Ihres Anrufbeantworters ab, und antworten Sie so bald wie möglich.

Generell ist zu jeder Art von Anrufbeantworter zu sagen, dass es unhöflich ist, auf eine dort aufgesprochene Nachricht nicht zu reagieren. Genau aus diesem Grund gibt es auch heute nicht wenige Menschen, die bewusst keinen Anrufbeantworter benutzen.

Telefonieren am Arbeitsplatz

In vielen Unternehmen und Behörden hat man inzwischen begriffen, wie wichtig es für das Image einer Firma ist, am Telefon freundlich zu sein. Dazu gehört, dass die Mitarbeiterinnen und Mitarbeiter, die Kontakte nach außen haben, für die telefonische Kommunikation besonders geschult werden. Das heißt nicht, dass mit der angelernten Begrüßungsformel »Guten Tag, hier ist die xy AG, mein Name ist Nicole Hof-

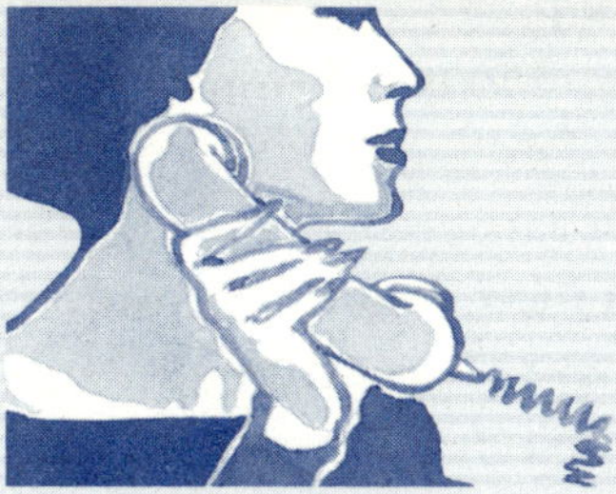

So stressig ein Tag auch sein mag, ein Anrufer hat das Recht, freundlich behandelt zu werden.

mann-Kreuzpaintner, was kann ich für Sie tun?« das Image der Firma in den hellsten Farben schimmert, denn es kommt darauf an, welchen Ton man wählt und wie mit dem Anrufenden in der Fortsetzung des Gesprächs umgegangen wird.

Der erste Eindruck ist entscheidend

Heutzutage ist ein telefonischer Kontakt meistens der erste Eindruck, den man von einem Unternehmen bekommt. Dabei kommt es neben dem Inhalt auch auf die Sprache und die Stimme an, denn es entfallen alle anderen Möglichkeiten der persönlichen Einschätzung, die man sonst bei einem direkten Gesprächskontakt hat. Deshalb ist es am Telefon so wichtig, dass ein freundlicher Ton angeschlagen wird und der sachliche Inhalt höflich vorgebracht wird. Denn solange wir kein Bildtelefon haben, nützt auch das sympathischste Lächeln am anderen Ende der Leitung nichts.

Der gute Ton am Telefon

Wenn Sie ein Anrufer erreicht, dessen Anliegen den Arbeitsbereich eines anderen Kollegen betrifft, dann stellen Sie den Anruf intern durch und lassen nicht den Anrufenden – versehen mit einer anderen Durchwahlnummer – noch einmal neu anwählen.

Vermitteln Sie den Eindruck, als wenn der aktuelle Anruf der erste am Tag wäre – und nicht schon der dreißigste bis kurz vor der Mittagspause. Nichts wirkt abschreckender am Telefon als das Gefühl, man sei

dem Menschen am anderen Ende der Leitung extrem lästig, weil von 30 Anrufenden 25 das gleiche Anliegen hatten.
Als Anrufender sollten Sie sich auf ein geschäftliches Telefongespräch gut vorbereiten. Legen Sie sich den Vorgang zurecht, überlegen Sie, was man möglicherweise von Ihnen an Daten wissen möchte, um schnell weiterhelfen zu können, und tragen Sie dann Ihr Anliegen möglichst kurz und verständlich vor.

Das Telefax

Das Telefax (kurz Fax genannt) ist nichts anderes als ein Kopierer, der an eine Telefonleitung angeschlossen ist und vom Originaldokument des Versenders eine Kopie anfertigt – deswegen wurde es in der Anfangszeit dieses Kommunikationsweges auch Fernkopierer genannt. Kurz gesagt: Man kann nur das faxen, was man vorher geschrieben, gezeichnet, gedruckt, gemalt oder aus der Zeitung ausgeschnitten hat.
Man kann auch Faxe direkt vom Computer aus versenden. Dabei werden – vorausgesetzt, man hat die entsprechende Software installiert – mit dem Computer erstellte Texte, Bilder usw. über ein Modem verschickt, ohne dass vorher ein Ausdruck gemacht werden muss. Die Qualität solcher Telefaxe ist oft erheblich bes-

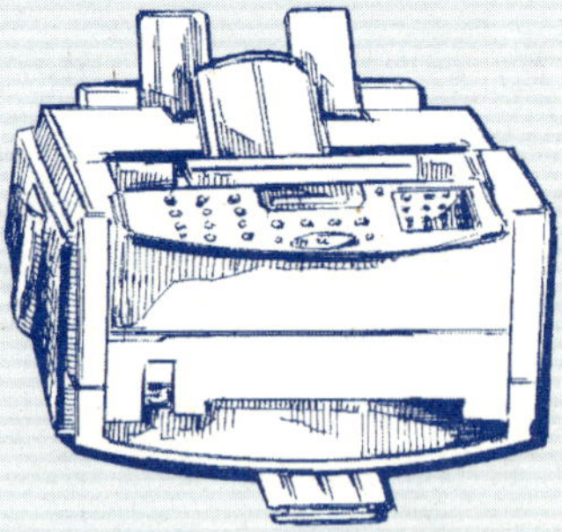

Das Telefax gehört zum Büroalltag und hat auch im Privatbereich Einzug gehalten.

ser als die der herkömmlich gesendeten; außerdem sparen Sie Zeit und Papier.
Jeder beliebige Brief, den man der Post anvertraut, kann auch als Fax versendet werden. Das ist schneller und billiger als ein Brief; Letzterer macht dagegen mehr her und wirkt »offizieller«.

Die äussere Form eines Faxes

Seitenzahl Weil der Empfänger nicht wissen kann, ob die bei ihm angekommenen Seiten auch der gesendeten Anzahl entspricht, muss auf der Vorderseite die Zahl der gesendeten Seiten angegeben werden: Meistens geschieht dies mit der Anmerkung: »Dieses Fax besteht aus x Seiten einschließlich dieses Deckblatts.« Oder man nummeriert die Seiten durch, z. B.: »Seite 1 von 3«, »Seite 2 von 3«, »Seite 3 von 3«.
Faxkennung Anhand der Faxkennung kann der Empfänger sehen, wer das Fax geschickt hat. Sie sollte den Namen der Firma, die Faxnummer, das Sendedatum und die Uhrzeit enthalten. Dies muss man nur einmal am Computer oder Faxgerät einstellen und wird dann immer automatisch gesendet.
Das Deckblatt Ein Deckblatt ist nicht verpflichtend, hat sich aber als nützlich erwiesen. Es enthält:

- ★ Absender mit Adresse, Fax- und Telefonnummer des Ansprechpartners
- ★ Fax- und Telefonnummer des Empfängers
- ★ Anzahl der gesendeten Seiten
- ★ Datum der Sendung
- ★ Betreff

Das Fax im privaten Bereich

Ein Fax hat den Vorteil, dass es sofort den Adressaten erreicht. Keine langen Laufzeiten mehr – egal, wo auf der Erde das Faxgerät steht. Und schon Minuten später kann eine Reaktion auf den Brief erfolgen.

➤ Behandeln Sie ein privates Fax so, wie Sie es von privaten Briefen gewohnt sind.

Dass das Fax den großen Siegeszug im Privatleben letztendlich nicht antreten konnte, liegt darin begründet, dass sich die Anschaffungskosten des Geräts nur dann lohnen, wenn wirklich öfters gefaxt wird und der Empfänger ebenfalls ein Faxgerät bzw. einen Computer mit Modem hat.

In einem privaten Fax brauchen Sie natürlich keine Formalitäten einhalten, aber ein Vermerk, wie viele Seiten das Fax umfasst, ist aus den oben genannten Gründen auf jeden Fall angebracht. Geht das Fax an eine Behörde, sollte es sich in der Form nicht von einem dienstlichen Fax unterscheiden.

E-Mail und Co.

Ein weiterer Grund, warum sich das Fax in der Gunst des Käufers schon wieder auf dem Weg nach unten befindet, liegt daran, dass viele inzwischen einen Computer und ein Modem besitzen und »elektronische Post« (= E-Mail) versenden. Der Vorteil einer E-Mail ist, dass man damit ganze Dateien übermitteln kann. Der Empfänger kann diese am heimischen PC öffnen, ausdrucken und bearbeiten.

In der Praxis bedeutet das beispielsweise, dass ein übertragenes Bild geöffnet und ausgedruckt oder in eine andere Datei (z. B. in eine Zeitung) übertragen werden kann. So kann man auch umfangreiche Texte, ja ganze Bücher versenden. Die Übertragungszeit selbst großer Dateien ist inzwischen auf wenige Minuten zusammengeschrumpft – egal, ob der empfangende Computer nun eine Straßenecke weiter oder auf der anderen Seite der Erde steht.

Wie ist eine E-Mail aufgebaut?
Im Adressfeld einer E-Mail muss der Adressat eingegeben werden, der Absender wird automatisch ergänzt. Wer möchte, kann noch das Betreff-Feld ausfüllen. Ansonsten gibt es keine äußeren Formen, die beachtet werden müssen.
Bei der E-Mail haben Sie nur wenig Einfluss auf die Gestaltung des Schriftstücks. Schriftart, Schriftgröße und Zeilenumbruch hängen davon ab, wie der Empfänger diese in seinem E-Mail-Programm eingestellt hat, und nicht, wie es sich auf Ihrem Bildschirm darstellt. Wenn Sie Wert auf ein ansprechendes Äußeres Ihrer Mitteilung legen, ist eine E-Mail nicht das geeignete Medium.

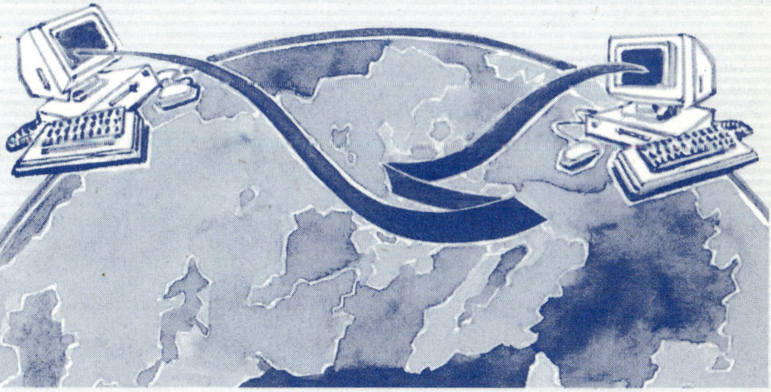

Weltweite Kommunikation in Sekundenschnelle: E-Mails machen es möglich.

Die Datenfernübertragung

Ein der E-Mail ähnliches Verfahren ist die Datenfernübertragung (DFÜ) im öffentlichen Telefonnetz oder in firmeninternen Netzen, die in der Regel ebenfalls weltumspannend arbeiten.

Die Datenfernübertragung empfiehlt sich vor allem bei großen Datenmengen, z. B. beim Versenden von Bildern.

Mit der DFÜ werden ausschließlich Dateien ohne Begleitschreiben (im Gegensatz zur herkömmlichen E-Mail) in hoher Geschwindigkeit, die der E-Mail-Übertragung weit überlegen ist, versendet. Auch für dic DFÜ gilt, dass überall dort, wo ein Computer steht, der Empfang möglich ist, soweit die Hard- und Softwarevoraussetzungen dafür vorhanden sind.

Das Internet

Kommunikation heißt nicht nur, etwas zu versenden oder zu empfangen, sondern auch, sich Informationen zu beschaffen. In dieser Hinsicht nimmt das Internet an Bedeutung immer mehr zu. Wo vor wenigen Jahren die Informationen noch dürftig gesät waren, steht man heute vor einer wahren Informationsflut.

Zu fast jedem denkbaren Thema wird man im Internet fündig, sodass es zunehmend schwieriger wird, die Übersicht zu behalten. So genannte »Suchmaschinen« durchsuchen blitzschnell alle Seiten des Inter-

nets nach einem zuvor eingegebenen Schlagwort – wenn man möchte, weltweit. Das schafft zumindest etwas Ordnung im Daten-Wirrwarr.
Solange man nur im weltweiten Netz surft, müssen keine Vorschriften beachtet werden. Erst wenn Sie selbst eine Seite ins Netz stellen, sollten Sie sich bewusst machen, dass jeder (!), der einen Internetzugang hat, Ihre Seite besuchen kann – es sei denn, sie ist durch ein Password geschützt. Jeder ist selbst für den Inhalt seiner Seite verantwortlich, die nicht gegen gesetzliche Verbote, die guten Sitten und Rechte Dritter (betrifft vor allem Urheberrechte) verstoßen darf.

Chat-Rooms

Im Internet gibt es die Möglichkeit, mit anderen Menschen, die man in der Regel nicht kennt, einfach zu plaudern. Das Plaudern geschieht aber schriftlich, indem kurze Dialoge – etwa wie in einem Theaterstück – hin- und hergeschickt werden. Man kann über diese Kommunikationsform praktisch mit Leuten aus aller Welt reden, die sich gerade im entsprechenden Raum (Chat-Room) befinden.

➤ Weltweit dürfte es Hunderttausende von Chat-Rooms geben.

Diese Räume sind meist nach Themen geordnet oder stehen unter einem bestimmten Motto. Bei großen deutschen Internet-Anbietern gibt es Chat-Rooms zu fast allen Gebieten, wie z. B. Sport, Nachrichten, Lifestyle und so weiter. Einige haben viel versprechende Namen wie »Stammtisch – der Nachrichten-Chat«, »Zockerzone – Die heißen Aktien«, »Karrieresprung – Schnell nach oben«, »Viva Italia – Sehnsucht nach Chianti«, »Kochtopf – Leckeres zusammengebraut« und vieles mehr.

Verhaltensregeln im Chat-Room

Das Besondere an dieser Art von Kommunikation ist, dass man weder Name noch Telefonnummer angibt, sondern sich einen beliebigen Namen (Nickname) für sich ausdenkt – dieser Name wird jeder Äußerung hinzugefügt. Im Normalfall kann jeder, der sich in einem Chat-Room befindet, an seinem Bildschirm mitlesen, was gerade geschrieben wird.

➤ Beim »Flüstern« wird aus dem Stammtischgespräch ein Dialog unter vier Augen.

Wenn man mit jemand über etwas »reden« will, was nicht für jedermanns Augen bestimmt ist, wird »geflüstert«.

Es gibt auch so genannte »Event-Chats« (Event = Ereignis), in denen Prominente zu bestimmten Ereignissen (Popkonzert, Messe, Fußballspiel etc.) Rede und Antwort stehen, wobei ein Moderator wie bei einer Podiumsdiskussion ordnend eingreift.

Dies sollten Sie beim Chatten unbedingt beachten: Wahren Sie die allgemeinen Höflichkeitsregeln, auch wenn Sie niemand beim richtigen Namen kennt, denn kaum jemand betritt einen Chat-Room, um sich beleidigen zu lassen. Und vielleicht möchten Sie den anderen doch einmal persönlich kennen lernen.

Ein Chat-Room, der an die Seite eines Vereins, einer Institution oder ähnlicher Organisationen angeschlossen ist, stellt ebenfalls keinen »benimmfreien« Raum dar. Auch hier sollte man gegenüber den Verantwortlichen den guten Ton wahren, denn nur höflich vorgebrachte Kritik oder Anregungen haben eine Chance, ernst genommen zu werden. So mancher Chat-Room musste schon geschlossen werden, weil die Angriffe gegen die Verantwortlichen weit unter die Gürtellinie gingen.

Netikette

Kurze Mitteilungen Fassen Sie sich, vor allem in Diskussionsforen, kurz.

Rechtschreibung Gehen Sie mit gutem Beispiel voran, indem Sie auch im Internet auf eine korrekte Rechtschreibung achten. Die Regeln der Groß- und Kleinschreibung sowie Satzzeichen sind im Netz nicht aufgehoben – auch wenn manche Zeitgenossen dies meinen.

Umlaute Wenn Sie wissen, dass der Empfänger einer E-Mail noch mit einer Software arbeitet, die Umlaute nicht richtig lesen kann, sollten Sie diese ausschreiben: ae statt ä, oe statt ö und ue statt ü.

Blockschrift SCHREIBEN SIE KEINE TEXTE IN GROSSBUCHSTABEN, DENN DIESE SIND SCHWERER UND LANGSAMER ZU ENTZIFFERN ALS TEXTE IN NORMALER SCHREIBWEISE.

Zitate Wenn Sie jemanden zitieren, sollten Sie immer auch die Quelle angeben.

Weiterleiten E-Mails dürfen ohne Zustimmung des Absenders nicht an Dritte weitergeleitet werden.

Antworten Wenn man seine E-Mail-Adresse weitergibt, sollte man auch regelmäßig nachschauen, ob man elektronische Post bekommen hat und diese möglichst bald beantworten.

Smileys Mit diesen Symbolen, die nur sparsam eingesetzt werden sollten, kann man Gefühle zum Ausdruck bringen. Die bekanntesten sind :-) (lächeln), :-)) (stärker lächeln), ;-) (mit den Augen zwinkern), :-((Trauer oder Missmut zeigen), :-x (Küsschen).

Der Brief

Zwar hat der Brief durch die Popularität der anderen Kommunikationsmittel an Bedeutung verloren, für repräsentative Post ist er aber noch immer am besten geeignet. Das Produkt (Infomaterial, Werbung, Angebote etc.) kommt mit dem Brief fertig zum Empfänger, das heißt, es muss nicht mehr ausgedruckt werden. Es ist gut lesbar und wirkungsvoller aufgemacht, möglicherweise auch in Farbe. Ein weiterer Pluspunkt ist juristischer Natur: Dokumente und Schreiben kommen als Original zum Empfänger und die Unterschriften darauf sind rechtsverbindlich, was bei den elektronischen Medien und auch beim Fax nicht verbindlich der Fall ist.

Wer Wert auf persönliche Gestaltung legt, wird nach wie vor einen Brief vorziehen.

Der Geschäftsbrief

Der Stil eines Geschäftsbriefes hat sich in den vergangenen Jahrzehnten deutlich verändert. Es wird heute vor allem Wert auf die sachliche Information gelegt – mehr als auf die Form des Briefes. Trotzdem sollten Sie bei der Abfassung eines Geschäftsbriefes auf einige allgemein anerkannte Regeln achten:

Die Anrede

Wenn Sie ein Unternehmen, eine Institution oder eine Behörde anschreiben, aber keine persönlichen Ansprechpartner kennen, dann schreiben Sie in der Anrede »Sehr geehrte Damen und Herren,« mit einem

Der Gebrauch von Titeln in der Anrede

Akademische Titel
Sehr geehrter Herr Dr. Huber,
Sehr geehrte Frau Dr. Kluge,
Sehr geehrter Herr Professor Huber,
Sehr geehrte Frau Professor Kluge,
Sehr geehrter Herr Rektor,
Sehr geehrte Frau Rektorin,
Euer Magnifizenz,
Euer Magnifika,

Adelstitel
Sehr geehrter Herr von Frankenstein,
Sehr geehrte Frau von Steinbeck,
Sehr geehrter Herr Prinz von Frankenstein,
Sehr geehrte Frau Gräfin zu Steinbeck,

Geistliche Titel
Euer Eminenz, (Kardinal)
Euer Exzellenz, (katholische Kirche: Erzbischof, Bischof)
Sehr geehrter Herr Bischof, (evangelische Kirche)
Euer Gnaden, (oder:) Hochwürdigster Herr Domprobst, (Prälat, Domprobst und vergleichbare Ämter)
Sehr geehrter Herr Pfarrer,
Sehr geehrte Frau Pfarrerin,
Sehr geehrter Herr Kaplan,

Ämter und Funktionen
Sehr geehrter Herr Direktor,
Sehr geehrte Frau Rektorin,
Sehr geehrte Frau Landrätin,
Sehr geehrter Herr Bundesminister,
Sehr geehrter Herr General Meier,

Komma statt einem Ausrufezeichen, wie früher üblich, und beginnen den Text nach zwei Zeilenschaltungen klein. Wenn Sie wissen, dass dort nur Damen oder nur Herren sitzen, dann schreiben Sie trotzdem keinesfalls »Sehr geehrte Damen,« oder »Sehr geehrte Herren,«. Geht das Schreiben gezielt an die Unternehmensführung, dann wäre noch die Formulierung »Sehr geehrte Damen und Herren der Geschäftsleitung,« denkbar.

Schreiben mit Stil

Bemühen Sie sich um einen guten, sachlichen und verständlichen Schreibstil. Vermeiden Sie veraltete Worthülsen wie »anbei«, »Bezug nehmend auf«, »nachstehend«, »beiliegend«, »wunschgemäß« – jede Floskel kann man in einem netteren Stil umschreiben, wie z. B. »Wir nehmen Bezug auf Ihr ...« oder »Wir haben diesem Schreiben ... beigelegt«. Der Gruß am Ende des Briefs heißt nicht mehr »Hochachtungsvoll« oder »Mit vorzüglicher Hochachtung«, sondern »Mit freundlichen Grüßen«. Bei besser bekannten Geschäftspartnern kann auch »Mit besten Grüßen« geschrieben werden. Das Anhängsel »Mit besten Grüßen, Ihr ...« klingt bereits sehr vertraut, und Sie sollten genau abwägen, gegenüber welchem Empfänger Sie dies anwenden wollen.

➢ Schreiben Sie der Wahrheit gemäß nicht »Wir würden uns freuen ...«, sondern »Wir freuen uns auf Ihre Reaktion ...«.

Abkürzungen, wie »mfg« für »Mit freundlichen Grüßen«, sind seit dem Ende des Zeitalters des Fernschreibers nicht mehr gebräuchlich, außer »z. Hd.« (»zu Händen«) in der Anschrift oder beim Titel, wie z. B. »Prof.« oder »Dr.«.

Der private Brief

Wenn Sie an Verwandte, Freundin oder Freund, Geliebte oder Geliebten schreiben, sind Sie natürlich an keine äußere Form gebunden. Allerdings ist eine korrekte Rechtschreibung anzustreben, da es doch relativ viele Menschen gibt, denen jeder Fehler »in die Augen sticht« und die geneigt sind, die Intelligenz eines Briefeschreibers nicht zuletzt daran zu messen. Allerdings wird Ihnen im privaten Bereich niemand einen Strick daraus drehen, dass Sie noch die alten Rechtschreibregeln anwenden.

Schreiben Sie jedoch einen privaten Brief an ein Unternehmen, an eine Institution oder an eine Behörde, dann sollte Ihr Brief einen formvollendeten Eindruck machen. Dies gilt auch dann, wenn Sie einen persönlichen Brief an einen Menschen schreiben, den Sie erst vor kurzem kennen gelernt haben.

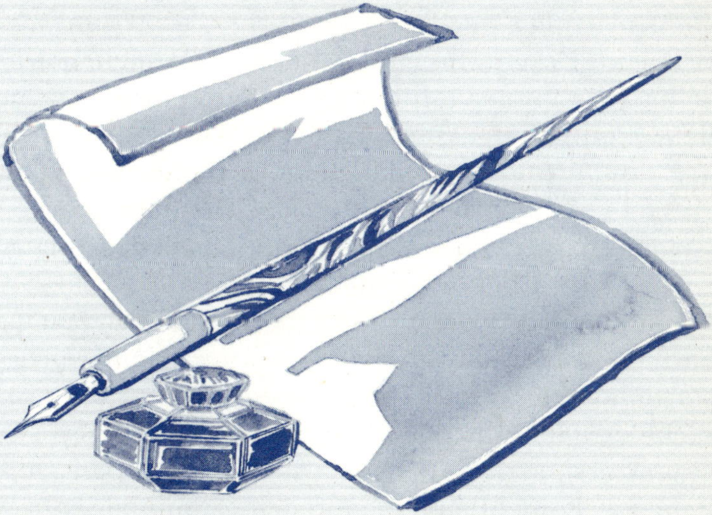

Nichts geht über einen mit Hand und auf schönem Papier geschriebenen Brief. Er ist ein persönliches Dokument und wert, lange aufgehoben zu werden.

Umschlag und Papier

Einen ersten Eindruck vermittelt der Umschlag des Briefes. Dies ist ein Privileg des privaten Briefs, denn überall sonst wird der Umschlag in der Regel Opfer der Poststelle. Er sollte in ordentlicher Schrift ohne Verbesserungen beschrieben und möglichst mit einer hübschen Sondermarke beklebt sein. Achten Sie darauf, dass die Farbe des Umschlagpapiers mit der des Briefbogens übereinstimmt, wobei nur leichte Tönungen zu empfehlen sind, weil sie eleganter wirken und zudem die Lesbarkeit des Briefes nicht eingeschränkt wird. Bevorzugen Sie für Umschlag und Briefbogen Papier von guter Qualität; sehr edles Papier ist besonderen Anlässen vorbehalten.

➢ Selbstverständlich sollte der Briefbogen frei von Flecken, Rissen, Falten, »Eselsohren« und Ähnlichem sein.

Handschriftlich oder per Computer?

Briefe an Unternehmen, Institutionen oder Behörden sollten Sie immer mit der Schreibmaschine bzw. mit dem Computer schreiben, bei privaten Briefen an Verwandte und Freunde sollten Sie die Handschrift vorziehen. Geht der Brief an die Geliebte oder den Geliebten, wäre ein mit Computer oder Maschine geschriebener Brief ein echter Fauxpas.

Bei handschriftlichen Briefen sollten Sie sich jeden Satz vorher genau überlegen, um unschöne Verbesserungen möglichst zu vermeiden. Wenn es Ihnen nicht zu viel Mühe macht, entwerfen Sie den Brief auf einem gesonderten Blatt und schreiben ihn anschließend ins Reine. Benutzen Sie den Computer, können Sie jederzeit verbessern bzw. ändern, ohne dass dies nach dem Ausdruck zu sehen ist.

Absender und Anschrift
Ein privater Brief sieht geschäftsmäßiger aus, wenn Sie Ihren Absender (Name, Adresse und Telefonnummer) oben in die Mitte des Briefbogens oder rechts oben am Rand hinzufügen. Schreiben Sie oft derartige Briefe, dann empfiehlt es sich, Briefpapier und Umschläge mit Ihrer Adresse bedrucken zu lassen oder auf dem Computer eine so genannte »Vorlage« oder »Maske« zu erstellen, wodurch Sie den Briefkopf nicht jedes Mal neu eingeben müssen. In diesem Fall sollten Sie auch das Adressenfeld festlegen und eine Falzmarke am linken Rand einfügen.
So sieht eine ordnungsgemäße Anschrift aus:

Die korrekte Reihenfolge bei der Briefanschrift lautet (von oben nach unten): Anrede, Name, Straße und Hausnummer, Postleitzahl und Wohnort.

Hat der Empfänger ein Postfach, sieht die Anschrift folgendermaßen aus:

Firma
Bayern-Strom AG
Postfach 12 13 14

81000 München

Die Postfachnummer wird immer in Zweierblöcke unterteilt. International sollte eine Anschrift wie folgt aussehen:

Herrn
Anton Tiroler
Bregenzer Straße 1

A-6010 Innsbruck

Der Kennbuchstabe vor der Postleitzahl ist für die Post aufschlussreicher als das Wort »Austria« oder »Österreich« am Schluss der Adresse. Jedem Land der Erde wurde ein solcher Kennbuchstabe zugewiesen. Fragen Sie beim Postamt nach einem Postleitzahlenbuch, in dem die Buchstaben vermerkt sind.

Die Anrede

Menschen, die Ihnen vertraut sind, die Sie aber nicht duzen, sollten Sie im Brief mit »Lieber Herr …,« oder »Liebe Frau …,« anreden. Benutzen Sie »Liebe(r)« aber mit Fingerspitzengefühl, denn diese Anrede schafft keineswegs Vertrautheit, wenn diese nicht schon vorher vorhanden ist. Unter Verwandten und Freunden ist die Anrede »Lieber Anton, …« angebracht.

➤ Eine deutliche Stufe vertrauter klingt die Anrede »Liebste Daniela, …«.

Keinesfalls dürfen Sie heutzutage in der Anschrift »Herr Edgar Müller und Frau«, »Herrn und Frau Edgar Müller« oder »Herr Edgar Müller und Frau Dr. Susanne«, falls die Frau einen Titel trägt, schreiben. Auch die Formel »Herr Edgar Müller und Gemahlin« ist überholt. Schreiben Sie stattdessen »Herr und Frau Müller« oder persönlicher »Herr Edgar Müller und Frau Susanne Müller«.

Der Gebrauch von Titeln in der Anschrift

Akademische Titel

Herrn
Dr. Wolfgang Huber

Frau Professorin
Dr. Sabine Kluge

Frau Professorin Dr. Martina Schulze
Rektorin der Freien Universität Berlin

Adelstitel

Maximilian Freiherrn von Frankenstein

Frau
Elisabeth Gräfin zu Steinbeck

Geistliche Titel

Herrn Kaplan
Norbert Sommer

Frau Pfarrerin
Silke Becker

Ämter und Funktionen

Herrn Direktor
Manfred Kaiser
Franken AG

Frau Landrätin
Gudrun Wiesenfeld

Die Konversation: Vergnügen oder Last?

Für den einen ein Kinderspiel, für den anderen dagegen Grund für kalte Schweißausbrüche: die Konversation – die Kunst, ein Gespräch zu führen, um sich und andere zu unterhalten. Und tatsächlich gehört es zu den guten Umgangsformen, in einer zivilisierten Art und Weise miteinander zu sprechen. Es ist nicht übertrieben, in diesem Zusammenhang von Kunst zu sprechen, weil ein wacher Verstand, eine geübte Sprachgewandtheit und eine gute Sprechtechnik zusammenkommen müssen, um Konversation gehobener Klasse betreiben zu können. Es geht also nicht nur darum, irgendwie über irgendetwas reden zu können, sondern sich in einer gepflegten Sprache auszudrücken.

Die hohe Schule des Sprechens

Eine Reihe von Faktoren ist ausschlaggebend, ob der sinngemäße Inhalt einer Rede auch so beim Gesprächspartner ankommt, wie wir es gemeint haben. Dabei spielen die Atemtechnik, die Lautstärke, der Tonfall, die Klangfarbe, die Sprechgeschwindigkeit, die Gestik und nicht zuletzt der Dialekt eine große Rolle. Dies alles muss gelernt und geübt sein, um gutes Benehmen durch eine kultivierte Sprache zu perfektionieren.

Immer deutlich sprechen!

Viele Menschen sprechen zu schnell und verschlucken Silben, was oft durch den Dialekt noch begünstigt wird. Beginnen Sie damit, Ihre Mitmenschen in der Region und sich selbst beim Sprechen genau zu beobachten, um die vom Dialekt am stärksten gefärbten Wörter herauszufiltern, die jemand aus anderen deutschsprachigen Gegenden beim besten Willen nicht verstehen kann, auch wenn sie noch so deutlich ausgesprochen werden würden.

Ersetzen Sie diese Wörter beim Sprechen nach und nach mit dem korrekten deutschen Begriff – keine Frage: Das muss geübt, geübt und nochmals geübt werden. Gegen den Tonfall eines Dialekts ist nichts einzuwenden, aber man muss Sie trotzdem gut verstehen können. Sprechen Sie immer wieder Sätze aus dem Stegreif auf ein Tonband, um selbst laufend korrigieren zu können. Zu Hause können und sollten Sie natürlich weiterhin Dialekt sprechen.

Klare Artikulation

Lernen Sie, genau und richtig zu artikulieren: Zwischen den Wörtern sollten winzige Pausen gemacht werden, um die Endung des einen Wortes nicht an die Anfangssilbe des anderen zu binden. Verschlucken Sie keine Buchstaben an Wortendungen.

Die Wörter sollten Sie nicht zu schnell sprechen, also auch in deren Mitte keine Silben und Buchstaben unterschlagen. Harte und weiche Konsonanten (z. B. d und t, b und p) sollten beim Sprechen unterschieden werden können. Die Lautstärke sollte so bemessen sein, dass alle Anwesenden Sie ohne Anstrengung hören können, was aber nicht heißt, dass Sie schreien sollten. Kurz und bündig gesagt: Nuscheln Sie nicht!

Ausspracheregeln

Die Endsilbe -ig Am Ende eines Wortes wird -ig immer wie -ich ausgesprochen. Also z. B. »artich«.

Die Endsilben -ag und -eg Im Hochdeutschen wird -ag immer so gesprochen, wie es geschrieben wird. Es heißt also z. B. »Guten Tag« und nicht »Guten Tach«. Man fragt auch nicht nach dem »Wech«, sondern nach dem »Weg«.

Sch und s Am Silbenanfang wird s im Hochdeutschen vor t oder p immer sch ausgesprochen (schtehen, Anschtand, Schpagat) – ansonsten als s (etwas austrinken und nicht auschtrinken)! Mit Silben sind Sprechsilben gemeint: »Fenster« trennt man beim Sprechen z. B. so: »Fens-ter«, und nicht »Fen-ster« (so wurde nach alter Rechtschreibung getrennt).

Gute Aussprache kann man lernen

Für Schauspieler und Sänger ist die Stimmbildung während ihrer Ausbildung tägliches Brot. So gut wie ein Bühnenschauspieler müssen Sie nicht sprechen können. Wenn Sie aber öfter in der Öffentlichkeit Reden halten oder in Ihrem Beruf eine gewisse Beredsamkeit verlangt wird und Sie den Eindruck gewonnen haben, dass bei Ihnen Schulungsbedarf besteht, sollten Sie sich nach einer entsprechenden Weiterbildungsmöglichkeit (z. B. bei Manager- oder Schauspielschulen etc.) erkundigen. Denn eine schwer verständliche Sprechweise kann entweder für Gesprächspartner sehr ermüdend sein oder unterschwellig sogar Antipathien auslösen.

Die Gestik

Haben Sie schon einmal Italiener beim Sprechen beobachtet? Wenn nicht, dann sollten Sie beim nächsten Besuch Ihrer Lieblings-Pizzeria oder während des nächsten Italienurlaubs darauf achten und daraus lernen! Eigentlich haben die Italiener zwei Sprachen: die melodische gesprochene Sprache und daneben eine fast vollwertige »Gebärdensprache«. So stark unterstützen die Gesten das gesprochene Wort, dass man solch einen Vergleich durchaus ziehen kann, wenn auch in Italien eine offi-

Die Sprache der Hände unterstreicht und bekräftigt das Gesagte eindrucksvoll.

zielle Gebärdensprache für Gehörlose existiert, die mit der ausdrucksstarken Gestik nichts zu tun hat. Bleiben wir bei Letzterer: Sie ist wie das gesprochene Wort steuerbar und unterliegt nicht dem Unterbewusstsein. Es wird mit den Händen, mit dem Mienenspiel und mit dem ganzen Körper kommuniziert.

Lebendiges Mienenspiel

Besonders die Mimik hat ihre Tücken: Um nicht lächerlich zu wirken, sollten Sie vor einem Spiegel oder einer Videokamera eine Rede halten und dabei Ihr Mienenspiel beobachten. Korrespondiert es mit den Inhalten der Rede oder ist es eher starr und gleichförmig? Achten Sie auch darauf, dass Sie beim Reden nicht ständig lächeln, denn dann ist man geneigt, Sie nicht ernst zu nehmen. Das bedeutet aber nicht, dass Sie ein unfreundliches Gesicht machen müssen.

Mit dem Körper reden

Man sollte nicht übertreiben und den Hampelmann spielen, denn dies könnte die Zuhörer irritieren und vom Inhalt Ihrer Rede ablenken.

Auf übertriebene Gesten sollte man verzichten. Achten Sie darauf, dass Ihre Hand- und Körperbewegungen immer natürlich wirken.

Üben Sie vor dem Spiegel Hand- und Armbewegungen in Richtung der Zuhörer. Ein Überziehen dieser Gesten kann schnell aggressiv wirken.

Beugen Sie sich im Sitzen auch einmal leicht über den Tisch, um Ihr Interesse am Gespräch zu zeigen – stehen Sie aber keinesfalls dabei auf!

Bei einer Rede sollten Sie sich nicht zu sehr an das Rednerpult klammern und nicht pausenlos in das Manuskript blicken. Heben Sie vielmehr immer wieder den Kopf, und richten Sie Ihren Blick mal auf das Publikum in der Mitte, mal links und mal rechts. Gehören Sie zu den begnadeten Rednern, die frei reden können, dann fixieren Sie das Publikum und nehmen einzelne Zuhörer kurz ins Visier, indem Sie ihnen direkt ins Gesicht schauen. Gestikulieren Sie mit den Händen, aber zeigen Sie nie nach oben und auch nicht hinter das Publikum, wenn Sie nicht wollen, dass die meisten Zuhörer Ihrer Geste unwillkürlich mit den Augen und/oder Köpfen folgen.

➤ *Stecken Sie bei einer Rede im Stehen nie die Hände in die Hosentasche!*

Plappern ist nicht gleich Sprechen

Es gibt Menschen, die die »Gabe« besitzen, nahezu unaufhörlich reden zu können. Dies wäre an sich kein Problem, wenn sie sich nicht höchst ungern darin unterbrechen lassen würden. Denn eine noch so gute Artikulation, ein geistvoller Inhalt und alles andere, was zum guten Reden gehört, sind dann verschwendet, wenn die Zuhörer einen wahren Wortschwall über sich ergehen lassen müssen. Sie können nur Zuhörer und nicht Gesprächspartner sein, weil man ihnen durch das pausenlose Reden kaum eine Chance lässt, am Gespräch aktiv teilzunehmen. So wird der ununterbrochene Redefluss zum sinnlosen Geplappere, weil sich nach kurzer Zeit alle abwenden werden, um sich nach besseren Gesprächspartnern umzuschauen.

Diskriminierende Sprache

Sprache kann auch als Mittel der Unterdrückung und Diskriminierung eingesetzt werden. Besonders in Deutschland sollte man immer daran denken, wie leicht ethnische Minderheiten und Andersdenkende mit brutaler Sprache ausgegrenzt werden. Im Dritten Reich hat sich – nicht zum ersten und nicht zum letzten Mal – gezeigt, dass verbale Drohgebärden als Instrumente der Macht eingesetzt werden können, denen nicht selten körperliche Gewalt folgt.

Joseph Goebbels, der Propagandaminister unter Hitler, hat zudem bewiesen, dass beste Rhetorik und geschliffene Sprache nicht immer nur Gutes bedeuten – sie kann gerade durch ihre Perfektion tief treffen und vernichtend wirken!

➤ *Sensibilität ist gefragt, wenn es darum geht, die verletzende Kraft von Worten zu erkennen und zu vermeiden.*

Unerquickliche Wortgefechte

Das bezieht sich nicht allein auf ein totalitäres Staatssystem, sondern ist auch im Privaten zu beobachten: Wer bei einem Streit nicht die Nerven verliert, sondern rhetorische Pfeile abschießt, trifft die Gegenseite mit dem kühlen Einsatz der passenden Redewendungen um so verletzender und beleidigender und reißt tiefe Wunden.

Beleidigend oder diskriminierend angewendete Sprache ist aber nicht immer das Produkt eines berechnenden Verhaltens, sondern wird von vielen Menschen unbewusst gebraucht. Diese Unbedachtheit macht den Sprecher aber nicht weniger schuldig. Bedenken Sie also bei Wortgefechten, dass das Wort als Waffe durchaus seine Schlagkraft hat – mehr als Sie vielleicht glauben!
Im privaten Streitgespräch gibt es eigentlich keine Regeln, denn Ärger, Verletztheit und Frust müssen ein Ablassventil finden – und meistens sind es wütend hervorgeschleuderte Gemeinheiten, die man ansonsten nicht verwenden würde. Versuchen Sie deshalb, nach der Auseinandersetzung Beschimpfungen oder auch kühl angesetzte Treffer mit dem verbalen Florett nicht zu tragisch zu nehmen, auch wenn es nicht immer leicht fällt.

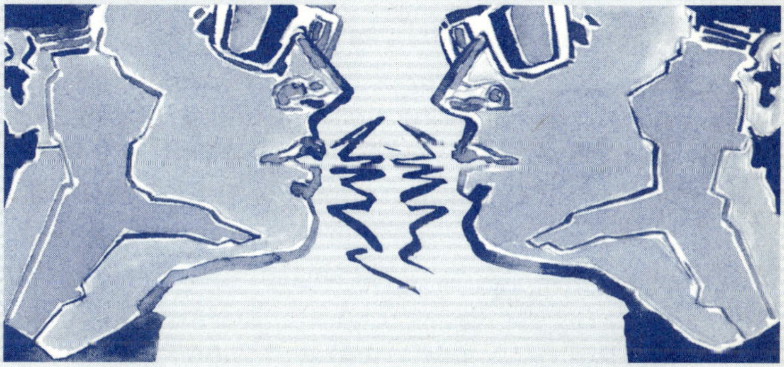

Auch wenn es sehr erleichternd sein mag, mit wüsten Beschimpfungen Dampf abzulassen: Konflikte werden so nicht behoben, und die Folgen sind unabsehbar.

Frauenfeindliche Äußerungen

Die Diskriminierung von Frauen spiegelt sich auch in der Sprache wider: »Weiber«, »Tussi«, »Schnalle« usw. sind, auch wenn Sie nicht bewusst beleidigend angewendet werden, herabsetzende Begriffe, die man heute eigentlich nicht mehr in den Mund nehmen sollte.

Politisch nicht korrekt
Vermeiden Sie politische und gesellschaftliche Diskriminierung in der Sprache: Wenn Sie »Neger« statt »Schwarzer« sagen, brauchen Sie sich nicht zu wundern, wenn man Ihnen Rassismus unterstellt. Teile der Bevölkerung im In- und Ausland als »Kanaken«, »Barackler« oder »Proleten« zu bezeichnen, zeugt ebenfalls von einer intoleranten Grundhaltung – zudem wird dies in der Regel als ein Indiz für die mindere Intelligenz des Redners betrachtet.

Der Umgang mit Gesprächspartnern

Miteinander reden heißt ja nicht zuletzt, sich mit dem Gegenüber gedanklich zu befassen. Man muss zu ihm »einen Draht finden«, über den ein interessantes Gespräch stattfinden kann. Auch wenn man zu einigen Menschen einen besseren Draht hat als zu anderen – versuchen Sie trotzdem, bei jedem Gespräch einen gemeinsamen Nenner zu finden und den anderen so zu akzeptieren, wie er ist.

Lange Monologe und permanentes Schweigen sind gleichermaßen der sichere Tod jedes Smalltalks.

Was tun, wenn's schwierig wird?

Es gibt Menschen, die sich selbst am liebsten reden hören und nur wenig Interesse an anderen zeigen – es sei denn, sie sind gute Zuhörer. Solange ihr Gegenüber ab und zu ein höfliches »Lebenszeichen« von sich gibt, sind sie zufrieden. Im besten Fall sind diese Monologe tatsächlich interessant und für eine Weile ganz amüsant. Niemand kann aber von Ihnen verlangen, stundenlang stumm neben einem Selbstdarsteller zu verharren. Suchen Sie mit einer höflichen Ausrede das Weite und wenden Sie sich an einen Gesprächspartner, der diesen Namen auch verdient.

> ➤ *Vermeiden Sie ein Gespräch über das Wetter, denn das Thema ist so abgegriffen, dass man Ihnen mangelnde Fantasie unterstellen könnte.*

Schwierig wird es auch, wenn Sie jemand anspricht, aber nun nicht mehr weiterweiß und schweigend neben Ihnen steht. Entweder beenden Sie das kurze Gespräch freundlich, indem Sie beispielsweise sagen: »Wir werden uns sicher heute noch einmal über den Weg laufen, ich möchte noch ein paar Leute begrüßen.« Oder Sie versuchen, das Gespräch wieder in Gang zu bringen, indem Sie eine unverfängliche Frage stellen. Kommt trotzdem kein interessantes Gespräch in Gang, beenden Sie das Gespräch taktvoll.

Die Gesprächsinitiative ergreifen

Dass Männer eher die Initiative zu einem Gespräch ergreifen, ist hinlänglich bekannt. Heutzutage sollte man aber die klassische Regel über Bord werfen, dass Frauen darauf zu warten haben, angesprochen zu werden. Es hat sich tatsächlich eingebürgert, dass auch Frauen das Gespräch suchen und zu diesem Zweck einen Mann ansprechen dürfen, ohne Ihren Ruf riskieren zu müssen. Aber nur wenige Männer scheinen diese Entwicklung mitbekommen haben, denn oft folgen darauf eher verlegene Reaktionen. »Wer im Gespräch bleiben will, muss sprechen.« Frauen sollten sich dies auf die Fahne schreiben und ungeniert auf andere zugehen.

Gespräche in größerer Runde

Auf einer Party, einem Stehempfang, während eines Essens oder bei anderen ähnlichen Anlässen werden die Inhalte eines Gesprächs über allgemeine Themen nicht hinauskommen. Das ist auch richtig so, denn in einem größeren Kreis sollte sich jeder an einem einmal begonnenen Gespräch beteiligen können. Ein Gastgeber kann nicht daran interessiert sein, dass sich ein paar Gäste in die Ecken drücken und dort über persönliche Dinge reden, womit sich die Gesellschaft langsam auflöst. Im größeren Kreis gibt ein Wort das andere, und es sollten keine Pausen entstehen. Dafür sind alle verantwortlich, aber wer in einer Pause geistreich das Wort ergreift, darf sich der Anerkennung aller sicher sein.

> ➢ Niemand sollte vom Gespräch ausgeschlossen werden oder sich dabei unwohl fühlen.

Vorsicht bei Komplimenten

Äußerst schlüpfrig ist der gesellschaftliche Boden, wenn Sie als Mann einer Frau ein Kompliment machen möchten. Denn so manches hat schon das Gegenteil dessen bewirkt, was es eigentlich sollte.

Lassen Sie vor allem das Alter der Frau aus dem Spiel. Sie könnten sich so verschätzen, dass die Situation furchtbar peinlich wird. Planen Sie keine Komplimente, sondern verteilen Sie sie spontan, wenn Sie von etwas wirklich beeindruckt sind. Das klingt ehrlich und glaubhaft und löst echte Freude beim anderen aus.

Dezente Hintergrundmusik

Manchmal ist es akustisch schwierig, eine Unterhaltung zu führen, was in der Regel daran liegt, dass die Musik zu laut ist. Als Gastgeber sollten Sie für einen eher niedrigen Schallpegel sorgen – es sei denn, Sie haben zu einer Tanzparty eingeladen. Bei einem Essen oder einem Stehempfang darf die Musik nur im Hintergrund zu hören sein. Auf einer Party kann die Musik schon lauter sein, aber es sollte ein ruhiger Raum zur Verfügung stehen.

Hintergrundmusik trägt nur dann ihren Namen zurecht, wenn man sich noch ohne Anstrengung unterhalten kann.

Sprechen Sie Deutsch?

Es ist wichtig, dass Sie bei einem Gesprächspartner mit geringen Deutschkenntnissen deutlich sprechen. Außerdem sollten Sie sich in einfachen Sätzen ausdrücken. Hüten Sie sich davor, nur Satzfragmente zu verwenden. Damit tun Sie keinem Ausländer etwas Gutes, denn er will ja nicht auf die Grammatik von Kleinkindern zurückgeworfen werden.

Gutes Benehmen auf Reisen

Leider gibt es noch immer viele Touristen, die die Sitten und Gebräuche des jeweiligen Landes etwa so achten wie zu Hause das eingeschränkte Parkverbot. Entsprechend beliebt sind sie auch in den jeweiligen Ferienländern, und nur die Tatsache, dass der Tourismus in vielen Regionen für die Menschen dort die wichtigste Erwerbsquelle ist, schützt die Reisenden im Allgemeinen vor Unbill. Dabei genügt oft schon ein kleiner Vergleich, um das eigene Verhalten richtig einzuschätzen: Wie würde das Auftreten, das man im Ausland an den Tag legt, zu Hause im Stadtviertel oder im Dorf bei den Nachbarn ankommen? Natürlich gibt es auch Verhaltensweisen, die bei uns als normal angesehen werden, woanders aber Anstoß erregen.

Gut vorbereitet reisen

Vor dem Reiseantritt sollten Sie nicht nur daran denken, was alles in den Koffer hineinmuss, sondern sich auch über das Reiseziel selbst Gedanken machen. Suchen Sie die Antwort auf folgende Fragen: Wie sind die Bräuche und die gesellschaftlichen Sitten, was isst man dort zu welcher Zeit, wie geht man mit dem Servicepersonal um – und nicht zuletzt, weil dies sehr wichtig werden könnte: Wie werden die wichtigsten Begriffe, die Sie auf einer Reise wahrscheinlich brauchen werden, in die Landessprache übersetzt.

Vor Reiseantritt Informationen sammeln

Für jedes Urlaubsland gibt es ausführliche Reiseführer, denen Sie die jeweiligen Besonderheiten des Reiseziels entnehmen können. Es geht dabei gar nicht darum, sich den Gebräuchen so unterzuordnen, als wären Sie nicht Feriengast, sondern Einheimischer – ganz im Gegenteil: Die meisten Einheimischen wollen das heutzutage nicht mehr!
Als Reisender brauchen Sie trotzdem einige Informationen, um nicht unangenehm aufzufallen. Denn die Bevölkerung in einer stark frequentierten Ferienregion ist den Fremden nahezu wehrlos ausgeliefert. Dies gilt vor allem für die Religion.

Religiöse Gebräuche

So sind schöne Kirchen keine Museen, sondern trotz ihrer Attraktivität Stätten religiöser Andacht. Auch müssen die Gäste Prozessionen mit dem nötigen Respekt hinsichtlich der Bekleidung und des Verhaltens

achten. Sehr sensible Bereiche sind zudem Trauerfeierlichkeiten, insbesondere der im Süden obligatorische Trauerzug durch den Ort, der nicht durch die Touristen zum Volksfest werden darf.
Das alles sollten Sie schon vor dem Reiseantritt wissen, um beispielsweise auch Kleidung einzupacken, in der Sie eine Kirche betreten können, ohne das religiöse Empfinden der Gemeinde zu verletzen.

Auf fremden Straßen

Vor der Reise sollten Sie sich über die vom Heimatland abweichenden Details der Straßenverkehrsordnung informieren. Das Strafmaß ist bei bestimmten Ordnungswidrigkeiten sehr viel höher als bei uns – was Sie als Hinweis auffassen sollten, gerade diese Regeln besonders zu beherzigen. Diese und andere allgemeine Informationen sowie Routenvorschläge bekommen Sie zu Hause bei den bekannten Automobilclubs.

Vor allem bei den Tempolimits gibt es von Land zu Land große Unterschiede.

Die Landessprache

Es wäre für alle Beteiligten ein großer Vorteil, wenn sich die Gäste in der Landessprache einigermaßen verständlich machen könnten. Man könnte nette Kontakte vertiefen, Wissen über das Land der Zeitung entnehmen oder Schilder entziffern, und die simple Frage nach dem Weg oder der nächsten Apotheke würde nicht in Rätselraten ausarten.

Ein paar Worte wirken Wunder

Aber leider hat nur ein ganz geringer Teil der Urlaubsreisenden Kenntnisse der Landessprache, was besonders dann von ein wenig Arroganz zeugt, wenn man jedes Jahr dasselbe Land besucht.

Dabei wirkt schon ein kleiner Wortschatz Wunder: Ein freundliches Grüßen in der Sprache des Landes, Lebensmitteln den richtigen Begriff zuzuordnen statt mit dem Finger darauf zu deuten, der Versuch, bei der Bestellung im Restaurant die Speisekarte zu verstehen und nach ihr zu bestellen – in der Regel werden die Gastgeber Ihre Bemühungen mit echter Freundlichkeit honorieren.

Deutsch ist keine Weltsprache

Es ist nicht selbstverständlich, dass Sie im Urlaubsland Menschen antreffen, mit denen Sie sich in Deutsch verständigen können. Denn meistens sprechen die Beschäftigten in der Tourismusbranche Englisch, was nun mal die internationale Sprache schlechthin geworden ist. In den ehemaligen Kolonien spricht man noch häufig die entsprechende Sprache der früheren Herren. Deutsch spielt hier aber keine wesentliche Rolle.

> ➤ Bei einer Pauschalreise erwartet Sie am Urlaubsort meist ein deutschsprachiger Reisebegleiter.

Vertrauen Sie andererseits nicht darauf, dass Sie ja ohnehin niemand verstehen kann, wenn Sie alle Höflichkeitsregeln außer Acht lassen und meinen, das Land und/oder deren Bewohner beleidigen zu müssen. Insbesondere in den südeuropäischen Ländern und vor allem in der Türkei verstehen nicht wenige Menschen alles, was in deutscher Sprache gesagt wird – sie haben Jahrzehnte bei uns gearbeitet.

Die Geschichte lebt

In einigen Gebieten Europas stoßen die Deutschen noch immer auf oft unverhohlene Ablehnung – besonders dort, wo die deutsche SS bzw. die Wehrmacht grausam unter der Zivilbevölkerung wüteten. Der so genannte Vorteil der »späten Geburt« ist zumindest so lange keiner, wie noch Zeugen dieser unmenschlichen Verbrechen leben. Denn mit diesen Überlebenden könnten Sie in allen europäischen Urlaubsländern zusammentreffen – dann ist Fingerspitzengefühl und Sensibilität notwendig, um kein Fiasko erleben zu müssen.

➤ Befassen Sie sich vor dem Urlaub ein wenig mit der jüngeren Geschichte Ihres Urlaubsziels.

Die Eigenheiten des Gastlandes achten

Zunächst sollten Sie Ihr Auftreten im Ausland unter dem Aspekt überprüfen, ob Sie Ähnliches auch bei Ihnen zu Hause »um die Ecke« tun würden. Darüber hinaus gilt es, die Eigenheiten des Gastlandes zu achten, ohne dass Sie sich aktiv beteiligen müssen. Denn wichtig ist, dass Sie das sittliche Gefühl der Bevölkerung am Urlaubsort nicht verletzen und deren Gebräuche tolerieren.
Gute Reiseführer berichten nicht nur von attraktiven Reisezielen, sondern auch von den Gepflogenheiten und Empfindlichkeiten eines Gastlandes und geben Empfehlungen ab, wie man sich dort verhalten sollte.

Strapazierte Gastfreundschaft

Als in den siebziger Jahren der Rucksacktourismus fröhliche Urständ feierte, war es üblich, sich in die Bevölkerung des Gastlandes zu »integrieren«. Man feierte mit, aß mit, trank mit – und zahlte nichts!

Dass es die Gastfreundschaft der Bevölkerung eines Landes gar nicht zuließ, eine Gegenleistung für die Teilnahme an religiösen Festen und Familienfeiern anzunehmen, kam den meisten dieser Touristen gerade recht – die Herzlichkeit der Menschen wurde gnadenlos zum Vorteil des eigenen (meist recht leeren) Geldbeutels ausgenutzt.

Diese »Integration« hat die Rucksacktouristen allerdings nicht daran gehindert, unmittelbar vor dem Ort nackt zu baden. Die damals oft geschmähten Pauschaltouristen, die aus dem Dunstkreis ihres Hotels nur bei Ausflugsfahrten herauskamen (und -kommen!), haben die Sitten eines Landes bei weitem nicht so missachtet, wie es die zahlreichen, unorganisiert auftretenden Fremden mit den Rucksäcken taten.

Gastfreundschaft ist etwas sehr Positives und in vielen Urlaubsländern viel stärker ausgeprägt als bei uns; man sollte sie aber als Gast nicht über Gebühr strapazieren.

Service statt Freundschaft

Noch 20 Jahre danach sind die Folgen dieses Verhaltens, das hauptsächlich in Griechenland und anderen mediterranen Ländern an den Tag gelegt wurde, noch immer zu beklagen: Die Gastfreundschaft hat einer überprofessionellen Einstellung gegenüber den Gästen Platz gemacht, weil man die Einmischung der Fremden in die privaten Angelegenheiten der Bevölkerung schon im Keim ersticken will. Wahren Sie also »gesunde« Distanz zur Intimsphäre der Einheimischen. Das heißt natürlich nicht, dass Sie keine Kontakte knüpfen dürfen und sollen.

Sensibel mit der Kleidung umgehen

Nicht wenige Touristen erkennt man allein an ihrer Bekleidung. Das ist an sich kein Problem, aber häufig ist es so, dass die Bekleidung der Gäste nach Landessitte zu freizügig ist. Zu viel entblößte Haut – dies betrifft vor allem Frauen – ist nicht nur in den islamischen Ländern anstößig, sondern teilweise auch in Südeuropa.

> ➤ Baumwollene, nicht zu enge Kleidung ist ideal bei Hitze – vor allem, wenn alle Körperteile bedeckt gehalten werden müssen.

Es sollte Ihnen als Frau bewusst sein, dass allzu dürftige Bekleidung in den islamischen Ländern nicht nur als Ärgernis betrachtet wird. Man könnte auch handgreiflich werden oder Ihnen anzügliche Angebote machen, wenn Sie allein durch die Straßen gehen. Achten Sie also darauf, dass Sie kein durchsichtiges Oberteil tragen, dass Schultern und Oberarme bedeckt sind, der Ausschnitt nicht zu groß und von den Beinen am besten nichts zu sehen ist.

Aber auch die Herren erregen öffentliches Ärgernis, wenn sie in Kirchen mit kurzen Shorts auftreten. Wenn Sie – nicht nur in islamischen Ländern! – heilige Stätten in solch einem Aufzug betreten, können Sie unter Umständen massiven Ärger bekommen.
Einige Religionen schreiben auch eine Kopfbedeckung vor. Diese liegt bei viel besuchten Gotteshäusern meist aus und wird nach dem Besuch wieder zurückgegeben.

Die passende Strandkleidung

Am Strand sollten Sie das tragen, was die einheimische Bevölkerung dort trägt. Das heißt, dass Frauen in einigen Ländern nicht »oben ohne« sein sollten, vor allem dann nicht, wenn einheimische Kinder in der Nähe sind.
In dieser Hinsicht gibt es große Unterschiede: Im Allgemeinen gibt es in den südeuropäischen Urlaubsländern meistens ein Nord-Süd-Gefälle – was beispielsweise am Gardasee üblich ist, könnte an Familienstränden der Reggio Calabria für Ärger sorgen. Nackt baden ist in vielen südlichen Urlaubsländern ohnehin offiziell verboten – und Sie sollten sich auch daran halten. Wollen Sie unbedingt hüllenlos die Sonne genießen, dann suchen Sie einen offiziellen FKK-Strand auf. Oder mieten Sie sich ein Boot, und fahren Sie damit in weit abgelegene Buchten.

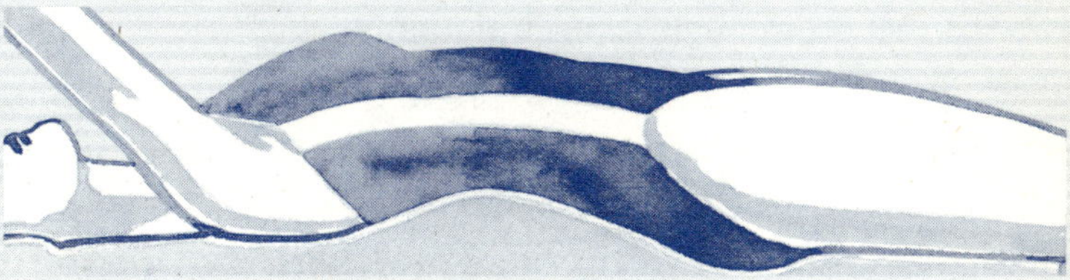

Sich auf die faule Haut legen und die Seele baumeln lassen – aber bitte mit Stil!

In Mitteleuropa, vor allem aber in den nördlichen Staaten Europas, ist die körperliche Freizügigkeit am Strand dagegen weit verbreitet. »Oben ohne« ist kein Problem, auch wenn es in Mitteleuropa derzeit offensichtlich nicht »in« ist. Nackt baden sollte man auch in unseren Breiten nur dort, wo es gemeinhin üblich ist oder wo bestimmte Strandabschnitte dafür ausgewiesen wurden.

Berührungsängste

Die zufällige Berührung eines fremden Menschen wird – wenn man nicht gerade in einem überfüllten Bus steht und für die Annäherung nichts kann – fast immer als unangenehm empfunden, und es wird eine Entschuldigung erwartet.

★ An einer engen Stelle sollten Sie sich nicht am Entgegenkommenden vorbeidrücken, sondern zuerst den anderen ungehindert passieren lassen.

★ Sind Sie als Erster in der Engstelle und jemand lässt Sie passieren, dann sagen Sie – am besten in der Landessprache – freundlich »danke«.

★ Das entsprechende Wort für »Entschuldigung« im Sinne von »Darf ich bitte vorbei?« hören Sie in den meisten anderen Ländern wesentlich häufiger als bei uns. Drängen Sie sich an niemandem vorbei, sondern sagen Sie freundlich »Entschuldigung«.

★ Wenn Sie sich in eine Schlange einreihen, sollten Sie Ihrem Vordermann nicht zu nahe treten und von hinten schieben – schneller kommt man durch hastiges Vorwärtsdrängen auch nicht an die Reihe.

Auf das Eigentum aufpassen

Jede touristische Attraktivität zieht Kriminelle an, ob bei uns oder im Ausland. Die Kriminalität ist an diesen Orten relativ hoch gegenüber den anderen Landesteilen, ob das nun in Bayern auf dem Oktoberfest ist oder am Strand von Rio de Janeiro. Überwiegend handelt es sich dabei um Eigentumsdelikte, die weniger oft mit Raub verbunden sind.
Je härter die soziale Situation im Lande ist, umso härter schlagen auch Kriminelle zu – im wahrsten Sinn des Wortes. Dass die Touristenzentren Sammelbecken für Kriminelle sind, hat damit zu tun, dass Menschen, die viel zu schauen haben, einfach leichter zu bestehlen sind als Einheimische. Außerdem neigen Touristen dazu, ihr ganzes Urlaubsvermögen und teuere Foto- und Videoausrüstungen mit sich herumzutragen.

So schützen Sie sich vor Diebstahl

★ Haben Sie immer ein Auge auf Ihr Eigentum, das Sie bei sich tragen.

★ Tragen Sie Foto- oder Videoausrüstung so, dass man Sie Ihnen nicht im Vorbeigehen oder -fahren mit einem Griff entreißen kann. Es hat sich bewährt, den Kopf und einen Arm durch den Haltegurt zu stecken.

★ Frauen sollten keine Handtasche tragen, sondern Wertgegenstände und Geld direkt am Körper führen.

★ Geld ist am sichersten in einem Gürtel aufgehoben, der speziell zu diesem Zweck gefertigt wurde.

➤ Lassen Sie das, was Sie nicht unbedingt brauchen, in den Hotelsafe sperren.

✭ Lassen Sie sich nicht ablenken, wenn Sie mit Geld hantieren – beispielsweise auf Bahnhöfen und Flughäfen. Konzentrieren Sie sich darauf, das Geld wieder unter Verschluss zu bringen.

✭ Gehen Sie, wenn Sie Ihr Portemonnaie öffnen, nicht in schlecht einsehbare Ecken. Bleiben Sie auch nicht mitten im Strom der Menschen stehen – denn dort sind Sie schutzlos gezielten Rempeleien und Taschendieben ausgeliefert.

✭ Stellen Sie Ihr Gepäck nur unmittelbar vor Ihre Füße. Es braucht nur einen Schritt neben oder hinter Ihnen stehen, um Opfer eines Raubes zu werden.

Schutzmaßnahmen im Auto

Falls Sie mit dem Auto unterwegs sind, sollten Sie beim Parken immer ein sichtbar leeres Fahrzeug abstellen: Handschuhfach aufmachen, Gepäckverdeck (bei Kombis) aufziehen, nichts im Fahrzeugraum liegen lassen. Und wenn Sie schon unbedingt in Städten unterwegs sein müssen, in denen das reine Durchfahren ein Sicherheitsrisiko darstellt, dann verriegeln Sie alle Türen von innen, und vergessen Sie nicht, vorher den Kofferraum abzuschließen.

Korrektes Verhalten im Hotel

Wenn Ihnen vor Reiseantritt etwas dazwischenkommt, müssen Sie wohl oder übel das Hotelzimmer stornieren, auch wenn dies teuer werden kann. Zeichnet es sich ab, dass Sie später als 18 Uhr ankommen, dann geben Sie am Ankunftstag spätestens im Laufe des Nachmittags telefonisch im Hotel Bescheid, um zu verhindern, dass man nicht mehr mit Ihnen rechnet und das Zimmer mit anderen Gästen belegt.

Wer auf Nummer sicher gehen will, sollte schon vor Antritt der Reise ein Hotelzimmer buchen.

Die Ankunft

Ein gutes Hotel lässt am Tag der Abreise die Gäste ausschlafen, gemütlich frühstücken und ohne Hast abreisen – und zwar bis zwölf Uhr mittags. Dementsprechend kann ein vorher belegtes Zimmer nicht vor 14 Uhr bezogen werden, denn es muss noch für den neuen Gast hergerichtet werden. Halten Sie sich an diese allgemein üblichen Zeiten. Nur so kann der – meist samstags stattfindende – Gästewechsel reibungslos vonstatten gehen.

Kommen Sie mit dem Auto an, dann fahren Sie bei einem Hotel der gehobenen Klasse einfach direkt vor den Eingang, übergeben dem herbeieilenden Pagen die Schlüssel und begeben sich ohne das Gepäck zur Rezeption. Das Gepäck wird ausgeladen, nach Ihrem »Check-in« direkt auf das Zimmer gebracht, sodass Sie etwa zur gleichen Zeit mit Ihrem Gepäck dort ankommen. Das Auto wurde inzwischen in die hoteleigene Garage gebracht. Der Autoschlüssel wird Ihnen nach wenigen Minuten im Zimmer übergeben. Hat man Ihrem Hotel allerdings weniger als vier Sterne zugeteilt, dann sind Sie für all dies selbst verantwortlich, und Sie tragen persönlich Ihre Koffer aufs Zimmer.

➤ Dem Gepäckträger und demjenigen, der das Auto abgestellt hat, geben Sie ein angemessenes Trinkgeld.

Der Gast ist König, aber kein Despot

Verhalten Sie sich gegenüber dem Personal höflich und rücksichtsvoll – Sie haben die Menschen mit dem Zimmer nicht mitgemietet, was vor allem für den Zimmerservice gilt. Das heißt aber nicht, dass Sie sich nicht in einem höflichen Ton beschweren dürfen, wenn etwas nicht so ist, wie es sein sollte. Dagegen ist das Schikanieren der Bediensteten als grobe Missachtung der einfachsten Regeln des Anstandes zu betrachten.

➢ Auch wenn Sie sich ärgern, sollten Beschwerden so vorgebracht werden, dass sie anderen Hotelgästen nicht zu Ohren kommen.

Vielleicht ist es nicht unbedingt eine Sache des Anstands, wenn man die am Vorabend abgelegte Wäsche vom Zimmerservice in den Schrank räumen lässt – aber fassen Sie gern die gebrauchte Wäsche fremder Menschen an? Gehen Sie mit der Bettwäsche so um, dass Sie nach der Wäsche wieder verwendet werden kann – so lassen sich beispielsweise Rotweinflecken vom Vorabend nicht mehr entfernen.

Die Toilette sollten Sie in einem Zustand zurücklassen, der Ihnen auch zu Hause zusagen würde. Alles andere wäre eine nicht akzeptable Zumutung für das Personal.

Die Rücksichtnahme auf andere Gäste sollte selbstverständlich sein. Dazu gehört vor allem, sich am späten Abend auf dem Flur und in den Zimmern leise zu verhalten.

Gerne wird man Ihre Wünsche erfüllen, wenn sie höflich vorgetragen werden.

Und last but not least: Werden Sie im Hotel nicht zum Souvenirjäger. Auch die beweglichen Teile der Einrichtung, wie Aschenbecher, Trinkgläser, Handtücher, Zahnputzgläser usw., sind Eigentum des Hotels.

An wen können Sie sich wenden?

In großen Hotels herrscht eine klare Hierarchie, die Sie als Gast kennen sollten, wenn Sie einen Wunsch oder eine Beschwerde vorbringen möchten. Nachfolgend erfahren Sie, wer für welche Tätigkeiten in einem Hotel zuständig ist. Wenn die einzelnen Verantwortlichen hier vorwiegend in der männlichen Form genannt werden, heißt das nicht, dass es keine weiblichen Vertreter ihres Fachs gibt.

★ *Hotelmanager* Er trägt die Gesamtverantwortung für den Hotelbetrieb und ist nur bei wirklich gravierenden Beschwerden zuständig.

★ *Küchenchef (Chef de cuisine)* Er ist der Leiter der Küchenmannschaft und trägt damit die Verantwortung für das gesamte Essen. Er stellt das Menü zusammen und überwacht die Zubereitung der Gerichte.

➤ In größeren Hotels hat der Küchenchef einen Stellvertreter (Sous chef de cuisine).

★ *F & B (Food and Beverage) Manager* Er ist der Einkaufschef und für den gesamten Lebensmittelbereich, oft auch für die Beschaffung aller Verbrauchsgüter zuständig.

★ *Hausdame* Sie ist die Leiterin der Hauswirtschaft. Als Chefin der Zimmermädchen kontrolliert sie die Zimmer. Sie ist also für die Sauberkeit des Zimmers und des Bads hauptverantwortlich.

★ *Chef der Haustechnik* Alle technischen Probleme fallen in seine Zuständigkeit. Beschwerden werden über die Rezeption an ihn weitergeleitet.

★ *Sportchef* Ihm untersteht der gesamte Fitnessbereich einschließlich evtl. vorhandener Schwimmbäder, Pools, Saunen etc. Im Ferienhotel untersteht ihm auch das sportliche Angebot.

★ *Empfangschef (Chef de réception)* Ihm untersteht alles, was mit dem Gästeempfang, den Reservierungen und der korrekten internen Abwicklung von Ankunft und Abreise der Gäste zu tun hat.

★ *Oberkellner (Chef de service)* Sein Zuständigkeitsbereich umfasst den gesamten Servicebereich im Restaurant, also in erster Linie die Leitung und Überwachung der Bedienung der Gäste am Tisch.

★ *Portier/Concierge* Der Herr Portier oder die Frau Concierge besetzt die zentrale Anlaufstelle im Eingangsbereich des Hotels. An diese wichtige Person wenden sich die Gäste, wenn es etwas zu erledigen gibt (beispielsweise die Besorgung von Theaterkarten), wenn man für jemanden eine Nachricht hinterlassen will, wenn man Auskünfte über die Stadt und ihre Institutionen braucht, wenn ein Blumenstrauß gebraucht wird und, und, und. Die Hotelboys und Hausdiener sind ihm bzw. ihr direkt unterstellt.

Die Leistungen der Hausdiener sollten Sie mit einem angemessenen Trinkgeld würdigen.

Die Trinkgeldfrage: Wie viel darf es sein?

Trinkgelder sind keine Almosen, sondern eine Anerkennung für gute Leistungen des Personals. Doch über deren Höhe herrscht im Allgemeinen ziemlich große Unsicherheit vonseiten der Gebenden – vor allem, wenn man die diesbezüglichen Gepflogenheiten in einem fremden Land nicht kennt.

Trinkgelder in Restaurants

★ *Ägypten* Obwohl meistens im Preis enthalten, sollte man fünf bis zehn Prozent geben.

★ *Bulgarien* Fünf bis zehn Prozent

★ *China* Da Trinkgelder in China eigentlich nicht erlaubt sind, werden sie in Restaurants meist nicht angenommen bzw. sind sie im Rechnungsbetrag enthalten.

★ *Dominikanische Republik* Zehn Prozent sind üblich. Angesichts der niedrigen Arbeitslöhne sollte man noch fünf bis zehn Prozent drauflegen.

★ *Dänemark* Der Service ist meistens inbegriffen. Man kann trotzdem ein extra Trinkgeld geben.

★ *Deutschland* 10 bis 15 Prozent

★ *Frankreich* Der Service ist meistens inbegriffen. Man kann trotzdem ein extra Trinkgeld geben.

★ *Griechenland* 10 bis 15 Prozent

★ *Großbritannien* 10 bis 15 Prozent. Wenn man im Pub an der Theke zahlt, wird kein Trinkgeld erwartet.

★ *Irland* Entweder im Service inbegriffen oder 10 bis 15 Prozent. Zum Pub ➻ Großbritannien.

★ *Israel* Entweder im Service inbegriffen oder 10 bis 15 Prozent.

★ *Italien* 10 bis 15 Prozent

☆ *Jamaika* Entweder im Service inbegriffen oder 10 bis 15 Prozent
☆ *Kanada* 15 Prozent
☆ *Malediven* Aufgrund der schlechten Bezahlung ist das Personal auf Trinkgelder angewiesen. Dieses richtet sich nach der Restaurantkategorie.
☆ *Marokko* Die Bedienung rechnet fest (Bestandteil des Einkommens!) mit einem Trinkgeld von zehn Prozent.
☆ *Mexiko* 10 bis 15 Prozent
☆ *Niederlande* Obwohl der Service im Preis inbegriffen ist, sollte man zehn Prozent geben.
☆ *Norwegen* Der Rechnungsbetrag wird üblicherweise aufgerundet.
☆ *Österreich* 10 bis 15 Prozent
☆ *Portugal* 10 bis 15 Prozent
☆ *Schweden* Obwohl der Service im Preis inbegriffen ist, sollte man ein Trinkgeld geben.
☆ *Schweiz* Man rundet auf einen angemessenen Betrag auf.
☆ *Spanien* Obwohl der Service im Preis inbegriffen ist, sollte man den Rechnungsbetrag aufrunden.
☆ *Südafrika* Obwohl der Service im Preis inbegriffen ist, sollte man zehn Prozent geben.
☆ *Thailand* Eigentlich sind Trinkgelder hier nicht üblich. In besseren Lokalen sollte man trotzdem zehn Prozent geben.
☆ *Tschechien* Zehn Prozent
☆ *Tunesien* 10 bis 15 Prozent
☆ *Türkei* Zehn Prozent
☆ *USA* Mindestens 15 Prozent. Das Personal ist aufgrund der niedrigen Löhne auf Trinkgeld angewiesen.
☆ *Ungarn* Zehn Prozent
☆ *Zypern* Zehn Prozent

Besondere Regeln am Tisch

Grundsätzlich gilt, dass die klassischen Tischmanieren, wie sie im ersten und zweiten Kapitel vorgestellt wurden, in der ganzen Welt als gute Umgangsformen akzeptiert werden. Innerhalb Europas sind es nur Nuancen, in denen sich die Tischregeln von Land zu Land unterscheiden.
Sie sind nie schlecht beraten, wenn Sie darauf achten, wie sich die Einheimischen im Restaurant verhalten. Etwa die Handhabung des Bestecks in England: Der Gabelrücken zeigt immer nach oben – egal, was damit zum Mund geführt wird (z. B. drückt man Erbsen so zwischen die Zinken, dass sie dort eingeklemmt werden). Sie brauchen nicht alles mitzumachen, denn niemand erwartet, dass Sie das Essen neu erlernen.

Gehen Sie nicht davon aus, dass in einem anderen Land die gleichen Tischregeln gelten wie bei uns. Allerdings erwartet man von Ihnen als Gast nicht, dass Sie alle Regeln beherrschen.

Das persönliche Auftreten

Nicht nur gute Manieren und eine dem Anlass entsprechende Kleidung prägen das äußere Erscheinungsbild eines Menschen, sondern auch ein sicheres persönliches Auftreten. Dazu gehören unter anderem eine selbstbewusste Körperhaltung sowie ein gepflegtes Äußeres – kurz gesagt: Die Ausstrahlung muss positiv sein. Der erste Eindruck, den man von einem Menschen gewinnt, ist meistens der entscheidende. Es ist ganz natürlich, dass man sich zuerst am Äußeren orientiert, denn das eigentliche Kennenlernen braucht Zeit. Und so zieht man aus wenigen Momentaufnahmen seine Schlüsse. Ob diese eher positiv oder negativ sind, haben Sie selbst in der Hand.

Die Körperhaltung

Da wir selbst nicht beobachten können, wie wir uns nach außen geben und bewegen, sind uns Defizite in der Haltung meist nicht bewusst. Da hilft nur ein kontrollierender Blick in den Spiegel und ein bewusstes Korrigieren der Haltung, was man in bestimmten Zeitabständen wiederholen sollte, da man nur allzu schnell in alte Gewohnheiten zurückfällt.
Die Körperhaltung ist immer auch ein Spiegel unserer selbst. Wenn wir optimistisch und energiegeladen sind, werden wir automatisch eine aufrechtere Haltung einnehmen, als wenn uns etwas auf der Seele lastet. Sicherlich, es ist einfacher gesagt als getan – aber der Versuch, eine positive Einstellung zum Leben zu gewinnen, lohnt. Er wird sich vorteilhaft auf die persönliche Ausstrahlung auswirken.

Unnatürliche Körperhaltungen vermeiden

Bis Mitte des 20. Jahrhunderts wurde eine lässige Körperhaltung als Respektlosigkeit angesehen. Das liegt sicher auch daran, dass früher militärische Disziplin und soldatisches Auftreten als Tugenden betrachtet wurden.
Man favorisierte eine stramme Körperhaltung, die auch im sportlichen Bereich anerzogen wurde, wenn man beispielsweise an die »Turnvater-Jahn-Bewegung« im 19. Jahrhundert denkt, mit der die innere Erneuerung des Staates eingeleitet werden sollte, was damals durchaus militärischem Drill nahe kam.
Dass die Mehrzahl der Menschen nach dem Zweiten Weltkrieg eine lässigere Haltung annahm, war die

Folge einer Entmilitarisierung der Bevölkerung. In Behörden konnte niemand mehr verlangen, in besonders aufrechter Haltung ein Anliegen vorgetragen zu bekommen, und auch im Alltag war dies nicht mehr gefragt.

➤ *Eine aufrechte Haltung setzt eine starke Rückenmuskulatur voraus, die man trainieren kann.*

Dass diese Entwicklung nicht nur positiv zu bewerten ist, beweisen uns die massiven Haltungsschäden, die Orthopäden heute immer öfter diagnostizieren. Ohne unnatürlich oder gar militärisch zu wirken, sollten Sie verstärkt auf Ihre Haltung achten: Denn nicht nur der medizinische Aspekt ist dabei von Bedeutung, sondern die gesamte persönliche Ausstrahlung wird von der Körperhaltung beeinflusst. Halten Sie sich aufrecht, aber erwecken Sie nicht den Eindruck, einen Stock in der Wirbelsäule stecken zu haben.

Die korrekte Körperhaltung

Die Definition, was eine gute Körperhaltung ist, unterscheidet deutlich zwischen Frauen und Männern. Für beide Geschlechter gilt: Im Stehen sollte der Oberkörper leicht gestreckt und die Schultern etwas nach hinten gedrückt werden, sodass die Schulterblätter etwas zusammengezogen werden. Dabei wird der Körper vorne sichtbar gestrafft, was sich vorteilhaft auf die Figur auswirkt.

Arme und Hände

Die Arme hängen herab oder werden vor dem Körper mit sichtbaren Händen verschränkt. Das Verschränken der Arme, ohne dass die Hände sichtbar sind, wird in der Körpersprache als ablehnende Haltung oder Schutzhaltung interpretiert.

➤ Ringen Sie beim Sprechen nicht mit den Händen, denn das erzeugt einen hilflosen Eindruck.

Verschränken Sie die Hände nicht hinter dem Rücken, denn es entsteht dadurch ein leichtes Hohlkreuz, was Ihrer Figur nicht zugute kommt.
Legen Sie die Hände nicht vor dem Körper zusammen, denn dies erinnert an das Beten in der Kirche. Es ist durchaus üblich, eine Hand, aber niemals zwei Hände, in die Hosentasche bzw. Rocktasche zu stecken. Sie muss aber herausgenommen werden (auch wenn es die linke ist), wenn Sie mit oder ohne Handschlag jemanden begrüßen. Wenn Sie eine Hand in die Hosen- bzw. Rocktasche stecken, dann spielen Sie darin nicht mit irgendwelchen Gegenständen.

Die Haltung von Armen und Händen verrät viel über die Persönlichkeit des betreffenden Menschen und sein Selbstbewusstsein.

Sonderregeln für Männer

Die Beine stehen nicht eng beisammen, sondern werden etwas auseinander gestellt, ohne breitbeinig zu wirken. Im Sitzen sollte sich ein Mann aufrecht halten und die Brust leicht nach vorne drücken. Die Beine können eine Idee auseinander stehen oder übereinander geschlagen werden. Dabei darf die nackte Haut der Beine über den Strümpfen nicht sichtbar werden.

Als Mann sollte man nicht zu kurze Socken tragen, da es als unfein gilt, seine nackten Beine zu zeigen. Die Farbe der Socken sollte auf die Kleidung abgestimmt sein.

Sonderregeln für Frauen

Stellen Sie als Frau beim Stehen einen Fuß leicht nach vorne; dadurch kommen Ihre Beine besser zur Geltung. Lassen Sie keinesfalls die Schultern hängen, denn das ist der Figur sehr abträglich.

Auch im Sitzen sollten Sie auf einen geraden Rücken und gerade Schultern achten, weil damit der vordere Bereich des Körpers etwas gestrafft wird.

Die Haltung der Beine beim Sitzen muss – vor allem dann, wenn Sie Rock oder Kleid anhaben – ständig kontrolliert werden, weil Sie sonst Blicke auf sich ziehen, die Sie so sicher nicht wünschen. Halten Sie die Knie deshalb immer geschlossen! Die Beine dürfen Sie übereinander schlagen. Eine Unsitte ist es, sich beim Sitzen nach vorne zu beugen und die Ellbogen auf den Knien aufzustützen, um den Kopf auf die Fäuste oder in die Hände zu legen.

Körperhygiene und -pflege

Eigentlich sollte es selbstverständlich sein, dass auf Körperhygiene größter Wert gelegt wird, denn ein ungepflegter Körper wirkt so abstoßend, dass alles andere Positive, das ein Mensch zu bieten hat, untergeht. Ein gepflegter Körper ist heute ein absolutes Muss, wenn man Erfolg haben möchte.

Die tägliche Reinigung des Körpers

Da zwischen Mann und Frau große Unterschiede hinsichtlich Hygiene und Schönheitspflege bestehen, wollen wir beide gesondert behandeln. Keine Unterschiede bestehen hinsichtlich der Zahnpflege: Sie sollten mindestens am Morgen und am Abend vor dem Zubettgehen die Zähne putzen. Um den Atem auch während des Tages frisch zu halten, können Sie Mundwasser, Spray oder Kaugummi verwenden.

➤ Zu viel Seife greift den Schutzmantel der Haut an.

Die Zeiten, in denen nur samstags eine Ganzkörperwaschung auf dem Programm stand, sind endgültig vorbei. Unangenehme Körpergerüche sind tabu, und das erreicht man nur mit einer täglichen Reinigung des ganzen Körpers. Seife muss nicht jeden Tag verwendet werden, da der meiste Schmutz wasserlöslich ist und zu viel Seife die Haut angreift.

Der gepflegte Mann

Bekanntermaßen duschen Männer seltener als Frauen und haben einen wesentlich geringeren Verbrauch an Körperpflegemitteln. Doch die Tendenz ist steigend:

Die männliche Körperpflege hat sich in den letzten Jahrzehnten eminent verfeinert und verteuert. Wobei ein gepflegtes Äußeres keine tiefen Löcher in die Haushaltskasse reißen muss. Teuer bedeutet auf dem Kosmetikmarkt oft nicht eine bessere Qualität, sondern nur eine exklusivere Marke. Verwenden Sie nach der Ganzkörperreinigung ein Eau de Toilette, Eau de Cologne oder Ähnliches.

Die Hände insgesamt, insbesondere aber die Fingernägel, müssen gepflegt wirken: Die Fingernägel dürfen nicht zu lang sein und selbstverständlich keinen abgekauten Eindruck machen. Die Hände werden öfters eingecremt.

➤ Körperlotionen (zum Eincremen des ganzen Körpers) helfen gegen trockene Haut.

Die Haare sollten nicht ungewaschen aussehen und der Schnitt eine gewisse Ordnung aufweisen. Alles andere ist entweder von Natur aus vorgegeben oder Geschmackssache – wie der Pferdeschwanz, der sich überraschend hartnäckig hält.

Bart ist nicht gleich Bart. Die Mode diktiert, welche Form von Bartwuchs gerade gesellschaftsfähig ist. »Mega-out« ist derzeit der Schnauzbart. Wer auf den Bart nicht verzichten will, muss ihn regelmäßig pflegen. Die Barthaare werden alle paar Tage nachgeschnitten und die freien Stellen ausrasiert. Der »Drei-Tage-Bart« ist eher ein Zeichen von Bequemlichkeit als von besonderem Schick, was nichts anderes heißt, als dass Männer immer gut rasiert aufzutreten haben.

Die gepflegte Frau

Verwenden Sie nie zu viel Parfüm. Lassen Sie die Intensität der Duftstoffe ab und zu von jemand anderem beurteilen, denn Ihr Geruchsorgan ist gegenüber dem

Duftstoff, den Sie oft verwenden, weitgehend abgestumpft. Tagsüber sollte man ein leichtes Duftwasser bevorzugen. Wer beruflich mit Lebensmitteln zu tun hat (z. B. Verkauf oder Bedienung), verzichtet während der Arbeit besser ganz auf Parfüm.

➤ Schweres Parfüm wird nur am Abend aufgelegt.

Viele Frauen entfernen die Haare an den Beinen und unter den Achseln. Dies erfordert ein mehr oder weniger häufiges Nachrasieren. Auch Haare, die am Beinausschnitt von Badeanzug oder Bikinihose sichtbar sind, sollten Sie entfernen.

Die Hände einer Frau werden in der Regel besonders kritisch beurteilt. Die Haut sollte oft eingecremt werden, sodass sie nicht rau und rissig erscheint. Die Fingernägel dürfen länger als die der Männer sein. Überlängen können jedoch vulgär wirken, ganz abgesehen von praktischen Erwägungen. Die Farbe des Nagellacks sollten Sie auf die Kleidung abstimmen – ansonsten ist erlaubt, was gefällt. Der Nagellack darf an keinem Finger eine Beschädigung aufweisen – wenn doch, muss er komplett erneuert werden.

Die Haare sollten immer frisch gewaschen und sorgfältig frisiert sein. Lassen Sie sich nur dann einen aufwändigen Schnitt machen, wenn Sie im Alltag die Zeit finden, ihn in Form zu bringen. Es gibt heute viele attraktive Haarschnitte, die nicht verlangen, dass man morgens eine Stunde früher aufsteht.

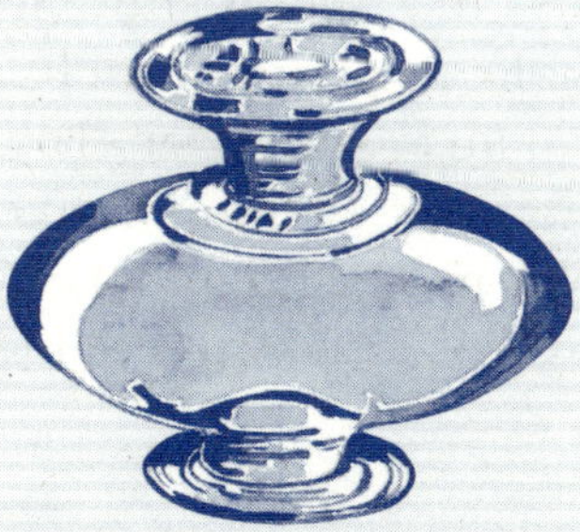

Die Duftnote des Parfüms sollte zum Typ der Trägerin, zum Anlass und zur Tageszeit passen.

Die Familie und ihre Feste

Ein korrektes Verhalten gegenüber Familienmitgliedern an den Tag legen – ist das nicht etwas Selbstverständliches? Leider nein – die zahlreichen Familienkonflikte und hohen Scheidungsraten belehren uns eines Besseren. Dabei sind es oft kleine Gesten, die häusliche Konflikte schnell entschärfen bzw. gar nicht erst entstehen lassen.

Zu den angenehmeren Seiten des familiären Lebens gehören die Familienfeste. Sie markieren bedeutende Tage im Leben der Angehörigen und fördern den Zusammenhalt. Auch wenn der Rahmen meist informeller ist als bei anderen gesellschaftlichen Ereignissen, sollten doch einige altbewährte Verhaltensregeln beachtet werden.

Der Umgang in der Kleinfamilie

Auch wenn viele Paare vor der Hochzeit schon eheähnlich zusammengelebt haben, nimmt der Bund fürs Leben in der Regel einen euphorischen Anfang: Die Hochzeit war ein rauschendes Fest, und auf der Hochzeitsreise war Romantik pur angesagt. Doch kaum ist man wieder zu Hause und geht seiner Arbeit nach, holt einen der Alltagstrott ein. Hektik, chronischer Zeitmangel und lästige Hausarbeit setzen dem anfänglichen Enthusiasmus schnell einen Dämpfer auf.

Sich nicht vom Alltag unterkriegen lassen

Vielleicht kündigt sich auch bald Nachwuchs an. Wenn das erste Kind das Licht der Welt erblickt, sind die Freude und der Stolz der Eltern riesengroß. Doch mitten in der Freude beginnt zugleich der Stress, den ein Neugeborenes mit sich bringt.
Spätestens jetzt wird sich zeigen, ob die Bande, die geknüpft wurden, alltagstauglich sind und größere Zerreißproben überstehen. Doch die Paare haben es selbst in der Hand, ihre Zweisamkeit harmonisch und krisenfest zu gestalten: Wenn bereits in Zeiten, in denen es nicht »kriselt«, ein liebevoller und fairer Umgang gepflegt wird, können Auseinandersetzungen die Gemeinschaft nicht ernsthaft gefährden.
Man sollte sich immer bewusst sein, dass die Zuneigung zwischen zwei Menschen nichts Selbstverständliches ist – also nichts, was einmal bewiesen wurde und dann nicht mehr der Erneuerung bedarf. Viele

Paare machen den Fehler, sich nach der Eheschließung nicht mehr in dem Maße wie früher um die Gunst des anderen zu bemühen. Dieser Bequemlichkeit sollte man entschieden entgegentreten: Setzen Sie immer wieder Zeichen der Liebe, auch wenn es sich »nur« um Kleinigkeiten, nette Gesten oder einen höflichen Umgangston handelt.

➤ *Kleine Aufmerksamkeiten erhalten nicht nur die Freundschaft, sondern auch die Liebe.*

Irgendwann wird es die erste ernste Auseinandersetzung geben. Wenn die Beziehung stabil ist, kann man dies als ein temporäres Ereignis abtun, das die Gefühle füreinander nicht ernsthaft gefährdet. Dazu gehört, dass einer von beiden möglichst schnell den ersten Schritt wagt und die Partner wieder aufeinander zugehen. Und weil der erste nicht der letzte Streit gewesen sein dürfte, muss in der Zwischenzeit die Beziehung gestärkt werden.

Regeln für ein liebe- und respektvolles Miteinander

Wie sollte man also in der Ehe miteinander umgehen, um die Beziehung liebevoll und stabil zu erhalten? Zuerst die kurze Antwort: Die Partner müssen gegenseitig Toleranz üben und die Eigenarten des anderen akzeptieren; ganz wichtig ist zudem, die Ehe nicht als »benimmfreien« Raum zu betrachten, in dem man sich in jeder Hinsicht gehen lassen kann, auch was das Äußere betrifft.

Zeichen der Liebe

Zeigen Sie Ihrem Partner jeden Tag, dass die Liebe noch ungebrochen ist. Das kann beispielsweise mit

ein paar netten Worten geschehen, durch einen liebevollen Satz auf einem Zettel, auf der Einkaufstafel oder mit dem Lippenstift auf dem Spiegel oder durch ein paar Blumen.
Selbstverständlich kann man seine Zuneigung auch durch ein Geschenk zum Ausdruck bringen, wobei dessen materieller Wert nicht zu hoch sein sollte. Es darf nicht der Eindruck entstehen, dass die Liebe nur erkauft ist.
Und: Lassen Sie den Gute-Nacht-Kuss nicht im Sande verlaufen – er kann für ein Lächeln beim Einschlafen sorgen.

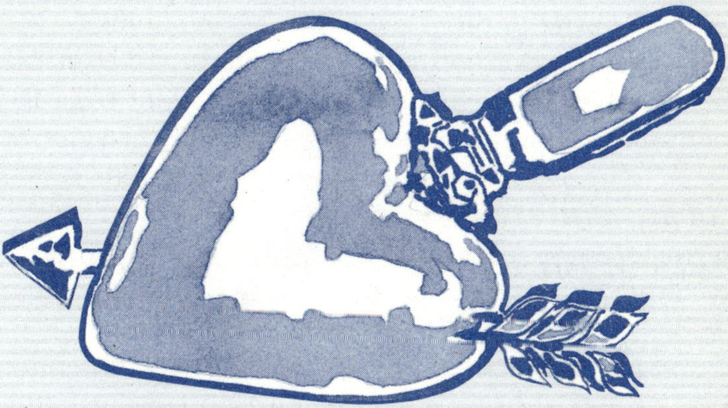

Eine Liebe will ständig neu bewiesen werden – auch nach langen Ehejahren.

Kleine Taten mit großer Wirkung

Gehen Sie höflich und zuvorkommend miteinander um. Auch nach vielen Jahren sollten »bitte« und »danke« zum täglichen Wortschatz gehören.
Wenn Sie unvorhergesehen aus dem Haus müssen, können Sie eine kleine Nachricht hinterlassen, wo Sie sind und wann Sie wiederkommen. So muss sich der Partner keine Sorgen um Sie machen.

Erkennen Sie die Leistungen des anderen an – vor allem dann, wenn er es auch für Sie getan hat. Das können z. B. Arbeiten im Haushalt sein wie Bügeln, Kochen oder die Reparatur des tropfenden Wasserhahns. Freuen Sie sich mit Ihrem Partner, wenn er berufliche Erfolge aufweisen kann oder anderweitig Beachtliches geleistet hat (Sport, Diät, Künstlerisches etc.). Unterstützen Sie ihn, wenn er im Verein oder in der Gemeinde wertvolle Hilfe leistet.

Wenn Sie merken, dass dem anderen gerade alles über den Kopf wächst, sollten Sie ihn etwas entlasten, z. B., indem Sie sich mehr als sonst um die Kinder kümmern oder stückweise seinen Anteil an der Hausarbeit übernehmen. Das sollte so unauffällig und selbstverständlich geschehen, dass den anderen keine Gewissensbisse plagen, weil er seinen Aufgaben nicht nachkommt.

Ein attraktives Äußeres

Vernachlässigen Sie auch zu Hause nicht Ihr Äußeres (➼ Seite 229–231), denn der Partner könnte auf den Gedanken kommen, dass er Ihnen nichts mehr wert ist. Sprechen Sie Ihren Partner darauf an, wenn er sich zu Hause zu sehr gehen lässt.

Das betrifft zum einen die Kleidung. In der Regel bevorzugt man zu Hause ein bequemeres Outfit, was aber nicht gleichbedeutend mit unattraktiv, zerschlissen oder fleckig

Bequemlichkeit und eine gepflegte Erscheinung müssen sich nicht ausschließen.

ist. Beim Ölwechsel oder Frühjahrsputz mag so manches ausgediente Stück aus der Klamottenkiste noch seine Dienste tun, auf dem heimatlichen Sofa oder am Esstisch bietet es sicherlich nicht den schönsten Anblick.

Des Weiteren sollte man auch zu Hause Wert auf eine gepflegte Erscheinung legen. Achten Sie auf Sauberkeit, eine ordentliche Frisur und eine typgerechte Figur. Auch die Haltung spielt eine wichtige Rolle. Wer mit hängenden Schultern durch die Flure schlurft oder sich stundenlang an der Fernbedienung festklammert, darf nicht erwarten, dass seine Anziehungskraft auf den Partner noch ungebrochen ist.

Konflikte meistern

Es gibt Menschen, die in den ersten Stunden des Tages am liebsten nichts reden, während andere richtig aufgedreht sind. Gegensätze ziehen sich in diesem Fall nicht an – was sich insbesondere beim Frühstück zeigt. Der eine möchte plaudern und der andere in Ruhe Zeitung lesen und nichts reden, was jeden Morgen zu Irritationen oder gar Streit führen kann.

➤ Wenn der Partner etwas »nur« Ihnen zuliebe tut, sollten Sie das zu schätzen wissen und Ihrerseits seine Interessen teilen.

Man könnte noch viele andere mögliche Reibungspunkte aufzählen: Der eine hört gern italienische Opern, dem anderen sind sie ein Gräuel. Für den einen gibt es nichts Schöneres als ausgedehnte Spaziergänge in der Natur, während der andere lieber Tennis spielen geht. Versuchen Sie im gemeinsamen Gespräch für Ihre unterschiedlichen Interessen eine Regelung zu finden, mit der beide leben können. Denken Sie daran, dass solche Unterschiede ganz natürlich sind und kein Indiz für eine falsche Partnerwahl. Bitten Sie Ihren Partner um Verständnis, wenn Sie gerade sehr unter Druck stehen und momentan nicht der freundlichste und ausgeglichenste Lebensgefährte sein können. Dies darf allerdings nicht zu einer bequemen Entschuldigung für unfreundliches Verhalten und auch nicht zu einer Dauereinrichtung werden.

Streiten will gelernt sein

Auch in den harmonischsten Ehen kommt es hin und wieder zu Streitigkeiten. Es ist nichts dagegen einzuwenden, seinem Unmut einmal Luft zu machen, statt immer allen Ärger stillschweigend zu schlucken. Doch auch beim Streiten sollte man einen gewissen Stil bewahren.

➤ Zum »kultivierten« Streiten gehört auch, dass man Unbeteiligte nicht zu unfreiwilligen Zeugen macht.

Dazu gehört beispielsweise, dass man sich möglichst nicht vor den Kindern streitet. Wenn es doch dazu kommt, sollte man die Auseinandersetzung in einem Ton führen, der dem Kind keine Angst macht – also sachlich und nicht allzu lautstark. Ebenso werden Differenzen nicht in der Öffentlichkeit ausgetragen. Weder der Nachbar noch die Tischnachbarn im Restaurant haben ein Interesse an Ihren Problemen und möchten durch Ihre Zwistigkeiten belästigt werden.

Beim Ehestreit sollten Sie immer fair argumentieren und beleidigende Worte vermeiden. Wenn Sie die Beherrschung verlieren, müssen Sie damit rechnen, dass Sie der andere nicht mehr ganz ernst nimmt und nicht bereit ist, Ihren Einwänden Gehör zu schenken. Körperliche Gewalt ist grundsätzlich tabu. Gehen Sie nie im Streit ins Bett oder aus dem Haus. Einer sollte versöhnungsbereit auf den anderen zugehen.

Freiräume schaffen
Sicherlich wird dies individuell sehr verschieden gehandhabt – aber prinzipiell sollten persönliche Freiräume gewährt werden. Erwarten Sie nicht von Ihrem Partner, dass er Ihnen immer alles erzählt und sein Seelenleben komplett vor Ihnen ausbreitet.
Akzeptieren Sie es, wenn er mal etwas Zeit für sich selbst braucht – sei es zum Nachdenken, für seine Hobbys oder für Menschen, die nicht zu Ihrem gemeinsamen Bekanntenkreis zählen.

Jeder braucht ab und an etwas Zeit für sich allein.

Umgekehrt ist es aber auch unhöflich, seine »bessere Hälfte« Abend für Abend allein zu lassen und nur seinen eigenen Interessen nachzugehen. Jedes Paar muss hier selbst einen akzeptablen Mittelweg finden, doch eine Regel gilt immer: Wenn ein Partner allein das Haus verlässt, sollte er Bescheid geben, wohin er geht und wann er etwa zurück sein wird.

Die Finanzen

Wichtig ist, dass jeder über einen gewissen Geldbetrag verfügen kann, ohne vorher Rücksprache mit dem anderen halten zu müssen – unabhängig davon, ob auch beide arbeiten. Das kann eine Art »Taschengeld« sein, das monatlich ausgezahlt wird, oder ein separates Konto.

Verdienen beide, ist zu empfehlen, ein gemeinsames Haushaltskonto einzurichten, auf das jeder einen dem jeweiligen Einkommen entsprechenden Betrag überweist und von dem alle Haushaltsausgaben bestritten werden. Apropos doppeltes Einkommen: Wenn beide arbeiten, ist es selbstverständlich, dass auch beide einen gleichwertigen Beitrag zur Hausarbeit und zur Kindererziehung leisten.

Die lieben Kleinen

Eltern sollten schon allein der Kinder wegen ein gutes Benehmen demonstrieren, weil diese vor allem durch Vorbilder und Beispiele lernen. Man kann nicht verlangen, dass der Nachwuchs etwas besser macht, als es die Erwachsenen vorleben. Kurz gesagt: Das positive Beispiel zeigt allemal mehr erzieherische Wirkung als das theoretische »Einbläuen« von Regeln.

Kinder haben einen ganz natürlichen Bewegungsdrang, den man durch unnötige Verbote nicht ständig unterdrücken sollte.

Heutzutage räumt man Kindern wesentlich mehr Spielraum in der Erziehung ein als früher. Das fördert die Kreativität und die Selbstständigkeit, weil sehr viel weniger Ängste beim Kind geschürt werden. Das heißt aber nicht, dass nicht auch Kinder sich an gewisse Spielregeln halten müssen.

Mit gutem Beispiel voran

Leben Sie Ihrem Kind vor, was Rücksichtnahme auf andere bedeutet. Das bedeutet zum einen, dass die Eltern in Gegenwart der Kinder respektvoll miteinander umgehen, zum anderen, dass der Wille der Kinder berücksichtigt wird. Sie müssen nicht jedem Wunsch Ihrer Kinder nachgeben, aber Sie sollten ihn zur Kenntnis nehmen und entsprechend kommentieren. Auch höfliches Verhalten lässt sich nicht verordnen. Sie können mit Ihren Kindern in aller Ruhe über bestimmte Umgangsformen reden – eventuell mit Hilfe eines entsprechenden Bilderbuchs. Aber tadeln Sie sie nicht vor anderen Menschen, wenn sie beispielsweise partout kein »danke«, »bitte« oder »auf Wiedersehen« über die Lippen bringen, auch wenn dies von ihnen erwartet wird. Damit rufen Sie nur Trotz und noch härteren Widerstand hervor.

➢ Gute Umgangsformen können auch spielerisch eingeübt werden, etwa in der Puppenstube oder mit Kasperlefiguren.

Schimpfwörter

»Das sagt man nicht«, lautete die Antworrt, wenn wir als Kinder alles »sch...« fanden oder andere mit »blöde Kuh« und ähnlich schmeichelhaften Titeln anredeten. Jede Generation von Kindern hat ihr eigenes Vokabular, mit dem sie die Eltern auf die Palme bringt – ohne

diesen Nebeneffekt würde es nur halb so viel Spaß machen. Wirklich böse Absichten verfolgen sie damit nicht. Lassen Sie sich also nicht provozieren, sondern nehmen Sie Schimpfwörter und unflätige Ausdrücke gelassen hin.
Wahrscheinlich wird Ihnen auch dann und wann ein Ausrutscher passieren und ein »unanständiges« Wort entschlüpfen. Das ist kein Drama, schließlich werden Ihre Kinder überall damit konfrontiert. Nur eines sollten Sie unbedingt beachten: Reden Sie Ihr Kind niemals mit einem Schimpfwort an; es könnte, da es von einer Autoritätsperson kam, ernsthaft gekränkt sein oder verunsichert werden.

Kritik äußern

Lassen Sie sich nicht dazu hinreißen, ein Kind anzuschreien. Äußern Sie Ihre Kritik in einem ruhigen, aber bestimmten Ton. Mit unkontrollierten Wutausbrüchen demonstriert man dem Kind nur seine eigene Unfähigkeit zu einer durchdachten Erziehung. Pädagogisch wenig sinnvoll ist es auch, wenn die Eltern Schimpfworte gebrauchen, sich beleidigt in den Schmollwinkel zurückziehen oder unbegründete Sanktionen erteilen.

➢ Körperliche Gewalt ist ein Zeichen von Hilflosigkeit und grundsätzlich abzulehnen.

Nehmen Sie Rücksicht auf die Psyche Ihres Kindes, und maßregeln Sie es nie in der Öffentlichkeit oder im Beisein von Bekannten. Nehmen Sie es stattdessen auf die Seite, und besprechen Sie das Verhalten in eindringlichem und bestimmtem Ton. So können Sie auch außerhalb der eigenen vier Wände ein Fehlverhalten oder einfach »nur« schlechtes Benehmen sofort zum Thema machen.

Verhalten bei Tisch

★ Kinder müssen heute nicht mehr alles essen, was auf den Tisch kommt. Zwingen Sie sie nicht zum Essen, und legen Sie immer nur wenig auf den Teller. Nachschub gibt es erst, wenn er leer ist. Die Teller der anderen sind tabu.

★ So bald wie möglich wird Besteck verwendet, auch wenn es anfangs nur der Löffel ist. Es ist für die Kinder eine große Hilfe, wenn Brot und andere Lebensmittel möglichst klein geschnitten serviert werden.

★ Gegen schlechte Tischmanieren wie schlürfen, mit den Fingern essen, mit vollem Mund reden etc. helfen keine Verbote, sondern nur ein vorbildliches Verhalten.

★ Erziehen Sie die Kinder zu einem achtsamen Umgang mit Lebensmitteln. Bedenken Sie dabei aber das Alter der Kinder, und fordern Sie nicht zu viel.

★ Es wird erst aufgestanden, wenn alle mit dem Essen fertig sind. Diese Regel gilt nicht bei ausgedehnten Essen, etwa wenn Gäste geladen sind. Man kann die Kinder nicht zwingen, stundenlang still zu sitzen.

Haben Sie Geduld: Auch der Gebrauch von Löffel, Tasse und Teller will gelernt sein.

Bestimmt und konsequent handeln

Auch wenn es nicht immer realisierbar ist und Nerven kostet: Grundsätzlich sollten die Eltern versuchen, konsequent zu sein. Was heute nicht erlaubt ist, ist auch morgen tabu. In diesem Zusammenhang muss noch erwähnt werden, dass ein Elternteil, wenn das Kind anwesend ist, dem anderen auf keinen Fall ins Wort fallen darf. Diskutieren Sie Meinungsverschiedenheiten über Methoden der Erziehung nur, wenn das Kind nicht zuhört.

➤ Geben Sie Kindern keine Befehle, sondern bitten Sie sie um etwas.

Bei jeder Anweisung und jeder Maßregelung sollte der Grund genannt werden. Nur so lernt das Kind, die Grundzüge der Erziehung nachzuvollziehen. Dinge, die Ihnen wichtig sind, sollten auch bestimmt und mit Nachdruck vorgetragen werden, sodass das Kind merkt, wie ernst es Ihnen ist.

Privatsphäre achten

So wie es zwischen den Ehepartnern Freiräume gibt, sollten Sie auch den Kindern eine Privatsphäre einräumen. Das beginnt damit, dass Tagebücher nicht gelesen werden, und endet mit der strikten Regel, dass der Inhalt von Schubladen und Kästchen im Kinderzimmer allein Sache des Kindes ist. Das gilt jedoch nicht für die Schulhefte – die sollten Sie regelmäßig durchschauen.

Die Privatsphäre aller Familienmitglieder betrifft auch die Verrichtungen in Toilette und Bad. Nacktheit ist im Allgemeinen heutzutage kein Problem zwischen Erwachsenen und Kindern, dagegen sollten bestimmte Verrichtungen auf Wunsch des Einzelnen zum Tabu erklärt werden.

Miteinander reden

Eine sehr demokratische Einrichtung ist der »runde Familientisch«, der aber ein hohes Maß an gegenseitiger Toleranz erfordert. Der »runde« Tisch kann selbstredend auch ein eckiger Tisch in der Wohnküche sein: An ihm werden wöchentlich alle Probleme besprochen, die innerhalb der letzten Woche in der Familie aufgetaucht sind. Dabei haben die Kinder genau das gleiche Rederecht wie die Erwachsenen. Abgestimmt wird am Familientisch in der Regel nicht (dadurch könnten die Eltern schnell in eine Zwickmühle geraten, wenn die Kinder in der Überzahl sind). Besser ist es, so lange zu diskutieren, bis Einigkeit besteht oder zumindest ein Kompromiss gefunden wurde.

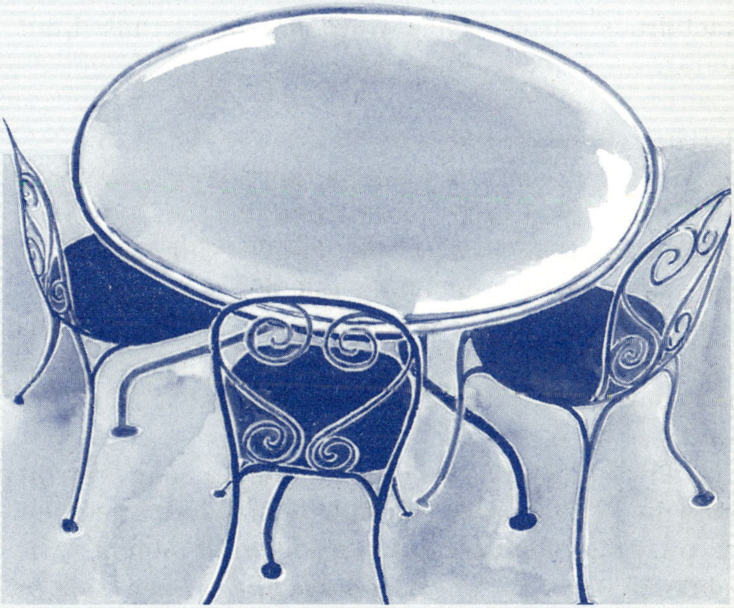

In regelmäßigen Abständen setzen sich alle Familienmitglieder in Ruhe zusammen, um wichtige Angelegenheiten zu besprechen

Familienfeste

Man soll die Feste feiern, wie sie fallen – gerade in der Familie.

Auch wenn es einige Menschen gibt, bei denen sie eher unangenehme Assoziationen hervorrufen: Familienfeste stellen Höhepunkte in der Familiengeschichte dar, an die man sich noch lange Zeit gern zurückerinnert. Zum einen gehören dazu die jährlich wiederkehrenden Feste wie z. B. Geburtstage und Weihnachten. Zum anderen werden große Ereignisse im Leben der Familienangehörigen gefeiert – beispielsweise Hochzeiten und Taufen. Abhängig von der Wichtigkeit des Ereignisses und der Zahl der geladenen Gäste ist eine Familienfeier mit entsprechend viel Organisationsaufwand verbunden. Entsprechend sind auch gewisse Etikette zu beachten. Vor allem bei einer traditionellen Hochzeit ist die Einhaltung bestimmter Konventionen unabdingbar.

Wer wird eingeladen?

Ein »Familienfest« sollte seinen Namen zu Recht tragen – laden Sie also alle Verwandten ein, auch wenn es darunter welche gibt, zu denen Sie kaum Kontakt haben oder die erfahrungsgemäß immer irgendwelche Schwierigkeiten machen. Nehmen Sie ein Familienfest zum Anlass, ihnen versöhnlich die Hand zu reichen. Ebenso sind die engsten Freunde der Veranstalter häufig mit von der Partie.

Einladungen verschicken

Der Zeitpunkt der Bekanntmachung des Festes sollte so gewählt werden, dass sich noch alle terminlich darauf einrichten können – wenn Sie sechs bis acht Wochen vorher einen Rundruf tätigen oder eine kleine Karte schicken, können Sie nichts falsch machen. Die eigentliche Einladung (➛ Seite 91–97) sollte nicht später als zwei Wochen vor dem Fest bei den Eingeladenen eingehen. Der Termin, bis zu dem man zu- oder absagen sollte, richtet sich danach, bis wann man in einem Restaurant oder angemieteten Saal die definitive Gästezahl angeben muss.

Eine Einladung über Zeitungsinserat ist heute nicht mehr üblich. Bei Hochzeit und Trauerfall wird mit einer solchen Anzeige die Öffentlichkeit informiert, um interessierten Menschen die Möglichkeit zu geben, beim Festgottesdienst oder der Trauerfeier anwesend zu sein.

➢ Bei einer größeren Zahl von Gästen empfiehlt es sich unter Umständen, die Einladungen drucken zu lassen.

Der Geburtstag

Jeder kann seinen Geburtstag feiern, wie er möchte – mit einer großen oder kleinen Feier, einer Party, einer Einladung zum Essen, einem kleinen Umtrunk in der Stammkneipe oder auch gar nicht. Zu runden Geburtstagen wird von Freunden und Verwandten meist ein größeres Fest erwartet, aber auch dieses ist nicht verpflichtend. Handhaben Sie es so, wie es in Ihrer Familie und Ihrem Bekanntenkreis üblich ist.

Sehr häufig ist heute die Gepflogenheit anzutreffen, einen »Tag der offenen Tür« anzubieten. In einer definierten Zeitspanne, die man auch einhalten sollte, kann jeder kommen und gehen, wann er will. Der Gastgeber sorgt für die Getränke und wird nur eine Kleinigkeit zum Essen vorbereiten.

Eine nette Geste

Wenn nicht gefeiert wird, sollten in jedem Fall die engeren Familienmitglieder und die engsten Freunde am Geburtstag anrufen oder mit einem Brief bzw. einer Geburtstagskarte gratulieren. Dies gilt auch für Gäste, die zwar zur Feier eingeladen wurden, aber an diesem Tag verhindert sind. In diesem Zusammenhang noch ein Tipp: Führen Sie einen Geburtstagskalender, damit Sie die Wiegenfeste Ihrer Lieben nicht in der Hektik des Alltags vergessen. Ein nachträglicher Geburtstagswunsch hat immer einen etwas schalen Beigeschmack. Er lässt vermuten, dass der andere einem nicht wichtig genug ist.

➢ Es ist kein guter Stil, bei jemandem, der nicht feiern möchte, unangemeldet vorbeizuschauen.

Der Namenstag

In manchen, vor allem katholisch geprägten Regionen spielt der Namenstag oft noch eine große Rolle. Früher war es sogar meist unhöflicher, einen Namenstag als einen Geburtstag zu vergessen. Entsprechend den lokalen Gepflogenheiten wird er am Tag des Namenspatrons wie ein Geburtstag oder in einem kleineren Rahmen gefeiert. Mancherorts genügt auch ein Anruf, mit dem man zum Namenstag gratuliert, oder eine hübsche Karte. Wenn es von einem Namen keinen Namenspatron gibt, kann man ihn manchmal von einem anderen ableiten (z. B. Bettina von Elisabeth).

Der Kindergeburtstag

Spätestens, wenn das Kind drei Jahre alt ist, wird es Anspruch auf einen eigenen Kindergeburtstag erheben und ein Wörtchen mitreden wollen, wenn es darum geht, wer alles eingeladen wird. Zu viele kleine Gäste sollten es allerdings nicht sein. Halten Sie sich an die Faustregel, dass etwa so viele Freunde und Freundinnen eingeladen werden, wie das Kind alt ist. Bewährt hat sich das Verschicken oder Verteilen von Einladungen (mindestens zwei Wochen vorher!). Diesen können die Eltern neben Adresse, Tag und Uhrzeit auch entnehmen, wann ihre Kinder nach Hause gebracht werden bzw. abgeholt werden sollen.

Beim Kindergeburtstag werden das Geburtstagsessen und die Zimmer- und Tischdekoration ganz auf die kleinen Gäste abgestimmt.

Es müssen nicht alle Kinder eingeladen werden, bei denen Ihr Sprössling zuletzt geladen war. Erstens wechseln Kinder in diesem Alter häufiger ihre »besten« Freunde, und zweitens wären Sie so unter Umständen genötigt, aus Höflichkeit das gesetzte Gästelimit zu überschreiten.

Neben dem Kindergeburtstag wird oft noch zu einem Familiennachmittag geladen. An diesem Tag feiern Eltern, Geschwister, Großeltern, Paten etc. in gemütlicher Runde mit dem Kind.

Ein angemessener Rahmen

Je jünger die Kinder, umso mehr sind die Eltern für einen reibungslosen Ablauf verantwortlich. Deshalb empfiehlt es sich, vorher einen genauen Plan zu machen, wann was gespielt wird und wann was auf den Tisch kommt. Zu lange sollte die Feier nicht dauern, bei Kindergartenkindern sind drei Stunden ausreichend, bei Älteren darf es etwas später werden.

➢ *Während der Woche kann man den Beginn der Party auf 15 Uhr festsetzen. Am Wochenende ist auch der Vormittag gut geeignet.*

Versuchen Sie nicht, andere Eltern auszustechen, indem Sie eine noch großartigere Party organisieren als z. B. die des Nachbarkinds. Besser ist es, sich zu erkundigen, in welchem Stil die Kindergeburtstage im Freundeskreis Ihres Kindes ablaufen, und sich ungefähr daran zu halten. Das gilt vor allem für kleine Präsente oder Gewinne, die die Kinder von der Party mit nach Hause nehmen dürfen. Sonst fühlen sich manche Kinder vielleicht zurückgesetzt oder einige Eltern meinen, Sie müssten beim nächsten Mal mindestens genauso aufwändig feiern.

Die Taufe

Die Taufe, die in der Regel etwa sechs Wochen nach der Geburt stattfindet, ist das kleinste und intimste Familienfest mit religiösem Hintergrund. Entsprechend

ist auch der Kreis der Geladenen für die anschließende private Feier meistens vergleichsweise klein. Auf jeden Fall sollten die Großeltern, die Geschwister und die Paten des Täuflings anwesend sein.
Weil die Taufe eine offizielle kirchliche Feier ist, bei der das Neugeborene bzw. der konfessionslose Erwachsene in die Gemeinde der Gläubigen aufgenommen wird, kann jeder zur Taufe kommen, der davon Kenntnis bekommen hat. Oft wird die Taufe auch innerhalb eines regulären Gottesdienstes gefeiert. Anschließend treffen sich alle, die eingeladen wurden, zum Mittagessen und/oder zu Kaffee und Kuchen, wozu gerne auch der Pfarrer eingeladen wird.
Eine bestimmte Kleiderordnung ist nicht zwingend – nur der Täufling trägt ein weißes Taufkleid. Eltern und Gäste ziehen sich gemäßigt festlich an.
Eine Abendveranstaltung wird die private Tauffeier in der Regel nicht sein, denn die Hauptperson, das Baby, sollte nicht zu spät ins Bett kommen. Eine Ausnahme bildet die Feier innerhalb der eigenen vier Wände, weil das Kind dann in seinem Zimmer schlafen kann, während die Gäste weiterfeiern.

Zur Taufzeremonie in der Kirche versammeln sich alle Beteiligten am Taufbecken.

Am Taufbecken

Die Organisation der privaten Feier nach der Taufe obliegt den Eltern – abgesehen natürlich von der eher seltenen Erwachsenentaufe. Dagegen muss der Ablauf der Taufe in der Kirche mit dem Geistlichen abgestimmt werden: Wird innerhalb eines Gottesdienstes getauft, oder wird ein separater Tauftermin vereinbart? Wer sind die Taufpaten, und was können sie an Aktionen in der Kirche beisteuern? Welche Lieder werden gesungen, und wer spielt welches Instrument dazu? Halten die Eltern oder die Paten das Kind während der Taufe im Arm (beides ist möglich)?

Wer ist ein guter Pate?

Die Patenschaft beinhaltete früher das feste Versprechen, für das Kind zu sorgen, wenn beide Elternteile ums Leben kommen sollten. Diese Gepflogenheit ist heutzutage vonseiten des Gesetzgebers dadurch aufgeweicht worden, dass das Vormundschaftsgericht über die Zukunft der Kinder entscheidet. Allerdings können die Eltern in einem Testament bestimmen, dass das Kind von einem der beiden Paten aufgenommen wird. Das Gericht wird dem folgen müssen und dem Paten bzw. der Patin die Vormundschaft mit allen Rechten und Pflichten übertragen.

Patenschaft ist im Idealfall eine Verbindung, die lebenslang währt.

Schon aus diesen Erwägungen heraus darf die Auswahl der Paten nicht auf die leichte Schulter genommen werden. Es sollten Verwandte oder sehr enge Freunde sein, denen man zutrauen kann, dass sie auch langfristig zur Verfügung stehen. Da von den Paten erwartet wird, dass sie dem Täufling christliche

Werte nahe bringen und ihm auch sonst mit Rat und Tat zur Verfügung stehen, ist eine lange persönliche Bindung erwünscht.
Die dauerhafte Verbindung zwischen Täufling und Pate wird durch ein Patengeschenk versinnbildlicht, das von beständigem Wert sein sollte und den Täufling viele Jahre lang begleitet. Meist werden die Paten – zumindest in den ersten Lebensjahren – zum Geburtstag des Kindes geladen und rufen sich auch später zu diesem Anlass und/oder zu Weihnachten mit einem Geschenk in Erinnerung.

Erstkommunion, Konfirmation und Firmung

In gesellschaftlicher Hinsicht ähneln sich Erstkommunion und Konfirmation, wenn auch das Alter der Hauptpersonen und die kirchliche Zeremonie beträchtliche Unterschiede aufweisen.
Weil Kommunion und Konfirmation neben der Hochzeit zu den großen Familienfesten gehören, sollten auch alle Verwandten eingeladen werden. Das Kind entscheidet, wer von den Freunden an der Feier teilnehmen darf – wenn diese nicht gleichzeitig diesen Festtag begehen. Nach der Kirche wird in einem Restaurant oder zu Hause an festlicher Tafel gefeiert.

➤ *Auch die Kleidung der Gäste sollte dem wichtigen Anlass entsprechend elegant sein.*

Gewöhnlich erhalten die Kinder viele Geschenke, für die sie sich möglichst bald schriftlich bedanken sollten, am besten in Verbindung mit einem schönen Foto des Kommunionkinds oder des Konfirmanden. Die Erstkommunionkinder sind bei der Or-

ganisation der Dankschreiben noch auf die Hilfe der Eltern angewiesen, 14-Jährige dagegen sollten dies weitgehend selbstständig erledigen.
Die Firmung wird demgegenüber nicht im großen Stil gefeiert. Wer will, kann eine kleine Familienfeier organisieren, die einen wesentlich informelleren Charakter hat als die Feier nach Erstkommunion und Konfirmation. Geschenkt wird zu diesem Ereignis in der Regel nichts.

Erstkommunion

Mit der ersten heiligen Kommunion dürfen die Kinder – die zumeist im Grundschulalter sind – nun auch das eucharistische Brot empfangen und werden damit zu vollen Mitgliedern des Gottesdienstes. Früher wurde die Erstkommunion auf den Weißen Sonntag gelegt, heute kann dies ein beliebiger Sonn- oder Feiertag während der Osterzeit sein.
Jedes Kind trägt während der Erstkommunionfeier eine Kerze. Die Mädchen haben ein weißes Kleid und weiße Schuhe an und tragen auf dem Kopf einen wei-

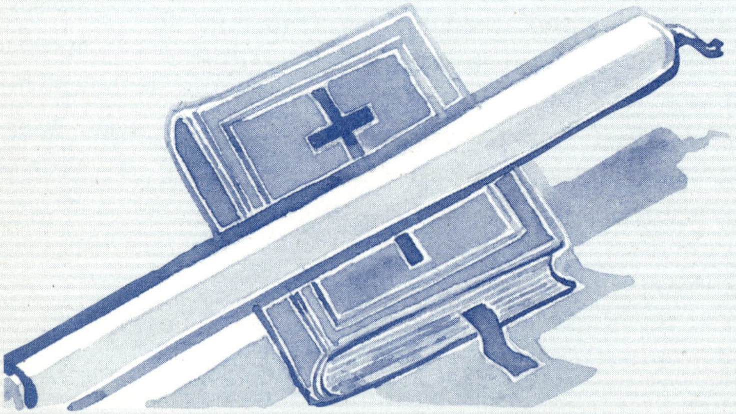

Jedes Kommunionkind hält während der Erstkommunion eine Kerze in der Hand.

ßen Blütenkranz. Die Jungen sind mit einem dunkelblauen oder schwarzen Anzug bekleidet.
Diesem wichtigen Tag im Leben eines jungen Katholiken ging eine längere Vorbereitungszeit voraus, die früher von einem Geistlichen, heute meist von den Müttern oder anderen Gemeindeangehörigen geleitet wird.

Konfirmation

Für einen Protestanten markiert die Konfirmation den Übergang vom Kindsein in die Erwachsenenwelt. Der ca. 14-jährige Konfirmand bekräftigt sein Bekenntnis zu Christus und darf nun am Abendmahl teilnehmen. Auch er wurde über eine längere Zeit auf diese Feier vorbereitet.
Früher war für die Mädchen ein schwarzes oder dunkelblaues Kleid obligatorisch, heute wird die Einheitlichkeit durch moderne Hosenanzüge und farbige Kleider durchbrochen. Kein Wunder, denn die Mädchen sehen in diesem Alter meistens nicht mehr ein, warum viel Geld für ein Kleidungsstück ausgegeben werden soll, das dann nutzlos im Schrank hängen wird. Bei den Jungen hat sich der schwarze oder dunkelblaue Anzug im Prinzip halten können. Aber auch hier »schleichen« sich Kombinationen von Jacken bzw. Pullovern und Hosen in unterschiedlichen Farben ein.

➤ Die Konfirmation wird wie die Kommunion meist in der Osterzeit begangen – vorzugsweise am Palmsonntag.

Firmung

Die Firmung findet an keinem bestimmten Tag im Jahr, sondern an einem beliebigen Sonn- oder Wochentag statt. Der Weihbischof oder ein Beauftragter firmt die zumeist 14- bis 15-Jährigen durch Handauflegung, wodurch ihre Taufe noch einmal bestätigt wird. Der Heranwachsende ist nun verstärkt dem christlichen Glauben verpflichtet und in höherem Maße eigenverantwortlich tätig. Wie bei der Taufe steht auch bei diesem Fest dem Firmling ein Pate zur Seite. Dies kann, muss aber nicht der Taufpate sein.

Jugendweihe

Das weltliche Gegenstück zu Konfirmation und Firmung ist die Jugendweihe. Ihre Anfänge liegen im 19. Jahrhundert, doch weite Verbreitung fand sie erst zu DDR-Zeiten. Mittelpunkt der staatlich kontrollierten Jugendweihe war die Verpflichtung der Heranwachsenden auf die sozialistische Gesellschaftsform.

> ➤ Die anschließende private Feier findet in einem ähnlich feierlichen Rahmen statt wie bei Kommunion und Konfirmation.

Heute, nach der Wiedervereinigung, erfreut sich die Jugendweihe in den neuen Bundesländern nach wie vor großer Beliebtheit, aber auch in den alten Teilen der Republik findet sie wachsendes Interesse. Die politische Gesinnung spielt dabei inzwischen keine Rolle mehr. Die Feier wird nicht mehr vom Staat, sondern von verschiedenen Veranstaltern initiiert, wobei Eltern und Jugendliche sich an der Planung und Durchführung beteiligen können.
Heute wie früher ist die Jugendweihe ein Familienfest, das zunächst in einem öffentlichen Festakt mit anderen Jugendlichen und deren Angehörigen zelebriert wird und dem dann eine private Feier folgt.

Die Verlobung

Früher war es üblich, dass der Ehemann in spe bei den Eltern förmlich um die Hand der Tochter anhielt. Dabei musste er auch überzeugend darlegen, dass er in der Lage ist, seine Frau und den zu erwartenden Nachwuchs zu ernähren. Dem folgte die offizielle Verlobung.

Heutzutage entscheiden die Söhne und Töchter selbst, wann und wen sie heiraten. Da die Eltern kein Mitspracherecht mehr haben, wird auch nicht mehr offiziell um die Hand angehalten.

Trotzdem ist es ein Akt der Höflichkeit, die Eltern in die gemeinsamen Pläne einzubeziehen und diese als Erste über die Heiratsabsichten zu informieren. Es wäre alles andere als angenehm für die Eltern, wenn sie über Dritte von der Verbindung erfahren würden. Ob diese in gemütlicher Runde und quasi beiläufig verkündet wird oder ob man extra zu diesem Anlass seinen und ihren Eltern einen Besuch abstattet, ist jedem selbst überlassen.

Die Verlobung: Der erste Schritt in die gemeinsame Zukunft.

Die Eltern wiederum sind gut beraten, die Heiratsabsichten ihrer Sprösslinge zu akzeptieren und der zukünftigen Schwiegertochter bzw. dem Schwiegersohn zu zeigen, dass er oder sie willkommen ist. Mit ablehnenden Äußerungen sollten sie sich zurückhalten. Falls sie tatsächlich ernsthafte Bedenken haben, bitten sie ihren Sohn oder ihre Tochter um ein Gespräch, bei dem der zukünftige Ehepartner nicht dabei ist.

Verlobungsanzeige

Weder die offizielle Verlobung, mit der man sein Eheversprechen gibt, noch eine Verlobungsanzeige sind heute verpflichtend. Eine Verlobungsanzeige wird entweder in der Zeitung geschaltet oder an alle Freunde und Verwandte geschickt. Auch eine eventuelle Feier ist darauf vermerkt. Bei einer Anzeige auf dem Postweg antwortet der Empfänger mit einem schriftlichen Glückwunsch.

Der Ring ist ein Symbol für Treue und ewige Liebe.

Bei traditionellen Verlobungsanzeigen gibt auf der linken Seite der Karte oder des Anzeigenkastens in der Zeitung der Brautvater die Verlobung seiner Tochter mit dem Bräutigam bekannt. Auf der rechten Seite verkündet der Bräutigam seine Verlobung mit der Braut. Doch im Zuge der Gleichberechtigung wird die Anzeige heute meist von den Verlobten gemeinsam aufgegeben und kann beispielsweise mit den Worten »Wir haben uns verlobt« beginnen. Darunter stehen der Name der Braut und des Bräutigams sowie der Ort und das Datum der Verlobung.

Die Verlobungsfeier

Für die Form der Verlobungsfeier gibt es keine festen Vorschriften. Dies kann z. B. ein romantisches Tête-à-tête der Verlobten oder eine kleine Feier im engsten Familienkreis sein. Wer im größeren Stil feiern möchte, lädt zu einem förmlichen Empfang in einem gehobenen Restaurant oder Hotel. Zu einem Empfang werden die Gäste natürlich festlicher gekleidet erscheinen als bei einer inoffiziellen Verlobung in Privaträumen, wo es durchaus leger zugehen kann. Die geladenen Gäste sollten der Einladung entnehmen können, in welchem Rahmen gefeiert wird, sodass sie sich darauf einstellen können. Falls die Eltern der Verlobten sich noch nicht oder kaum kennen, bietet die Verlobungsfeier eine gute Gelegenheit, dies nachzuholen.

> ➢ *Je nach Grad der Vertrautheit kann zu diesem Anlass das Du angeboten werden.*

Der Verlobungsring

Ob Verlobungs- oder Hochzeitsringe, heute redet die Dame meistens mit, welche Ringe gekauft werden früher war dies ganz allein Sache des Herrn. Auf der Innenseite des Ringes wird das Datum der Verlobung und der Name des Partners bzw. der Partnerin eingraviert. Diese Ringe werden im Allgemeinen zur Unterscheidung von Verheirateten an der linken Hand getragen, also dort, wo fast überall auf der Welt – nur nicht bei uns – der Trauring getragen wird

Die Hochzeit

Die Hochzeit gilt als das größte Familienfest, und entsprechend aufwändig wird es meistens auch gefeiert. Zu einer traditionellen Hochzeit gehören der Polterabend, die standesamtliche Trauung und die kirchliche Hochzeit. Anschließend tritt das jungvermählte Paar die Hochzeitsreise an.
Die drei Feiern können an zwei oder drei aufeinander folgenden Tagen stattfinden oder Wochen oder gar Monate auseinander liegen.

»Wir heiraten«

Man kann die Hochzeit öffentlich bekanntgeben, indem man in der Zeitung vor oder nach der Trauung eine Anzeige schaltet. Oder es werden vor der Hochzeit Karten verschickt, die gleichzeitig als Einladung (→ Seite 94–97) dienen.

> ➤ Ebenfalls nach der Feier bedankt sich das Brautpaar schriftlich bei den Gästen für ihr Kommen und für die Geschenke.

Möchte man einem größeren Bekanntenkreis seinen neuen Familienstand mitteilen, jedoch nicht alle zur Hochzeit einladen, werden im Anschluss an die Feier Karten versandt – meist mit einem Foto des Brautpaars –, auf der die Namen der Brautleute sowie der Tag und der Ort der Hochzeit vermerkt sind.
Schön ist es, wenn Einladungs-, Tisch-, Menü- und Danksagungskarten im Stil zueinander passen und ein harmonisches Ganzes ergeben.

Wer wird eingeladen?

Mit wie vielen Freunden, Bekannten, Kollegen, Nachbarn etc. die Brautleute feiern möchten, hängt von der

Größe des Festes und dies wiederum vom Budget ab. Auf jeden Fall werden beide Elternpaare des Brautpaares, die Geschwister der Brautleute, die Trauzeugen sowohl der standesamtlichen als auch der kirchlichen Trauung, die Paten, die Großeltern, alle oder ein Teil der Verwandten und der Pfarrer eingeladen. Mit den wichtigsten Gästen (Eltern, Großeltern, Geschwister und Trauzeugen) wird vor der offiziellen Einladung (➛ Seite 91–95) der Hochzeitstermin abgesprochen, damit sichergestellt ist, dass auch wirklich jeder kommen kann.

Nur selten wird man zu Hause genug Platz haben, um solch eine prachtvolle Tafel aufzubauen. Auch für die Gastgeber ist das Essen im Restaurant oft die entspanntere Lösung.

Sorgfältige Auswahl der Räumlichkeiten

Meist wird ein Raum oder Festsaal eines Restaurants bzw. Hotels für die Feier gebucht. Vor der definitiven Reservierung empfiehlt sich ein Probeessen, eine Besichtigung der ins Auge gefassten Räumlichkeit und ein Preisvergleich mit anderen Anbietern.

Man kann auch einen Saal im Gemeindezentrum, eine Turnhalle, ein Festzelt oder andere Lokalitäten für den großen Tag mieten. Für das leibliche Wohl sorgt dann ein Partyservice, der nicht nur Essen und Getränke, sondern bei Bedarf auch Personal, Geschirr, Tische und Stühle zur Verfügung stellt. Vertrauen Sie nicht blind auf die Qualität eines x-beliebigen Partyservices, sondern fragen Sie nach Referenzen.

Die Hochzeitsgeschenke

Wenn man nicht drei Toaster, vier Küchenmaschinen, drei Sätze Besteck oder unnützen Hausrat geschenkt bekommen möchte, kann man eine Geschenkeliste verfassen und an die Gäste verschicken. Diese sollte von einer nahen Verwandten (am besten eine der Mütter des Brautpaares) verwaltet werden. Oder man lässt in einem Geschäft seiner Wahl einen Geschenketisch aufstellen. Weisen Sie die Gäste in der Einladung auf die Geschenkeregelung hin. Wenn viele Gäste geladen sind, werden die Präsente auf einem Tisch gesammelt und erst nach der Feier ausgepackt. Bei einer überschaubaren Gästezahl kann sofort oder zu einem bestimmten Zeitpunkt, etwa nach dem Essen, ausgepackt werden.

➢ Bei einigen Geschäften kann man übers Internet den Geschenketisch abrufen.

Der Polterabend

Der Polterabend wurde früher exakt einen Tag vor der Hochzeit begangen, heutzutage kann man auch einige Tage oder eine Woche vorher feiern – beispielsweise am Samstagabend vor der standesamtlichen Hochzeit am darauffolgenden Freitag.

Zum Polterabend wird nicht schriftlich eingeladen. Die Bekanntgabe des Termins erfolgt telefonisch oder mittels Mundpropaganda. Es kann kommen, wer möchte – von Verwandten, Freunden, Nachbarn und Arbeitskollegen bis zu weit entfernten Bekannten. Angesichts der Zwanglosigkeit und dem partyähnlichen Charakter der Feier gibt es keine strenge Kleiderordnung.

Scherben bringen Glück

Wie es der Name der Veranstaltung prophezeit, ist der Polterabend keine leise Veranstaltung. Nach altem Brauch werden an diesem Abend mit kräftigem Gepolter Dämonen und sonstige missgünstige Geister vertrieben, die sich gern im Umfeld von Brautpaaren aufhalten und das junge Glück stören möchten. Wer den Krach scheut, lädt statt zum Polterabend zur »Letsch« ein. Auch hier wird der Abschied vom Singletum gefeiert, jedoch nicht gepoltert.

Während man früher lärmend durch die Straßen zog, wird heute altes Keramik- und Porzellangeschirr mit viel Krach vor der Haustür des Brautpaares oder dem Saal, wo gefeiert wird, zerschlagen. Die Geister sind offensichtlich solchen Lärm nicht gewohnt und nehmen auf kürzestem Weg Reißaus. Darüber hinaus handelt es sich beim Poltern um ein altes Fruchtbarkeitsritual, denn Scherben bringen nicht nur Glück, sondern versprechen auch einen reichen Kindersegen.

Das Brautpaar darf sich auf keinen Fall am Zerschlagen des Geschirrs beteiligen; angeblich bringt das Unglück.

Der Klang von zersplitterndem Glas scheint den Dämonen dagegen zu gefallen, denn Glas darf an diesem Tag nicht kaputtgehen – die Geister bleiben und mit ihnen das Unglück. Um das Kehren der Scherben muss sich das Brautpaar selbst kümmern und darf es keiner Putzhilfe überlassen, wenn die Ehe in friedliche Bahnen gelenkt werden soll.
Angesichts des Lärms sollte man sich gut überlegen, ob man für die Feier nicht besser einen Saal, einen Raum in einer Gaststätte, ein Festzelt oder Ähnliches anmietet. Wird zu Hause gefeiert, müssen die Nachbarn informiert und um Nachsicht gebeten werden. Selbstverständlich werden sie auch zum Polterabend eingeladen.

Die standesamtliche Trauung

Die standesamtliche Trauung ist rechtlich gesehen die wichtigste Station der Hochzeit, denn ohne sie kann keine kirchliche Hochzeit stattfinden. Auf alle anderen Feiern kann dagegen verzichtet werden.

Mit dem Gang zum Standesamt wird eine Ehe rechtskräftig.

Der Ablauf der standesamtlichen Trauung ist ein formaler Akt, der streng nach einer vom Gesetzgeber bestimmten Ordnung vollzogen wird. Der Ort ist frei wählbar: Wenn Ihnen die Räumlichkeiten des nächstgelegenen Standesamts nicht gefallen, können Sie auf eines mit repräsentativerem Ambiente ausweichen.

Neben den Trauzeugen wohnen meistens nur die nächsten Verwandten der standesamtlichen Trauung bei. Apropos: Seit dem 1. Juli 1998 ist in Deutschland die Bestellung von Trauzeugen nicht mehr verpflichtend. Wer möchte, kann trotzdem ein oder zwei nahe stehende Freunde oder Verwandte mit dieser Aufgabe betreuen.

Auf dem Standesamt

Die Braut trägt zur standesamtlichen Trauung ein elegantes, in den Farben nicht zu schrilles Kostüm oder ein Kleid mit Jäckchen und eventuell einen Hut. In der Hand hält sie den Brautstrauß, der vom Bräutigam besorgt werden muss. Dieser erscheint in einem dunklen oder in gedeckten Farben gehaltenen Anzug – dazu weißes Hemd, Krawatte und schwarze Schuhe. Vormittags kann er auch einen Cut oder Stresemann tragen. Wichtig ist, dass Farbe und Stil von ihrer und seiner Kleidung zusammenpassen.

Auf die Trauung folgt entsprechend der Größenordnung der Feier und der Tageszeit ein Sektempfang, eine Einladung zum Essen oder eine große Feier mit festlichem Menü oder Buffet und anschließendem Programm und Tanz. Wenn noch eine kirchliche Trauung vorgesehen ist, wird erst anschließend ausgiebig gefeiert.

➤ *Auch die Gäste sollten elegant und festlich gekleidet sein, dabei aber nicht die Brautleute übertrumpfen.*

Die kirchliche Trauung

Alle geladenen Gäste nehmen an der Trauungszeremonie teil. Es wäre unhöflich, erst zum anschließenden Fest einzutreffen – es sei denn, man kann triftige Gründe dafür vorweisen. Die Gäste werden vor der

Kirche vom Brautpaar begrüßt, falls man sich nicht schon vorher in der Wohnung der Brautleute versammelt hat und dann gemeinsam im Konvoi zur Kirche gefahren ist.

Daraufhin gehen die Gäste in die Kirche. Wenn alle ihre Plätze eingenommen haben, folgt der feierliche Einzug des Brautpaars. Die Braut hält einen Strauß in der Hand, der ihr am Morgen vom Bräutigam überreicht wurde (zur Kleidung ➞ Seite 140–141).

Der Ablauf und die Einzelheiten der kirchlichen Trauung werden vorab mit dem Geistlichen, der die Trauung vornehmen wird, besprochen. So wird z. B. der Einzug in die Kirche von Ort zu Ort verschieden gehandhabt. Auch die musikalische Gestaltung des Traugottesdienstes wird mit dem Pfarrer en detail geplant. Fragen Sie, ob Fotoapparate und Videokameras erlaubt sind. Normalerweise ist es verboten, zum Filmen oder Fotografieren vor den Altar zu treten, geschweige denn mit Leitern und dergleichen im Altarraum zu hantieren.

➢ *Während bei den Katholiken zwei Trauzeugen vorgeschrieben sind, ist dies bei Protestanten nicht obligatorisch.*

Nicht immer kann das frisch vermählte Paar, wenn es aus der Kirche tritt, ungehindert seinen Weg fortsetzen. Gerne werden ihm von Freunden Hindernisse in den Weg gelegt, die es überwinden muss. Zu diesen so genannten Speerbräuchen gehört beispielsweise das bekannte Baumstammsägen. Auch Spaliere, die das Brautpaar durchschreiten muss, sind weit verbreitet.

Ein anderer beliebter Brauch ist das Reiswerfen, das dem Paar einen reichen Kindersegen bescheren soll. Allerdings wird es nicht überall gern gesehen, denn das anschließende Entfernen der Reiskörner ist mühsam. Außerdem kann man auf ihnen leicht ausrutschen. Man sollte auf jeden Fall vorher die Erlaubnis der Pfarrei einholen und selbstverständlich selbst dafür sorgen, dass der Reis anschließend zusammengekehrt wird.

Das Hochzeitsfest

Nach der Trauung begrüßt der Brautvater mit einem Glas Champagner die Gäste am Eingang des Festsaales. Weil es heute aber nicht mehr verpflichtend ist, dass der Brautvater die gesamte Feierlichkeit allein finanziert, kann sich auch der Vater des Bräutigams hinzugesellen. Gleiches gilt für die Mütter, die die Gäste gemeinsam an ihren Platz geleiten.

Der erste Tanz gehört allein dem Brautpaar. Meist wird mit einem *Walzer* eröffnet.

Die Tischordnung

Wer keine »stille« Hochzeit sondern im großen Stil feiert und viele Gäste einlädt, wird um eine Sitzordnung nicht herumkommen. Zu diesem Zweck werden auf den Tischen Namenskärtchen aufgestellt. Oder man hängt an den Eingang einen »Lageplan«, auf dem alle Tische skizziert und die Plätze den einzelnen Gästen zugewiesen werden.

Eine Sitzordnung, die allen Erfordernissen gerecht wird, verlangt oft viel Kopfzerbrechen. Fingerspitzengefühl ist gefragt, wenn es darum geht, wer sich neben wem am wohlsten fühlt und welche Gäste auf keinen Fall Tischnachbarn sein sollten. Allgemein gilt, dass die engsten Familienangehörigen in der Nähe des Brautpaars Platz finden. Versuchen Sie, Männer und Frauen möglichst abwechselnd zu platzieren, was natürlich nicht immer möglich ist.

Üblich ist, dass in der Mitte der Breitseite der Hochzeitstafel die Braut rechter Hand des Bräutigams sitzt. Rechts neben der Braut sitzt der Vater des Bräutigams, links neben dem Bräutigam die Mutter der Braut. Alternativ können statt den Schwiegereltern jeweils die Eltern neben Braut und Bräutigam sitzen. Bei einer hufeisenförmigen Anordnung der Tafel ist es nicht günstig, gegenüber vom Brautpaar weitere nahe Familienmitglieder zu setzen, da diese der Gesellschaft den Rücken zeigen. An allen anderen Tischen sitzen sich die Ehepaare in der Regel gegenüber. Ist die Hochzeitstafel auf verschiedene Tische aufgeteilt, bilden Sie einen Tisch des Brautpaars, an den das Brautpaar, Eltern und Verwandte gesetzt werden.

➤ Je weiter entfernt der Grad der Verwandtschaft und je jünger die Gäste, umso größer ist der Abstand zum Brautpaar.

Die Redeordnung

Eine Hochzeitsfeier ohne Festreden ist wie Weihnachten ohne Weihnachtsbaum. Am praktischsten ist es, diese zwischen die einzelnen Gänge des Menüs einzustreuen – aber auf keinen Fall während des Essens. Da vermutlich mehrere Redner zu Wort kommen möchten, muss vorab die Reihenfolge festgelegt werden:
Wenn ein Geistlicher geladen wurde, spricht er vor dem Essen ein kurzes Tischgebet und wünscht den Brautleuten noch einmal alles Gute. Dann folgen, unterbrochen durch die einzelnen Menügänge: der Brautvater (und/oder die Brautmutter), der Vater des Bräutigams (und/oder die Gattin), die Geschwister und schließlich Freunde und Bekannte. Zuletzt erhebt der Bräutigam (und/oder die Braut) seine Stimme, bedankt sich bei den Rednern und wünscht allen Gästen ein schönes Fest.

Zuerst ergreift der Gastgeber das Wort und heißt alle Gäste herzlich willkommen.

Krankheit und Tod

Kranke freuen sich meist sehr über Besucher, da sie dadurch etwas Ablenkung erfahren. Auch Hilfe wird normalerweise gern angenommen. Damit man als Besucher den Patienten nicht zu sehr beansprucht, gilt es, einige Regeln zu beachten. Aber auch umgekehrt, als Patient, sind gute Umgangsformen gefragt. Dies ist nicht nur eine Frage der Höflichkeit, sondern auch im eigenen Interesse, denn die Leistung des Pflegepersonals lässt spürbar nach, wenn man sich bei ihm unbeliebt macht.

Bei einem Trauerfall ist sehr viel Sensibilität im Umgang mit den Hinterbliebenen gefragt. Durch die Teilnahme von Verwandten und Freunden an den Trauerfeierlichkeiten und durch aufrichtige Beileidsbekundungen hilft man den Angehörigen über den ersten Schock des Verlusts hinweg.

Ans Bett gefesselt

Gegenüber einem Kranken gelten selbstverständlich die gleichen Umgangsformen wie gegenüber gesunden Menschen. Aber manche Kranke entwickeln durch ihr Leiden besondere Empfindlichkeiten, die durch die viele Zeit zum Nachdenken noch verstärkt werden. Darauf muss man Rücksicht nehmen, auch wenn es vielleicht nicht immer leicht fällt. Legen Sie nicht jedes Wort auf die Goldwaage, wenn Sie es mit Kranken zu tun haben und ihnen helfen wollen.

Der Krankenbesuch

Nicht jeder, der ans heimische Bett gefesselt ist, erwartet sofort einen Hausbesuch. Bei kleinen Wehwehchen ist der Patient meist schneller genesen, als mögliche Besucher von der Erkrankung erfahren. Und bei Erkältungen oder bei Grippe ist es ohnehin nicht ratsam, den Kontakt zu suchen, weil die Ansteckungsgefahr recht groß wäre.

Ist die Bewegungsfreiheit des Patienten stark eingeschränkt, beispielsweise nach einem Beinbruch, dann macht der Besuch von Verwandten, Freunden oder Nachbarn durchaus Sinn, weil sie praktische Hilfeleistung erbringen können. Aber auch über ein wenig Abwechslung und ein nettes Gespräch wird sich der Kranke, gleich welches Leiden ihn plagt, freuen. Es schadet in all den Fällen sicher nichts, wenn Sie anrufen, sobald Sie von der Erkrankung erfahren haben, und Ihren Besuch anmelden.

➢ Sie sollten sich erkundigen, ob und wie Sie helfen können und ob ein Besuch Ihrerseits erwünscht ist.

Was bringt man bei einem Krankenbesuch mit?

Es ist allgemein üblich, dem Kranken eine Kleinigkeit mitzubringen. Natürlich kann dies der übliche Blumenstrauß sein, und viele Menschen freuen sich mit Sicherheit darüber. Bei vielen Besuchern wird das Krankenzimmer aber schnell zum Gewächshaus, sodass Sie überlegen sollten, was Sie alternativ schenken können: vielleicht ein Buch, eine Zeitschrift, eine CD bzw. Musikkassette, einen Sprachkurs (Buch mit Kassette), ein Rätselbuch usw. Kaufen Sie nur Dinge, von denen Sie wissen, dass sie Beifall finden werden, und keine Verlegenheitsgeschenke.
Bringen Sie wegen der Geruchsbelästigung keine stark duftenden Blumen mit. Im Krankenhaus sind Topfpflanzen als Präsente verboten, weil Krankheitserreger und Ungeziefer in der Erde sein könnten.
Wenn Sie an Lebensmittel gedacht haben, fragen Sie Familienangehörige oder das Pflegepersonal am besten vorher telefonisch, was der Patient überhaupt essen darf. Auf das Mitbringen von alkoholischen Getränken sollte aus gesundheitlichen Gründen ganz verzichtet werden.

Der Besuch im Krankenhaus

Im Krankenhaus gelten besondere Regeln für Besucher, da man auf mehr Menschen Rücksicht nehmen muss. Ärzte und Pflegepersonal sollten ungestört ihrer Arbeit nachgehen können, und viele Patienten brauchen Ruhe. Die folgenden Verhaltensregeln sollten Sie beherzigen, um nicht mit dem Krankenhausalltag in Konflikt zu geraten:

- ✯ Erkundigen Sie sich bei den Angehörigen oder dem Pflegepersonal, ob ein Besuch überhaupt erwünscht ist.
- ✯ In den meisten Krankenhäusern kann man Patienten den ganzen Tag über besuchen – trotzdem sollten Sie sich telefonisch erkundigen, wann es nicht passt, weil der Kranke normalerweise nicht den ganzen Tag in seinem Zimmer verbringt und zu bestimmten Zeiten nicht gestört werden möchte (Essenszeiten, Visite, Therapie).
- ✯ Ein Besuch bei einem Patienten mit Einzelzimmer ist meistens unkompliziert, in Zimmern mit mehreren Betten müssen Sie dagegen damit rechnen, dass Ihr Besuch für andere Zimmergenossen unpassend ist. Wenn es dem Patienten möglich ist, sollten Sie während des Besuchs mit ihm das Zimmer verlassen.
- ✯ Es ist unerlässlich, vor dem Eintreten in ein Krankenzimmer nicht nur der Form halber zu klopfen, sondern auch zu warten, bis »Herein« gerufen wird.
- ✯ Grüßen Sie auch die anderen Patienten.
- ✯ Sprechen Sie leise, wenn Sie das Zimmer mit dem Kranken nicht verlassen können.
- ✯ Reden Sie im Beisein des Kranken nicht mit anderen Besuchern oder Bettnachbarn über dessen Krankheit.

Das beliebteste Mitbringsel bei einem Krankenbesuch sind immer noch Blumen.

✯ Sprechen Sie sich mit anderen Besuchern ab, sodass nicht alle auf einmal kommen.
✯ Verlassen Sie unaufgefordert das Zimmer, wenn Patienten im Bett gewaschen, umgezogen oder anderweitig versorgt oder behandelt werden.

Verhalten bei schwerer Krankheit

Vielen fällt es schwer, sich gegenüber einem Schwerkranken angemessen zu verhalten. Wie viel Mitleid ist gefordert? Wie viel gute Laune sollte man verbreiten? Wie viel Hoffnung darf man dem Patienten machen? Wenn Hoffnung auf Heilung besteht, darf man natürlich dem Patienten Mut machen und seine Selbstheilungskräfte durch ermunternde Worte stärken. Dabei sollte man aber tunlichst auf dem Boden der Tatsachen bleiben und nicht – um ein Beispiel zu nennen – von der nächsten Wintersaison schwärmen, wenn man weiß, dass der Kranke noch weit entfernt davon ist, einige Schritte zu gehen, geschweige denn Ski zu fahren. Verbreiten Sie Optimismus im Rahmen dessen, was realistisch ist.

➢ *Ein angemessenes Verhalten setzt voraus, dass Sie sich vorher gut über die Situation des Kranken informieren.*

Wenn der Patient über seine Beschwerden berichten möchte, sollten Sie ein aufmerksamer Zuhörer sein. Zwingen Sie ihn aber nicht, über seine Krankheit zu sprechen, wenn er es nicht wünscht. Wahrscheinlich ist er froh darüber, wenn mal frischer Wind von draußen hereinweht und er erfährt, was außerhalb der Krankenhausmauern vor sich geht. Erzählen Sie also, wie es Ihnen in der letzten Zeit ergangen ist, ohne Neidgefühle und Sehnsüchte zu wecken.

Bei unheilbar Kranken gilt es, Trost zu spenden, zuzuhören und für den anderen da zu sein, ohne ihm falsche Hoffnungen zu machen nach dem Motto »Alles wird gut«. Es ist wichtig, die gegenwärtige Situation erträglicher zu gestalten, und sei es »nur« durch kleine Aufmerksamkeiten.

Der Aufenthalt im Krankenhaus

Man kann selbst viel dazu beitragen, dass sich der Krankenhausaufenthalt erträglich gestaltet:

- Wenn man sich dem Pflegepersonal und den Ärzten gegenüber freundlich verhält, wird man auch sensibel und entgegenkommend behandelt werden.
- Wie in anderen Lebenssituationen können die kleinen Wörter »bitte« und »danke« Wunder wirken. Falls man Probleme mit dem Sprechen hat, hilft auch eine dankbare Geste.
- Man kann das stark geforderte Personal etwas entlasten, indem man es nicht unnötig anfordert und auch nachts nicht ohne dringenden Grund klingelt.

In einem freundlichen Umfeld lassen sich Schmerzen und Unwohlsein besser ertragen als in einer gespannten Atmosphäre.

✯ Falls man nicht in einem Einbettzimmer untergebracht ist, sollte man sich gegenüber den anderen Patienten im Zimmer so diskret wie möglich verhalten und alles vermeiden, was stören könnte.

✯ Um andere Patienten nicht unnötig zu belästigen, verlässt man, wenn man Besuch bekommt, mit diesem das Zimmer. Das gilt natürlich nur, wenn man dazu auch in der Lage ist.

✯ Wenn man aus dem Krankenhaus entlassen wird, ist es eine nette Geste, sich beim Personal für die erbrachten Leistungen zu bedanken und eine kleines Geschenk zu machen oder in eine Kaffeekasse etwas einzuzahlen.

Der Todesfall

Wenn Menschen einen lieben Angehörigen verlieren, sollte die Umgebung sehr sensibel auf den Schicksalsschlag reagieren und Trost spenden. Dazu gehört es, dass man entsprechend dem Verwandtschafts- bzw. Bekanntschaftsgrad die Regeln der Kondolenz, also der Beileidsbezeigung, kennt und sie auch anwendet. Denn ein Fauxpas würde in dieser für die Hinterbliebenen so schwierigen Zeit besonders schwer wiegen.

Rituale wie Trauerfeier und Beisetzung helfen, den Verlust seelisch zu verarbeiten.

Was ist nach einem Todesfall zu tun?

Nach einem Sterbefall sollte sofort ein Arzt gerufen werden, der die Todesbescheinigung ausstellt. Dies ist in der Regel der Hausarzt oder ein Arzt im Notdiensteinsatz. Danach muss ein kommunales oder privates Bestattungsunternehmen konsultiert werden. Es steht den Hinterbliebenen mit Rat und Tat zur Seite, hilft beim Kauf des Sargs und organisiert die Überführung, die Trauerfeier und die Beisetzung. Außerdem informiert es über alle notwendigen Behördengänge und sonstigen Formalitäten und kümmert sich auch komplett darum, wenn dies gewünscht wird.

Die Bekanntgabe

All jene, die ein Interesse daran haben könnten, an der Beerdigung teilzunehmen, müssen umgehend benachrichtigt werden. Neben den Verwandten, Freunden und Bekannten gehört dazu auch der Arbeitgeber des Verstorbenen, auch wenn dieser schon in Rente war. Große Firmen legen für langjährige frühere Mitarbeiter einen Kranz nieder oder schalten in der Tageszeitung eine Traueranzeige. Vielleicht möchte auch ein guter Kollege des Verstorbenen in der Trauerfeier ein paar Worte des Beileids sagen.

➢ *Auch Vereine und Organisationen, in denen der Verstorbene aktives Mitglied war, werden möglichst bald informiert.*

Todesanzeigen und Danksagungen

In der lokalen Tageszeitung wird eine Todesanzeige geschaltet, in der auch der Ort, das Datum und die Uhrzeit der Trauerfeier und der Beisetzung aufgeführt wird. Alternativ kann man nach der Bestattung durch eine Anzeige bekannt geben, dass der Abschied vom Verstorbenen in aller Stille stattgefunden hat. Bei der Aufzählung der Hinterbliebenen sollte die richtige Reihenfolge eingehalten werden: Zuerst der Ehegatte, dann Kinder, Schwiegertochter bzw. Schwiegersohn, Enkel, Eltern, Schwiegereltern, Geschwister usw. Eine Todesanzeige könnte beispielsweise so aussehen:

Denn wir sind nur die Schale und das Blatt:
Der große Tod, den jeder in sich hat,
das ist die Frucht, um die sich alles dreht.
Rainer Maria Rilke

Wir nehmen Abschied von

Manfred Mustermann

* 12. Dezember 1920 † 3. November 2000

In stiller Trauer:
Erika Mustermann
Martin Mustermann
Claudia Musterfrau, geb. Mustermann
Torsten Musterfrau
Enkel und Urenkel

56789 Hintertupfingen, Dorfplatz 15

Die Trauerfeier findet am Mittwoch, dem 8. November 2000, um 9.00 Uhr in der Kapelle des Waldfriedhofs Hintertupfingen statt. Anschließend erfolgt die Beisetzung.

Neben der öffentlichen Anzeige werden alle Angehörigen, Verwandten, Freunde und Bekannte auch noch persönlich unterrichtet. Dies geschieht in der Regel durch eine Trauerkarte, die an die genannten Personen geschickt werden.

Dafür verwendet man entweder weißes Papier, auf das man eigenhändig den Text schreibt, oder man greift auf vorgedruckte Karten zurück, die weniger Schreibarbeit bedeuten. Beides steckt man in einen Umschlag mit schwarzem Rand oder Randleiste. Bei besonders nahe stehenden Menschen sollte man auch bei vorgedruckten Karten noch ein paar persönliche Zeilen hinzufügen.

➤ Fragen Sie das Bestattungsinstitut nach Vorlagen für Text und Gestaltung.

Die Danksagungen sollten möglichst bald nach den Trauerfeierlichkeiten geschrieben werden. Zwischen zwei und fünf Wochen sind üblich. Für die äußere Form gilt das Gleiche wie für die Trauerkarte.

In stiller Anteilnahme

Beileidsbezeugungen erweist man entweder direkt in der Aussegnungshalle oder am Grab und/oder in schriftlicher Form. Ein Beileidsbrief wird unmittelbar nach Erhalt der Todesanzeige verschickt. Telefonische Kondolenzen sind meistens nicht erwünscht, weil den Hinterbliebenen in diesen Tagen nicht danach sein wird, ständig telefonieren zu müssen und Fragen nach den Hintergründen des Todesfalls zu beantworten.

Je näher einem der Verstorbene und die Hinterbliebenen stehen, umso persönlicher wird das Beileids-

schreiben ausfallen. Für einen handgeschriebenen Brief verwendet man schlichtes weißes Papier.
In vielen Fällen genügt eine kurze, förmliche Beileidserklärung. Hier kann man auch auf vorgedruckte Karten zurückgreifen, deren Text man durch einige persönliche Worte in Handschrift ergänzt.
Auf einen schwarzen Rand oder andere Symbole der Trauer sollte beim Briefpapier verzichtet werden.

Trauerfeier und Bestattung

Wenn der Verstorbene zu Lebzeiten eine bestimmte Bestattungsart favorisiert hat und diese vielleicht sogar schriftlich festgehalten hat, muss man sich auch daran halten. Meist wird zwischen Erd- und Feuerbestattung gewählt. Die Reihenfolge des Personenkreises, der darüber entscheiden darf und muss, wurde vom Gesetzgeber wie folgt festgelegt: Ehegatte, Kinder, Eltern, Geschwister, nähere Verwandte oder Verlobte(r) oder Lebenspartner.

Die Feuerbestattung

Bei der Feuerbestattung wird die Asche in einer Urne entweder in einem Grab oder – heutzutage häufiger – in einer Urnenwand beigesetzt. Sie ist meistens zweigeteilt: Die Einäscherung findet zusammen mit der Trauerfeier statt, während die Urnenbeisetzung mehrere Tage später in engstem Familien- und Freundeskreis erfolgt. Die Urnenbeisetzung kann an einem anderen Ort stattfinden als die Einäscherung.

Abschied nehmen

Wurden in der Traueranzeige Ort und Zeit der Beerdigung angegeben, ist die Feier praktisch öffentlich und jeder darf an der Beisetzung teilnehmen. Die Trauerfeier findet vor der Beerdigung statt, bei einer Feuerbestattung ist die Einäscherung, symbolisiert durch das Schließen eines Vorhangs oder einer Wand oder auch durch langsames Versenken des Sargs, darin integriert. Vor der Trauerfeier versammeln sich die Trauergäste in der Vorhalle der Aussegnungshalle. Dort kann vom aufgebahrten Verstorbenen Abschied genommen werden, wenn die Familie dies wünscht und der äußere Zustand der Leiche dies zulässt.

Soll jemand einen Nachruf sprechen, muss man ihn über Details aus dem Leben des Verstorbenen informieren. Diese Aufgabe übernimmt meist der Pfarrer. Falls der Verstorbene keiner Glaubensgemeinschaft angehörte, kann auch ein konfessionsloser Redner engagiert werden.

Die Trauerfeier findet meist in der Friedhofskapelle statt.

Angemessenes Verhalten

Zu einer Trauerfeier sollte man auf keinen Fall zu spät kommen, denn die Trauernden könnten dies als Missachtung des Verstorbenen und der Familie deuten. Die Kleiderordnung bei einer Beerdigung (➛ Seite 139–140) wird heute nicht mehr so streng gehandhabt wie früher. Während die engsten Familienangehörigen Schwarz tragen, können andere Trauergäste auch in anderen gedeckten Farben erscheinen. Nach der Begräbnisfeier in der Kapelle wird der Sarg entweder auf einem Wagen oder von Sargträgern zur

letzten Ruhestätte gebracht. Hinter dem Sarg geht der Geistliche, ihm folgen die nächsten Angehörigen, daran anschließend die entfernteren Verwandten. Das Ende des Trauerzugs bilden die übrigen Gäste.
Der Sarg wird in das Grab eingesenkt, der Geistliche segnet ihn mit Weihwasser und Weihrauch, wirft etwas Erde darüber und steckt ein Kreuz über dem Grab auf. Nach einem Gebet treten zuerst die Angehörigen und dann die Trauergäste ans Grab und werfen ebenfalls etwas Erde und Blumen auf den Sarg. Gleichzeitig reicht jeder Gast den Hinterbliebenen die Hand und bringt mit wenigen Worten sein Beileid zum Ausdruck.

Kondolenzliste

Jeder kann selbst entscheiden, ob er am Ort der Trauerfeier eine Kondolenzliste auslegen möchte oder nicht. Diese Beileidsbezeigungen, bei denen neben Name und Adresse der Trauergäste auch Platz für persönliche Worte ist, dokumentieren die Anteilnahme der Trauergäste. Außerdem hat sich die Kondolenzliste als sehr hilfreich bei der Versendung von Danksagungen erwiesen, denn sie zeigt auf, wer alles bei der Trauerfeier anwesend war.

➤ *Die Kondolenzliste ist eine wertvolle Erinnerung an den Verstorbenen.*

Blumen und Kränze

Kränze oder Trauergebinde bringt man – schon wegen deren Sperrigkeit und Gewicht – nicht selbst mit, sondern lässt sie vom Blumengeschäft auf den Friedhof bzw. zur Friedhofskapelle tragen (niemals ins Trauerhaus!). Sie sollten immer mit einer bedruckten Schleife oder einer Trauerkarte versehen sein, sodass man sie zweifelsfrei einer Person oder Organisation zuordnen kann. Manchmal wird auf der Todesanzeige vermerkt, dass statt Kränzen und Blumenschmuck eine Spende für einen wohltätigen Zweck auf ein angegebenes Konto bevorzugt wird. Diesem Wunsch sollte man unbedingt entsprechen.

Kränze und Trauergebinde anlässlich einer Beisetzung bestellt man am besten in der nächstgelegenen Friedhofsgärtnerei.

Leichenschmaus

Nach der Beisetzung nehmen die Angehörigen und die geladenen Trauergäste in einem Lokal noch einen kleinen Imbiss zu sich. Dieser sollte weder zu lange dauern noch allzu üppig ausfallen.

Ein anschließendes Beisammensein mit Bewirtung ist jedoch nicht verpflichtend. Wer meint, dass er das nicht verkraftet, kann darauf verzichten. Allerdings ist es für die Hinterbliebenen oftmals eine Hilfe, wenn sie direkt nach der Beerdigung mit ihrer Trauer nicht allein gelassen werden, sondern Menschen um sich haben, die ihnen über den Verlust hinweghelfen.

Auch in den Wochen nach der Beisetzung sollte man den Angehörigen zur Seite stehen, vor allem, wenn diese nun allein wohnen und sich einsam fühlen.

Die lieben Nachbarn

Eine gute Nachbarschaft ist keine Selbstverständlichkeit, sondern erfordert Menschenkenntnis und manchmal auch diplomatisches Geschick, denn durch die räumliche Nähe bleiben Auseinandersetzungen nicht aus. In manchen Wohnhäusern und Siedlungen trifft man in regelmäßigen Abständen auf neue Gesichter, in anderen Gegenden wohnen Menschen schon jahrzehntelang nebeneinander. Zu einigen Nachbarn haben wir im Laufe der Jahre ein freundschaftliches Verhältnis entwikkelt, von anderen kennen wir nur den Namen, den wir dem Türschild entnehmen konnten. Aussuchen und ändern können wir unsere Nachbarn nicht – aber wir können viel dafür tun, dass Spannungen erst gar nicht entstehen bzw. zur Zufriedenheit aller gelöst werden.

Eine gute Nachbarschaft pflegen

Streit mit den nächsten Nachbarn kann die Wohnqualität entschieden verschlechtern. Was ist das für ein Leben, wenn man vor dem Verlassen der Wohnung erst einmal nachschauen muss, ob einer dieser »lieben« Nachbarn sich gerade im Hausflur befindet und nur darauf wartet, weitere Beschwerden zu äußern? Wenn man sich zu Hause wohl fühlen möchte, ist es notwendig, mit den Menschen von nebenan einigermaßen auszukommen.

Meistens können wir uns unsere Nachbarn nicht aussuchen, es sei denn, wir treten selbst als Vermieter auf oder haben ein Mitspracherecht bei der Auswahl. Doch niemand kann erwarten, dass man zu jedem Menschen ein vertrautes und inniges Verhältnis aufbaut. Schon gar nicht, wenn einen der Zufall zusammengebracht hat. Dazu sind die Menschen und ihre Lebensstile zu verschieden. Man kann aber zumindest versuchen, eine angenehme Atmosphäre zu schaffen, in der gegenseitige Achtung und Toleranz geübt werden. Der Umgang zwischen Nachbarn kann freundschaftlich geprägt sein oder auf höflicher Distanz basieren. Beides hat seine Berechtigung.

Räumliche Nähe

Den Kontakt zu anderen Menschen kann man normalerweise steuern – nur selten läuft einem jemand zufällig über den Weg. Bei Nachbarn ist die Situation anders. Wenn man nicht gerade einen Einödhof bewohnt, braucht man nur die Wohnungs- oder Haustür aufzumachen: Mit großer Wahrscheinlichkeit begegnet man dem Nachbarn oder der Nachbarin – ob man nun Lust dazu hat oder nicht. Oder man vernimmt andere Lebenszeichen: Die Nachbarstochter hat gerade eine Klavierstunde; eine Etage höher hält sich Frau Meier durch Seilspringen fit, Wellensittich Trixi hat heute einen besonders guten Tag, der Hausmeister mäht den Rasen und so fort.

Unschätzbare Vorteile

Nachbarn haben aber auch ihre guten Seiten: Jeder von uns kann irgendwann einmal die Hilfe von Anwohnern brauchen oder gar auf sie angewiesen sein: Während der Urlaubsreise müssen die Blumen gegossen werden, der Briefkasten will geleert werden, die Katze hat Hunger oder ein Handwerker kommt zu unpassender Zeit und muss in die Wohnung gelassen werden. Teure Geräte, die nur einmal im Jahr gebraucht werden, kann man gemeinsam kaufen oder beim Nachbarn ausleihen (wie z. B. einen Häcksler für abgeschnittene Äste).

➢ *Gerade für kleine Kinder ist es schön, wenn sie in der unmittelbaren Nachbarschaft gleichaltrige Spielkameraden haben.*

Eine schier endlose Liste von nützlichen Diensten könnte man erstellen, die die Nachbarschaft in ein positives Licht rückt. Großes Glück hat man, wenn man hier sogar Freunde findet, mit denen man nicht nur praktische Erwägungen verbindet. Nicht zuletzt hilft gerade in der anonymen Großstadt ein guter Kontakt zu den Nachbarn, die gefürchtete Isolation von kontaktarmen, meist älteren Menschen zu vermeiden. Eine gute Nachbarschaft kann also durchaus soziale Komponenten haben.

Fingerspitzengefühl ist gefragt

Auch im engsten Wohnumfeld hat sich die Gesellschaft zu mehr Individualität entwickelt, was gegenüber den Nachbarn nicht selten zu Auseinandersetzungen führt. So sind z. B. spielende und lärmende Kinder für einige Menschen leider keine Selbstverständlichkeit mehr, sondern ein Störfaktor. Weitere Beispiele sind der verwilderte Garten von nebenan oder der mit Satellitenschüsseln bestückte Balkon, der nicht nach jedermanns Geschmack ist. Auch die Vorstellungen über das rechte Maß an Sauberkeit gehen oft weit auseinander.

Als noch nicht in jedem Wohnzimmer ein Fernseher stand, war der Plausch mit den Nachbarn eine willkommene Unterhaltung. In einer anonymen Umgebung wird dagegen kaum noch miteinander geredet und weniger Rücksicht auf die Belange anderer genommen. Die ständige Nähe zu den Nachbarn erfordert somit mehr Fingerspitzengefühl denn je.

Es ist zu bedauern, dass die Menschen immer weniger Muße für ein Gespräch mit den Nachbarn haben.

Der Antrittsbesuch

Für ein gutes nachbarschaftliches Klima ist es von unschätzbarem Wert, wenn man sich nach dem Einzug bei den neuen Nachbarn persönlich vorstellt. Der so genannte Antrittsbesuch sollte jedoch nicht unangemeldet erfolgen. Meist kommt es beim Einzug zu zufälligen Begegnungen mit den Nachbarn. Fragen Sie bei dieser Gelgenheit, ob und wann Sie einmal kurz vorbeikommen können, um sich und gegebenenfalls Ihre Familie vorstellen zu dürfen. Sie werden sich schnell auf eine passende Zeit in den nächsten Tagen einigen können.

Nie ohne Voranmeldung

Teilweise wird heute immer noch die Ansicht vertreten, dass man sich für den Antrittsbesuch nicht anmelden muss. Doch wie bei anderen Spontanbesuchen könnten Sie gerade ungelegen kommen, sodass man Ihnen erst gar nicht aufmacht, Sie vor der Tür abfertigt oder Sie nur widerwillig ein paar Minuten in der Wohnung »erträgt«. Dies wäre für beide Seiten keine erfreuliche Begegnung und kein guter Anfang der nachbarschaftlichen Beziehung!

Niemand kann erwarten, dass er ohne vorherige Anmeldung mit offenen Armen empfangen wird. Ein kurzer Anruf hilft, peinliche Situationen zu vermeiden.

Wollen Sie es trotzdem riskieren und mit einem unangemeldeten Besuch Ihre neuen Nachbarn überraschen, dann sollten Sie dies keinesfalls in den Abendstunden nach 19 Uhr tun. Die beste Zeit hierfür ist der Samstagnachmittag oder der frühe Samstagabend. Sie sollten Ihren Besuch nicht länger als eine halbe Stunde ausdehnen und von sich aus wieder gehen. Betonen Sie gleich am Anfang, dass Sie nicht lange stören wollen, und fragen Sie, ob Sie nicht ungelegen kommen. Ist dies tatsächlich der Fall, wird man es Ihnen selten direkt sagen. Achten Sie deshalb genau auf den Tonfall, und verabschieden Sie sich nach ein paar Minuten, wenn Sie den Eindruck haben, dass Ihr Besuch momentan nicht willkommen ist.

Ein erfolgreicher Start

Beim Antrittsbesuch sind alle neuen Hausbewohner dabei – auch die Kinder. Stellen Sie sich kurz vor, ohne gleich Ihre ganze Lebensgeschichte zu erzählen. Wirklich wichtig ist nur der Name, der Rest ist Smalltalk. Sprechen Sie mit Ihren neuen Nachbarn über mögliche Störfaktoren. Wenn beispielsweise einer in der Familie wegen Schichtarbeit zu ungewöhnlichen Zeiten ein Bad nimmt. Oder wenn gerne musiziert wird oder ein Hund mit von der Partie ist. Bitten Sie die Nachbarn, Ihnen gleich Bescheid zu sagen, wenn sie sich gestört fühlen.

➤ Der Antrittsbesuch soll Interesse an der Nachbarschaft signalisieren und die Weichen für ein gutes Zusammenleben stellen.

Kennenlernparty

Eine gute Möglichkeit, den nicht immer in lockerer Atmosphäre verlaufenden Antrittsbesuch elegant zu

umgehen, liegt im Ausrichten einer kleinen Kennenlernparty. Sie ist vor allem dann die bessere Wahl, wenn die Nachbarschaft etwas größer ist und man sich viele Einzelbesuche ersparen möchte.
Die Einladung hierfür können Sie kurzfristig aussprechen – entweder in mündlicher Form oder mittels Handzettel, die in alle umliegenden Briefkästen geworfen werden.
Die Wohnung oder das Haus braucht zu diesem Anlass keinesfalls schon voll eingerichtet sein. Im Gegenteil: Nicht selten wurde der Grundstein für ein gutes nachbarschaftliches Verhältnis gelegt, weil inmitten von unausgepackten Umzugskartons eine ungezwungene Atmosphäre herrschte, in der sich alle sofort wohl fühlten.

Ein kleiner Imbiss ist ausreichend

Um den (auch für Sie einfacheren) Improvisationscharakter der Kennenlernparty zu betonen, sollten Sie die Party schon in den ersten Tagen nach Ihrem Einzug ins Auge fassen. Denn je besser Sie eingerichtet sind, umso mehr erwartet man auch von Ihnen. Jeder wird verstehen, dass Sie jetzt noch kein Fünf-Gänge-Menü auf den Tisch zaubern. Einige Flaschen Wein oder Bier und alkoholfreie Getränke sind schnell besorgt. Wenn vormittags eingeladen wird, sollte Sekt bereitstehen. Zum Essen genügt eine Kleinigkeit: beispielsweise Kanapees, die man auch in einer nicht fertig eingerichteten Küche zubereiten kann oder sich vom nächsten Metzger liefern lässt. Nachmittags werden Kaffee und Kuchen angeboten.

➤ Gartenbesitzer können im Sommer auch zu einer kleinen, ungezwungenen Grillparty einladen.

Angesichts des vielleicht noch etwas spärlichen Mobiliars ist es von Vorteil, wenn das Essen im Stehen verzehrt werden kann. Einige Sitzgelegenheiten sollten aber auf jeden Fall vorhanden sein, denn nicht jeder kann oder möchte längere Zeit stehen.

Haus der offenen Tür

Meist werden die Nachbarn schon nach relativ kurzer Zeit wieder gehen. Darüber sollten Sie nicht ungehalten sein oder sich gekränkt fühlen, denn es handelt sich vonseiten der Nachbarn nur um einen Antrittsbesuch, den man nicht über mehrere Stunden lang ausdehnen sollte.

Geben Sie eine bestimmte Zeitspanne an – etwa von zwei bis sechs Uhr an einem Samstagnachmittag –, innerhalb der jeder, der möchte, vorbeikommen kann. Das hat den Vorteil, dass bei einer großen Nachbarschaft der Ansturm nicht so groß ist, da er sich über einen längeren Zeitraum verteilt.

Bemühen Sie sich, jedem Gast zumindest etwas Zeit zu widmen und ein kurzes Gespräch zu führen.

Der Improvisationscharakter einer Einweihungsfeier macht den Reiz dieser Veranstaltung aus.

Worte des Grußes

Das Grüßen der Nachbarn bedeutet für manche Menschen eine lästige Pflichterfüllung, für andere ist es Teil eines freundlichen Miteinanders, das ganz bewusst gepflegt wird.

➤ *Aufs Grüßen kann verzichtet werden, wenn Grüße mehrmals hintereinander nicht erwidert werden.*

Ob man die Nachbarn zu Hause oder irgendwo in der Stadt trifft, ein paar Worte sollten immer gewechselt werden. Damit schafft man eine persönliche Atmosphäre, die sich auf die gesamte Wohnqualität positiv auswirkt. Unterlässt man diese Höflichkeitsgeste, kann dies als persönlicher Affront angesehen werden, und ein negatives Image ist einem sicher. Selbstverständlich kann das Grüßen unterbleiben, wenn man sich am gleichen Tag wiederholt über den Weg läuft.

Regeln für ein harmonisches Zusammenleben

In einem Mehrparteienwohnhaus existiert in der Regel eine schriftlich niedergelegte Hausordnung, die Teil des Mietvertrages ist oder die von der Eigentümerversammlung beschlossen wurde. Hier werden unter anderem alle Arbeiten festgehalten, die in regelmäßigen Abständen erledigt werden müssen. An diese Hausordnung sollten Sie sich in allen Teilen halten, denn andernfalls wird man bald mit den Parteien, die sie befolgen, in Konflikt geraten.

Belästigung durch Lärm

Auf Lärm reagieren die meisten Menschen heutzutage sehr empfindlich, weil sie in vielen Situationen außerhalb ihrer Wohnung lauten Geräuschen ausgesetzt sind, gegen die sie nichts ausrichten können. Infolgedessen wird die eigene Wohnung als Insel der Ruhe betrachtet, wo man sich erholen möchte.
Wird man nun auch vonseiten der Nachbarn immer wieder durch Lärm belästigt, kann dies rasch zu Auseinandersetzungen führen.

Ruhezeiten beachten
Halten Sie sich an die allgemein gültigen Ruhezeiten, besonders in den Abend- und Nachtstunden, die von 20 bis 7 Uhr gelten. An Feiertagen sollten Sie morgens bis neun Uhr keinen Lärm verursachen. Wohnen Kleinkinder in der Umgebung, sollten Sie auch zwischen 12 und 15 Uhr Krach vermeiden, um deren Mittagsschlaf nicht zu stören. In Wohnhäusern mit mehreren Parteien werden die Ruhezeiten in einer Hausordung geregelt.

Mittags und abends gelten besondere Ruhezeiten, die man der Hausordnung entnehmen kann.

Was ist Lärm?

Den Begriff »Lärm« sollten Sie weit fassen: Unter Lärmbelästigung fallen nicht nur »hässliche« Geräusche, wie beispielsweise das entnervende Dröhnen einer Bohrmaschine, sondern auch künstlerische Darbietungen, etwa das Spiel auf einer Blockflöte.

Unterlassen Sie in den Ruhezeiten alles, was laut ist, auch wenn Sie es schön finden. Selbstverständlich gehört auch der Ton eines laut eingestellten Radios oder Fernsehers dazu. Nicht jeder muss Ihre Vorliebe für Volksmusik oder das Programm von MTV teilen.

Türen zuknallen, lautes Pfeifen im Treppenhaus, duschen, laufende Waschmaschinen, klappernde Absätze auf Fußböden ohne Teppich oder Heimwerkergeräusche während der Ruhezeiten tragen keinesfalls zu einem harmonischen Zusammenleben bei.

Ausgelassen feiern

Streit wird auch häufig durch Partys heraufbeschworen, die naturgemäß meistens in den Abend- und Nachtstunden stattfinden. Nach 22 Uhr sollten aus Ihrer Wohnung oder Ihrem Haus keine Partygeräusche mehr zu hören sein. Dies gilt auch für Feiern, die an warmen Abenden im Garten oder auf dem Balkon stattfinden.

Gönnen Sie den Nachbarn die gute Feierlaune, wenn Sie nur selten durch Partylärm belästigt werden.

Wenn viele Gäste geladen sind, lässt sich ein gewisser Lärmpegel nach 22 Uhr nicht vermeiden. Laden Sie in diesem Fall die Nachbarn ebenfalls zur Party ein. Denkbar wäre auch, ein paar Tage vor dem Fest von Tür zu Tür zu gehen, mit der Übergabe von ein paar Blumen oder einer Flasche Sekt den Termin und die Dauer der Party bekanntzugeben und sich schon im Voraus für eventuell auftretende Belästigungen zu entschuldigen. Denn eine Party, die auf Grund der Beschwerden von Nachbarn durch die Polizei beendet wird, fördert keinesfalls eine gute Nachbarschaft.

Hund und Katze

Es könnte unangenehme Folgen haben, wenn Sie ein Haustier in der Mietwohnung halten, obwohl dies nicht erlaubt ist. Wir reden hier nicht von Schlangen, kleinen Tigern oder anderen unüblichen Haustieren, sondern von Hunden und Katzen. Kommt der illegale Aufenthalt Ihres Vierbeiners heraus, was im Falle eines Hundes zu erwarten ist, dann kann dies zur Kündigung des Mietverhältnisses führen, wenn Sie sich nicht zur »herzlosen« Abgabe Ihres Haustieres entschließen.

Aber auch wenn die Tiere offiziell geduldet werden, sollte man Rücksicht auf die Nachbarn nehmen. Beispielsweise darf man den Hund nicht zu Hause allein lassen, wenn man weiß, dass er dann aus Einsamkeit stundenlang bellt. Vor allem zu den offiziellen Ruhezeiten sollte eine Lärmbelästigung vermieden werden. Jeder Haustierbesitzer weiß, in welchen Situationen sein

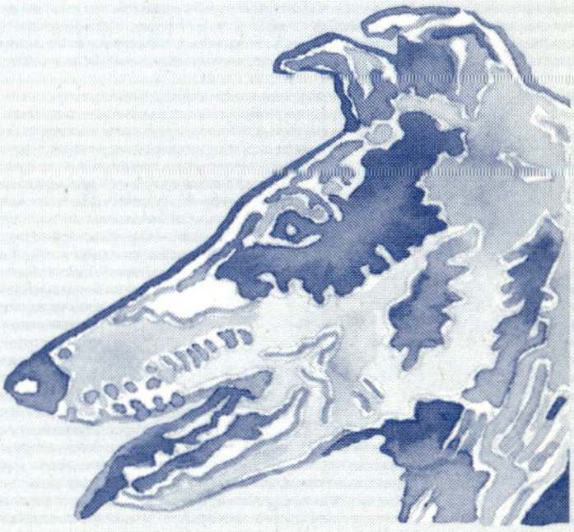

Auch einem Hund kann man mit etwas Geduld Manieren beibringen.

Liebling gerne Krach macht, und wird diese zu bestimmten Uhrzeiten vermeiden. Im Treppenhaus wird der Hund mit Rücksicht auf Kleinkinder und ängstliche Menschen an die Leine genommen. Selbstverständlich darf der Hund sein Geschäft nicht dort verrichten, wo es Nachbarn (oder andere Menschen) stören könnte oder wo Kinder spielen.

Solange Katzen kein fremdes Terrain betreten, beschwert sich auch keiner über sie.

Katzen, die in der Wohnung bleiben, stellen für die Nachbarn in der Regel keine Belästigung dar. Geht die Katze aber selbstständig »spazieren«, muss darauf geachtet werden, dass Sie den Kinderspielplatz nicht für ihre persönliche Toilette hält und nicht durch die vom Nachbarn liebevoll angelegten Blumenbeete wandert.

Grenzen der Kritik

Das höchste Lebensziel mancher Menschen besteht offensichtlich darin, Weltmeister im Nörgeln zu werden. Jedenfalls sind sie ständig im Training und treten meistens als Beschwerdeführer in höchst nichtigen Angelegenheiten auf. Dies tun sie mit großem Engagement, und lassen möglichst viele Menschen daran teilhaben. Macht Ihnen ein Nachbar mit derartigen »Talenten« das Leben schwer, sollten Sie Selbstbewusstsein zeigen und dem Querulanten deutlich machen, dass Sie nicht gewillt sind, auf überzogene Anschuldigungen zu reagieren. Sicherheitshalber sollten Sie jedoch vorher darüber nachdenken, ob in der geäußerten Kritik nicht vielleicht ein Funken Wahrheit steckt, auch wenn sie überzogen ist. Denn mit dem Ignorieren einer berechtigten Kritik liefern Sie einem notorischen Nörgler einen willkommenen Anlass für weitere Attacken.

Wehret den Anfängen

Gute Nachbarschaft beschränkt sich nicht nur auf das Befolgen von Hausordnungen, sondern verlangt auch Toleranz gegenüber anderen Lebensgewohnheiten und Geschmäckern. Es ist sicher besser, mal ein Auge zuzudrücken, wenn sich jemand nicht ganz so verhält, wie man es gerne hätte, als gleich einen Streit vom Zaun zu brechen. Erst wenn man sich dauerhaft belästigt fühlt, sollte man mit dem Nachbarn darüber sprechen.

> ➤ Kritik äußert man am besten mündlich in einem freundlichen, aber bestimmten Ton.

Zwischen manchen Nachbarn herrschen kriegsähnliche Zustände. Wie viele zermürbende Kämpfe wurden schon über den Gartenzaun hinweg ausgefochten! Und wie viele endeten handgreiflich oder vor Gericht? Zu Beginn der Auseinandersetzung bestand zumeist noch eine gewisse Gesprächs- und Kompromissbereitschaft. Doch je länger der Streit dauerte, umso mehr verhärteten sich die Fronten. Versuchen Sie daher, einen Konflikt möglichst frühzeitig beizulegen. Seien Sie bereit, einen Schritt weit nachzugeben, sodass der andere ebenfalls etwas von seinem Standpunkt abrücken kann, ohne sein Gesicht zu verlieren.

Von Mensch zu Mensch

Man begegnet sich im Bus, auf der Rolltreppe, im Wartezimmer, auf der Straße – tagtäglich treffen Menschen zufällig aufeinander. Oft sind sie in Eile und nehmen die anderen nicht als Individuen, sondern als Masse wahr. Wenn man etwas mehr Muße hat, beispielsweise auf einer längeren Zugfahrt, kommt man vielleicht ins Gespräch, und aus dem anonymen Fahrgast wird ein Mensch mit einem Namen und einer Lebensgeschichte. Unabhängig davon, ob der Kontakt gesucht wird oder erzwungenermaßen stattfindet: Gute Umgangsformen helfen, Brücken zu schlagen. Die Wahrung gewisser Formen schafft eine Plattform, auf der eine funktionierende Kommunikation möglich sein sollte.

Rücksichtnahme statt Ausgrenzung

Der Umgang zwischen den Generationen und zwischen verschiedenen Bevölkerungsgruppen läuft leider nicht immer so harmonisch und reibungslos ab, wie dies zu wünschen wäre. Doch hinter einer missglückten Kommunikation stecken meist keine bösen Absichten, sondern eher Unkenntnis und Unsicherheit. Aus Angst, etwas falsch zu machen oder doch nicht den richtigen Ton zu treffen, bleibt man lieber unter sich. Eigentlich schade, oder?

Respekt vor älteren Menschen

In traditionsbewussten Gesellschaften ist der Respekt vor dem Alter eine Selbstverständlichkeit. Die Jüngeren wissen, dass die Fundamente, auf denen sie ihr eigenes Leben aufbauen, von der älteren Generation geschaffen wurden, und schätzen darum die Lebensleistung der Alten. Doch modernen, fortschrittsgläubigen Gesellschaften fällt es zuweilen schwer, einen Bezug zwischen dem aktuellen Wohlergehen und der Leistung der Eltern und Großeltern herzustellen. Der Blick ist so sehr auf das persönliche Fortkommen und auf die aktuelle wirtschaftliche Situation gerichtet, dass für Solidarität und Dankbarkeit kein Platz bleibt.

Fortschritt kontra Lebenserfahrung

Dabei könnten die Jüngeren von den Älteren viel lernen und wertvolle Lebenserfahrung vermittelt bekommen, wenn sie gewillt wären zuzuhören. Doch dafür fehlt es meistens an Zeit. Ältere Menschen haben in unserer schnelllebigen Zeit nicht nur mit mangelnder Anerkennung zu kämpfen, sondern auch mit den Anforderungen des täglichen Lebens. Die rasante technische Entwicklung, vor allem im Computerbereich, ist für viele nicht mehr nachvollziehbar. Alte Menschen fühlen sich mehr und mehr isoliert, denn früher war der Wissensstand eines 70-Jährigen von dem eines 50-Jährigen bei weitem nicht so weit entfernt wie dies heute der Fall ist. Unter solchen Voraussetzungen ist die Vermittlung praktischer Erfahrungswerte kaum mehr etwas wert und gibt es immer weniger gemeinsamen Gesprächsstoff.

➤ *Gerade älteren Menschen fällt es zunehmend schwerer, mitreden, geschweige denn mithalten zu können.*

Auch im Straßenverkehr und bei Fahrten mit öffentlichen Verkehrsmitteln fühlen sich ältere Menschen häufig überfordert, weil sogar das Kaufen von Fahrkarten eine nicht mehr ganz einfache Angelegenheit ist. Ähnliches gilt für das Bedienen von Haushaltsgeräten, für Bankautomaten und so fort.

Eine verständliche Sprache

Wie kann nun der Dialog mit der älteren Generation angesichts der genannten Entwicklung wieder in Gang gebracht werden? Viele ältere Menschen schrecken vor neuen Technologien auch deshalb zurück, weil sie oft mit einem gänzlich neuen, dem Englischen entlehnten Wortschatz einhergehen.

Elementare Englischkenntnisse werden heute als selbstverständlich vorausgesetzt. Dabei wird leicht vergessen, dass für unsere Eltern bzw. Großeltern diese Sprache kein allgemein verbreitetes Unterrichtsfach war. So kann man zwar bei Unkundigen mit Vo-

Was soll man also tun, wenn ein fremdes Kind sich in der Öffentlichkeit so verhält, als hätte es keine Erziehung genossen? Gewalt dürfen Sie auf keinen Fall anwenden, damit würden Sie sich strafbar machen, denn sogar Eltern verstoßen immerhin gegen die Kinderkonvention der Vereinten Nationen, wenn sie ihrem Kind körperliche Gewalt antun.

➤ Kinder sollten von klein auf gutes Benehmen lernen. Mit Rücksicht auf ihr Alter darf man sie aber nicht überfordern.

Mit einem autoritären Befehlston könnten Sie schnell in eine Sackgasse geraten, denn was wollen Sie tun, wenn das Kind Ihren Befehl ignoriert? Von gut erzogenen Kindern erwarten wir, dass sie die Rechte und Interessen anderer Menschen respektieren; dies ist allerdings ein hoher Anspruch, den die Kinder im Prinzip gar nicht erfüllen können, weil ihr Denken im Grunde sehr egoistisch ausgerichtet ist. Es können allenfalls Teilaspekte erwartet werden: Erwachsene grüßen; am Tisch so essen, dass den anderen nicht der Appetit vergeht; um etwas bitten, statt zu fordern und sich bedanken.

Mit gutem Beispiel voran

Als Erwachsener kann man nichts anderes tun, als dem Kind ein Vorbild zu sein, denn besonders kleine Kinder sind hervorragende Nachahmer. Sagen Sie »bitte«, wenn Sie vom Kind etwas wollen, und sagen Sie »danke«, wenn Sie es erhalten haben. Untermauern Sie Ihren Wunsch mit Argumenten, auch wenn Sie nicht den Eindruck haben, dass das Kind dadurch mehr Bereitschaft zeigt, das zu tun, was Sie wünschen. Aber langfristig kann diese Verhaltensweise positive Wirkung zeigen.

Auch der Ton, in dem Sie etwas gegenüber einem Kind vorbringen, entscheidet über Willen oder Unwillen des Kindes, das Gewünschte zu tun. Bemühen Sie sich um einen freundlichen, aber bestimmten Tonfall, der keine Unsicherheit erkennen lässt.

Der Umgang mit Behinderten

Das Verhalten Behinderten gegenüber ist im Allgemeinen von großer Unsicherheit geprägt – viele wissen nicht, wie und ob sie helfen können. Dies ist einerseits in fehlender Erfahrung begründet und andererseits in der Unkenntnis darüber, ob es das Selbstwertgefühl eines Behinderten überhaupt zulässt, dass ihm geholfen wird.

> ➢ Integration findet nur statt, wenn Behinderte und Nichtbehinderte lernen, unverkrampft miteinander umzugehen.

Angesichts dieser Schwierigkeiten versuchen viele Menschen, Behinderten aus dem Weg zu gehen – im wahrsten Sinne des Wortes. Doch die Isolierung einer ganzen Bevölkerungsgruppe muss nicht tatenlos hingenommen werden: Sowohl Behinderte als auch Nichtbehinderte sollten bereit sein, auf den anderen aktiv zuzugehen. Dazu gehört, dass der Behinderte ohne Hemmungen mitteilt, wie ihm geholfen werden kann und welche Handreichungen dazu notwendig sind. Der Nichtbehinderte sollte seine Bereitschaft zur Hilfestellung ebenfalls deutlich bekunden, sodass dem Behinderten schnell und unkompliziert geholfen werden kann.
Nichtbehinderte sollten sich darüber im Klaren sein, dass jedes Ausweichen gegenüber einem Behinderten von diesem auch als Herabsetzung seiner Persönlichkeit interpretiert werden kann. Deshalb sollte man

ihm offen gegenübertreten, um solche Missverständnisse zu vermeiden.
Betrachten Sie die Welt einmal aus der Perspektive eines Behinderten: Türen lassen sich vom Rollstuhl aus nicht öffnen, die Druckknöpfe vor oder in dem Aufzug liegen in unerreichbarer Höhe, Stufen sind im Weg, und viele andere Hindernisse müssen überwunden werden. Helfen Sie, wo Sie nur können, um das Fortkommen von Menschen, die an den Rollstuhl gefesselt sind, zu erleichtern.
Die meisten Behinderten wollen nicht, dass man ihnen Mitleid entgegenbringt, denn damit ist ihnen nicht geholfen. Machen Sie kein Aufheben um die Behinderung, sondern gehen Sie auf einen Behinderten genauso zu, wie Sie dies gegenüber anderen Menschen auch tun!

Ausländische Besucher

Gegenüber ausländischen Besuchern sollten Sie sich besonders höflich und aufmerksam verhalten, weil sie Gäste unseres Landes sind und einen Anspruch darauf haben, entsprechend behandelt zu werden.
Versetzen Sie sich einfach in ihre Lage. Wie fühlt man sich in einem Land, dessen Sprache man nicht beherrscht und in dem man sich zudem nicht gut auskennt? Sie würden sich sicherlich freuen, wenn Sie auf nette, aufgeschlossene und hilfsbereite Men-

Jeder Gast unseres Landes soll sich bei uns wohl fühlen.

schen treffen würden. So sollte es auch bei uns sein, wenn ausländische Gäste Hilfe brauchen.

Praktizierte Gastfreundschaft

Gehen Sie offen und hilfsbereit auf Fremde zu, und bieten Sie Ihre Hilfe an. Sind die Besucher der deutschen Sprache nicht mächtig, können Sie versuchen, ob Sie mit Englisch weiterkommen. Scheitert die Verständigung an der Sprache, überlegen Sie, wie Sie trotzdem helfen könnten. Vielleicht kennen Sie ja jemanden, der sich in der Landessprache der Gäste verständigen kann. Rufen Sie dort gegebenenfalls mit dem Handy oder aus einer Telefonzelle an. Vielleicht ist die betreffende Person auch in der Nähe erreichbar. Aber auch mit Handzeichen, Gesten etc. lässt sich eine Menge sagen. Wenn es sich um eine Wegbeschreibung handelt, können Sie den Straßenverlauf anhand des meist vorhandenen Stadtplans aufzeigen.

➢ *Statt mit Worten kann man sich mit Bildern und Symbolen verständigen, die schnell auf ein Stück Papier gekritzelt werden.*

Hat der ausländische Gast nur begrenzte Deutschkenntnisse, sodass er sich nicht perfekt ausdrücken kann, sollten Sie trotzdem seine Bemühungen achten, geduldig zuhören und in korrektem, aber einfachem Deutsch antworten. Benutzen Sie auf keinen Fall eine kindliche Sprache, denn der andere möchte ja richtig Deutsch lernen.

Machen Sie keine Witze über Aussprache- oder sonstige Fehler, und fallen Sie dem Fremden nicht ständig korrigierend ins Wort, denn das wäre wenig ermutigend und eine grobe Unhöflichkeit gegenüber einem Gast unseres Landes.

Ein Kaffee gefällig?
Wenn die Verständigung keine Probleme bereitet und Sie gerade Zeit haben, wäre es eine nette Geste, die Fremden zu einem Getränk in ein nahe gelegenes Café oder Bistro einzuladen. So ergeben sich möglicherweise für beide Seiten interessante und wertvolle internationale Kontakte, welche oft schon lebenslange Freundschaften begründet haben.

Auch gegenüber Fremden kann man Gastfreundschaft üben.

Umgangsformen in der Öffentlichkeit

Der Kontakt mit fremden Menschen wird durch die Einhaltung gewisser Umgangsformen vereinfacht, weil so der andere berechenbarer wird. Diese Vorhersehbarkeit schafft auch zwischen Fremden ein gewisses Vertrauensverhältnis, das für eine funktionierende Gesellschaft notwendig ist.

Reden und reden lassen

Den Gesprächspartner ausreden zu lassen und ihm gut zuzuhören ist nicht nur eine Frage des Anstands, sondern auch Voraussetzung für eine gelungene Kommunikation. Denn es gehen wichtige Informationen verloren, wenn man jemandem häufig ins Wort fällt. Erstens wird der Redefluss des Gesprächspartners unterbrochen, und er verliert unter Umständen den Faden. Zweitens kann ihm der Zuhörer nicht aufmerksam folgen. Auch wenn Sie aus dem bereits Gesprochenen unschwer auf das Ende der Ausführungen schließen können, sollten Sie den Gesprächspartner zu Ende reden lassen – das gebietet die Höflichkeit und der Respekt vor der Persönlichkeit des anderen.

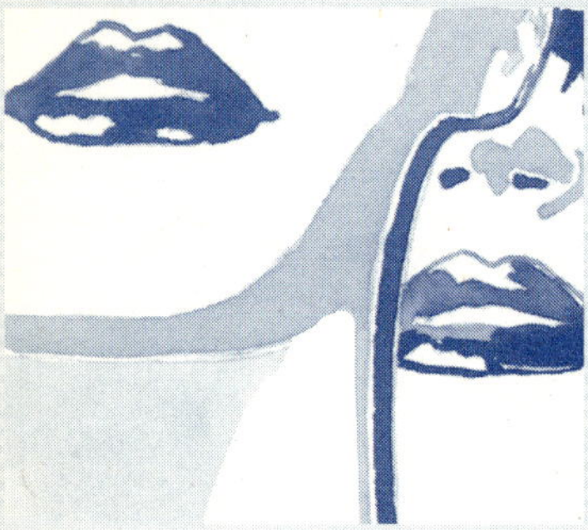

Zuhören ist eine Kunst, die viele Menschen nicht mehr beherrschen.

Kleine Aufmerksamkeiten

Auch gegenüber Fremden haben »Bitte« und »Danke« ihren Platz: In der Anonymität der Masse zeigen sie, dass man die Menschen um sich herum wahrnimmt und respektiert. Oft sind es nur kleine Aufmerksamkeiten, die für einen kurzen Augenblick die Mienen erhellen. Ein »Bitte«, ein »Danke«, ein Lächeln, eine kleine Handreichung – schon kann die Laune für diesen Tag ins Positive gewendet werden. Aus dem Nebeneinander wird ein Miteinander, und der Fremde erscheint mit einem Mal gar nicht mehr so fremd.

Anstandsregeln in der Öffentlichkeit

Türen Wenn Sie durch eine Tür gehen, achten Sie darauf, dass die Türe nicht vor einer nachfolgenden Person zuschlägt oder sie gar trifft. Halten Sie sie ein paar Sekunden fest, bis der andere sie übernimmt.

Rolltreppen Drängen Sie sich an der Rolltreppe nicht schnell noch vor eine andere Person, sondern lassen Sie dem anderen den Vortritt. Insbesondere ältere Menschen fühlen sich beim Betreten einer Rolltreppe sicherer, wenn sie ausreichend Platz und Zeit dazu haben. Halten Sie sich an die Regel: rechts stehen, links gehen!

Mutter mit Kind Sehen Sie eine Mutter mit Kinderwagen an einer Treppe stehen, bieten Sie ihr an, den Kinderwagen mit ihr über die Treppe zu tragen. Als Mutter sollten Sie natürlich ein freundliches »Danke« für den Helfer übrig haben!

Warteschlangen Auch wenn lange Schlangen vor den Kassen von Supermärkten oft ein Ärgernis sind, kommt man nicht schneller an die Reihe, wenn man seinen Einkaufswagen bis in die Kniekehlen des Vordermanns schiebt. Auch in anderen Situationen lohnt sich drängeln nicht, denn wenn sich alle diszipliniert in einer Reihe aufstellen, geht es im Allgemeinen schneller und weniger stressig voran als in einer unübersichtlichen, schiebenden Menge.

Geldautomat Wenn ein Geldautomat gerade besetzt ist, sollte man mit ausreichendem Abstand davor warten, denn Bankangelegenheiten sind Privatsache.

Rauchen in der Öffentlichkeit

Heutzutage genießt das Rauchen in der Öffentlichkeit nicht mehr die Akzeptanz wie früher. Nur noch im Freien wird das Rauchen als grundsätzlich unproblematisch betrachtet, weil sich die Belästigung durch den Qualm objektiv in Grenzen hält.

Dagegen ist das Rauchen in geschlossenen Räumen und in öffentlichen Verkehrsmitteln nur in Ausnahmefällen erlaubt. Denn Nichtraucher fühlen sich durch den blauen Dunst gesundheitlich gefährdet. Nachdem jedermann weiß, wie gesundheitsschädlich selbst passives Rauchen ist, werden Raucher nicht mehr ohne weiteres toleriert. Nichtraucher können zu Recht verlangen, rauchfrei leben zu dürfen.

Kettenraucher werden in der heutigen Gesellschaft kaum noch geduldet.

Rauchen verboten

Rauchverbote sind heutzutage weit verbreitet. Bei Missachtung müssen Raucher oft mit heftigen Attacken vonseiten der Nichtraucher rechnen.

Deshalb sollte man unbedingt die verbotenen Zonen respektieren:

- In Krankenhäusern ist das Rauchen grundsätzlich zu unterlassen. Räume, in denen sich gewöhnlich Kinder aufhalten, sind ebenfalls tabu – auch wenn diese gerade nicht anwesend sind.
- Genauso deplatziert und unpassend ist das Rauchen in den Wartezimmern von Ärzten.

★ In der Regel ist das Rauchen in Büros mit Publikumsverkehr verboten. Das betrifft die Angestellten gleichermaßen wie die Besucher. Denn nicht rauchende Besucher können der Belästigung ja nicht ausweichen.

★ In öffentlichen Verkehrsmitteln darf nur dort geraucht werden, wo es ausdrücklich erlaubt ist. In Flugzeugen ist das Rauchen oft ganz verboten, ebenso in S-Bahnen, U-Bahnen, Straßenbahnen, Bussen und in den meisten Taxis.

★ In Aufzügen gilt oft kein Rauchverbot, trotzdem sollte man dort das Rauchen unterlassen, weil es eine Zumutung für einen Nichtraucher darstellt, in einen verqualmten Aufzug steigen zu müssen.

★ In der Umgebung von schnell entflammbaren Flüssigkeiten ist das Rauchen streng verboten. Das gilt vor allem für Tankstellen, aber auch für Parkhäuser.

★ An einem Unfallort ist es sehr gefährlich zu rauchen, weil eventuell auslaufender Treibstoff durch das Wegwerfen einer »Kippe« oder bei Wind durch Funkenflug sich entzünden und eine verheerende Explosion auslösen könnte.

➢ *Werfen Sie nie eine brennende Zigarette in einen Abfallbehälter – er könnte in Flammen aufgehen.*

★ Werfen Sie, wenn Sie draußen rauchen, einen Zigarettenstummel nicht einfach achtlos auf die Straße, sondern treten Sie ihn über einem Gulli aus, und lassen Sie ihn dort hineinfallen.

★ Wenn Sie unterwegs rauchen, sollten Sie mit brennender Zigarette kein Gebäude betreten.

★ Achten Sie in einem Lokal darauf, ob das Rauchen dort erlaubt ist. Oft sind Restaurants in Raucher- und

Nichtraucherbereiche eingeteilt – diese Einteilung sollten Sie beherzigen.

- In einer Kirche darf auf keinen Fall geraucht werden. Auch Museen sind rauchfreie Zonen.
- Rauchverbote in Wäldern sollten immer ernst genommen werden. Gerade in Zeiten mit wenig Niederschlägen ist die Brandgefahr sehr groß, und Menschenleben stehen auf dem Spiel.
- Nicht immer signalisiert die Existenz eines Aschenbechers eine Raucherzone. Achten Sie trotzdem auf Verbotsschilder.

➢ Gehen Sie nicht mit brennender Zigarette aus dem Lokal – das gilt als höchst unfein.

Als Nichtraucher sollten Sie sich gegenüber Rauchern höflich verhalten! Lassen Sie Ihrem Unwillen nicht durch aggressives Verhalten freien Lauf, denn Raucher sind auch nur Menschen, die normalerweise mit guten Argumenten zu überzeugen sind, das Rauchen einzustellen, wenn es stört. Gegen Ignoranten von Rauchverboten sollten Sie nicht selbst vorgehen, sondern dies Personen überlassen, die das Hausrecht innehaben.

Taktgefühl zeigen

Höflichkeit und Taktgefühl stehen in einem engen Zusammenhang. Taktgefühl bedeutet, die Schwächen eines anderen Menschen höflich zu ignorieren. Dies kann sich sowohl auf das Aussehen als auch auf eine peinliche Situation beziehen, die man als nicht Betroffener »taktvoll« übergeht. »Taktlos« und damit grob unhöflich wäre es, ein unvorteilhaftes Aussehen oder ein Missgeschick zu kommentieren – ob nun gegenüber dem Betroffenen selbst oder gegenüber Dritten.

»Taktvoll« wäre es in dieser Situation wiederum von Dritten, auf die Taktlosigkeit nicht einzugehen.

Sprechen Sie niemanden wegen seines Aussehens an, wenn es nicht positiv gemeint ist und nicht eindeutig als Kompliment verstanden werden kann. Auch zweideutige Äußerungen sollten Sie vermeiden. Übergehen Sie das Missgeschick einer anderen Person, indem Sie so tun, als wäre nichts geschehen, und machen Sie kein Aufheben davon.

Als besonders taktlos gilt es, über die körperlichen Schwächen oder Ungeschicklichkeiten von Dritten in deren Abwesenheit »herzuziehen«. Wenn Sie Zeuge eines solchen Verhaltens werden, sollten Sie nicht in die gleiche Kerbe schlagen, sondern die Bemerkung entweder ignorieren oder sich deutlich davon distanzieren.

Ehrlichkeit kann gnadenlos sein! Wer immer ehrlich und offen seine Meinung sagt, kann damit die Gefühle anderer Menschen verletzen. Das heißt nicht, dass man zur Unaufrichtigkeit verpflichtet ist, sondern nur, dass man immer erst die Konsequenzen einer Handlung bedenken sollte, bevor man sie ausführt.

Es ist nichts dagegen einzuwenden, jemanden auf etwas Peinliches unauffällig aufmerksam zu machen, wenn dieser es noch nicht gemerkt hat. Tun Sie dies so kurz und beiläufig wie möglich.

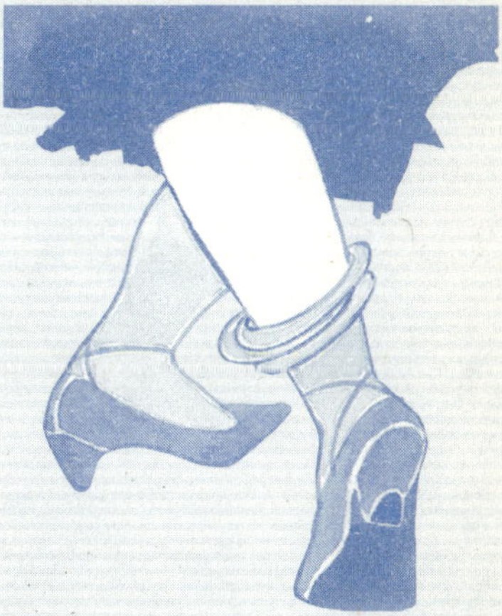

Blicken Sie darüber hinweg, wenn Ihr Gegenüber einmal nicht die vorteilhafteste Figur abgibt.

Situationen im Alltag

Wo viele Menschen sind, treffen auch unterschiedliche Interessen aufeinander, die in Einklang gebracht werden müssen. Der eine Autofahrer möchte beispielsweise schnell von einem Ort zum anderen und ärgert sich über die langsamen Fahrer, derentwegen er immer wieder auf die Bremse drücken muss. Der andere möchte die Landschaft genießen und fühlt sich durch Raser gestört. Nicht alle Konfliktsituationen können gesetzlich geregelt werden, sondern verlangen Einfühlungsvermögen und ein Gespür für das, was man anderen zumuten kann und darf und wann Rücksicht genommen werden muss.

Der Arztbesuch

Krankheiten und Schmerzen lassen sich leider nicht immer vermeiden, aber man kann einiges tun, damit der Arztbesuch möglichst reibungslos und schnell über die Bühne geht.

Melden Sie sich vor einem Arztbesuch immer telefonisch an, auch wenn Sie akut erkrankt sind, damit Ihnen die Sprechstundenhilfe sagen kann, zu welcher Tageszeit oder an welchem Tag Sie am wenigsten warten müssen. Sie können jedoch nicht erwarten, dass Sie ohne warten an die Reihe kommen, denn die angemeldeten Besucher gehen vor.

Man sollte nur in Notfällen unangemeldet einen Arzt aufsuchen.

Bei nicht akuten Erkrankungen haben heutzutage fast alle Ärzte ein Terminsystem, das volle Wartezimmer und lange Wartezeiten vermeiden soll. Dementsprechend sind die Fristen oft recht lang, bis Sie beim Arzt zum Zug kommen. Planen Sie das oft wochenlange Warten auf einen Termin mit ein! Skizzieren Sie bei der Anmeldung kurz, warum Sie den Arzt konsultieren wollen.
Halten Sie Ihren Termin pünktlich ein, denn damit helfen Sie der Praxis, dass der vereinbarte Zeitplan eingehalten werden kann und nachfolgende Patienten nicht übermäßig lang warten müssen. Können Sie einen Termin nicht einhalten, geben Sie der Praxis so früh wie möglich telefonisch Bescheid.

Im Wartezimmer

Schon etwas aus der Mode gekommen, aber dennoch ein Zeichen von gutem Benehmen ist es, wenn Sie vor dem Betreten des Wartezimmers an die Tür klopfen. Begrüßen Sie die anwesenden Patienten bzw. erwidern Sie den Gruß des Hereinkommenden.
Ist das Wartezimmer voll besetzt, sollten Sie darauf achten, dass Sie bei einer ansteckenden Erkrankung (z. B. einer Grippe) möglichst niemand damit anstecken und auch nicht angesteckt werden. Man hustet und niest nur hinter vorgehaltener Hand; Taschentücher legt man nach Gebrauch wieder zurück in die Tasche.

➤ Im Wartezimmer sollte man niemandem seine Leidensgeschichte aufdrängen, der sie nicht hören möchte.

Manche Patienten nutzen die Zeit im Wartezimmer gern, um ausführlich von ihren Krankheiten zu erzählen. Dagegen ist nichts einzuwenden, wenn die Zuhörer daran interessiert sind.

Die Sprechstunde

Der Arzt ist darauf angewiesen, dass der Patient möglichst genau und ausführlich von seinen Beschwerden berichtet. Nur so kann er ihren Ursachen auf die Spur kommen.

Kommt ein Patient zum ersten Mal in die Sprechstunde, wird er wahrscheinlich zunächst über seinen Gesundheitszustand befragt werden. Häufig bekommt er einen Fragebogen in die Hand gedrückt, den er im Wartezimmer ausfüllen muss. Um präzise antworten zu können, sollte man schon zu Hause überlegen, welche Informationen für den Arzt wichtig sein könnten. Skizzieren Sie kurz den bisherigen Krankheitsverlauf, und listen Sie alle Medikamente auf, die Sie derzeit einnehmen müssen.

➢ Überlegen Sie im Zusammenhang mit Ihrer Krankengeschichte, welche Erkrankungen in Ihrer Familie bisher aufgetreten sind.

Selbstverständlich sollte man sich vor jedem Arztbesuch zu Hause gründlich waschen, sodass eine Untersuchung keine Zumutung für den Arzt darstellt. Von Vorteil ist es, wenn man sich so anzieht, dass das Ablegen der Kleidung im Behandlungszimmer nicht zu einer zeitraubenden Angelegenheit wird.

Auf der Straße

Viele unserer autofahrenden Zeitgenossen scheinen den Straßenverkehr zur benimmfreien Zone erklärt zu haben. Üble Beschimpfungen, beleidigende Gesten, provozierendes Fahrverhalten – und das alles, obwohl durch das Nummernschild jederzeit die Identität festgestellt werden kann. Viele Geschädigte scheuen allerdings den Gang zur Polizei.

Viele entgehen einer Beleidigungsklage nur deshalb, weil den »Opfern« der Aufwand zu groß ist und man mit manchen Menschen nicht einmal im Gerichtssaal zu tun haben will. Das Unrechtsbewusstsein vieler Menschen scheint im Zusammenhang mit ihrem Auto bedenklich zu schwinden – von Anstand und gutem Benehmen keine Spur! Dass rücksichtsloses Fahrverhalten auch Leben gefährden kann, scheint keine Rolle zu spielen.

Fairness statt Rowdytum

✯ Unterlassen Sie alles, was man außerhalb Ihres Autos als Beleidigung auffassen könnte, denn eine Beleidigungsklage verursacht viele Scherereien.

✯ Auch wegen beleidigender Gesten kann man angezeigt werden. Dazu gehören beispielsweise der nach oben ausgestreckte Mittelfinger und das Tippen mit dem Zeigefinger an die Stirn.

✯ Üben Sie Toleranz, wenn das fahrerische Können der anderen Verkehrsteilnehmer nicht Ihrem Niveau entsprechen sollte.

Defensives Fahren heißt die Zauberformel, mit der man stressfrei ans Ziel gelangt.

★ Verhalten Sie sich rücksichtsvoll gegenüber Fußgängern und Fahrradfahrern, so wie Sie es auch von Autofahrern erwarten, wenn die Rollen getauscht werden und Sie zu Fuß oder mit dem Rad unterwegs sind.

➢ Bieten Sie nicht ganz so beweglichen Mitfahrern beim Ein- und Aussteigen Ihre Hilfe an.

★ Zu dichtes Auffahren wird als Drängeln empfunden und sollte tunlichst vermieden werden – als Fußgänger würde man das ja auch nicht tun!

★ Seien Sie fair bei der Parkplatzsuche! Drücken Sie sich nicht schnell in eine Lücke, wenn Sie sehen, dass ein anderer Fahrer diesen schon anstrebt, aber nicht ganz so fix im Einparken ist wie Sie.

★ Sehr rücksichtslos ist es, nachts mit voll aufgedrehter Stereoanlage und bei geöffneten Autofenstern bzw. offenem Schiebedach durch stille Wohnstraßen zu fahren.

★ Übrigens: Laut Straßenverkehrsordnung muss man bei einer Verengung von zwei Spuren auf eine Spur anderen Autofahrern nach dem Reißverschlussprinzip Platz machen. Man begeht eine Ordnungswidrigkeit, wenn man jemanden am Einfädeln hindern möchte!

In öffentlichen Verkehrsmitteln

Während des Berufsverkehrs herrscht in den öffentlichen Verkehrsmitteln meistens drangvolle Enge. Damit sich die Fahrt trotzdem einigermaßen erträglich gestaltet, sollten gewisse Regeln eingehalten werden. Aber auch in verkehrsärmeren Zeiten gibt es Gelegenheit genug, durch zuvorkommendes Verhalten manche Hilfestellung zu leisten.

Meist hat man keine Wahl und muss in einen überfüllten Zug oder Bus einsteigen und fremden Menschen im wahrsten Sinne des Wortes nahe treten, auch wenn dies bei allen Beteiligten Unbehagen auslöst. Der Einsatz von Ellenbogen und Füßen, um sich Platz zu schaffen, trägt wenig zur Entschärfung der Lage bei. Auch sollte man sich nach Möglichkeit nicht an den Körpern anderer Fahrgäste abstützen. Direkter Blickkontakt sollte vermieden werden.
Eine Frau könnte in der Enge in die Situation geraten, dass ein männlicher Fahrgast handgreiflich wird. Sie sollte sich dies auf keinen Fall gefallen lassen, nur weil sie Aufsehen vermeiden möchte. Ein Satz wie »Nehmen Sie bitte Ihre Hände weg von mir!«, deutlich und in normaler Lautstärke vorgetragen, kann Wunder wirken, denn damit rechnen aufdringliche Zeitgenossen normalerweise nicht.

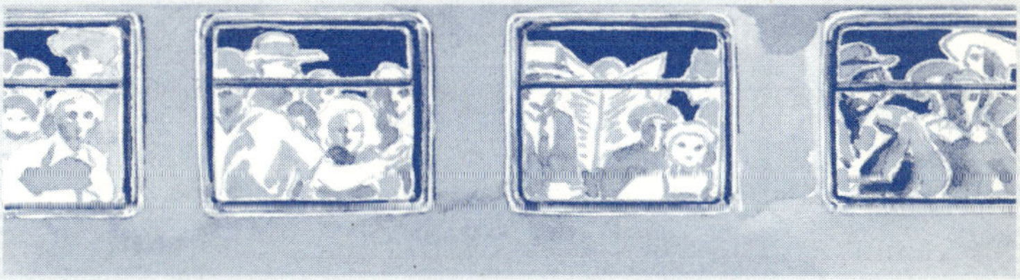

Wenn man schon gezwungenermaßen auf Tuchfühlung gehen muss, sollte man durch Drängeln die Situation nicht noch verschärfen.

Platz machen

Wenn alle Sitzplätze besetzt sind, sollte älteren Menschen oder Behinderten ein Sitzplatz frei gemacht werden. Dies gilt insbesondere für die so genannten Behindertenplätze. Stehen Sie nicht missmutig auf, sondern machen Sie mit einem Lächeln und einem »Bitteschön« Ihren Sitzplatz frei. Auch Schwangere haben ein Anrecht auf einen Sitzplatz.

Lassen Sie an den Haltestellen ältere Menschen in Ruhe aussteigen, bevor Sie zu- oder aussteigen. Man lässt immer zuerst den aussteigenden Fahrgästen den Vortritt und drängelt sich nicht an ihnen vorbei.

Achten Sie auf Mütter mit Kinderwagen, die es bei älteren Bussen, Straßenbahnen oder auch bei Zügen sehr schwer haben, mit dem Kinderwagen und ihrem Kleinkind so aus- und einzusteigen, dass das Kind nicht gefährdet wird. Seien Sie rücksichtsvoll und helfen Sie, indem Sie den Kinderwagen an einer Seite anpacken. Befolgen Sie dabei unbedingt die Anweisungen der Mutter.

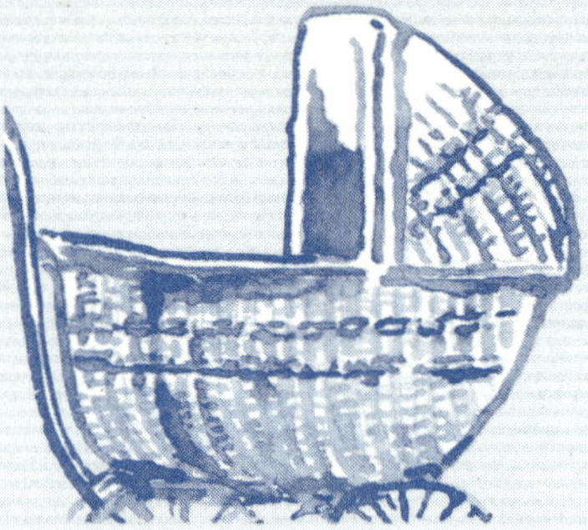

Mütter mit Kind, Behinderte und alte Menschen haben in öffentlichen Verkehrsmitteln den Vortritt.

Keine Scheu vor Behörden

Die Zeiten, in denen »Dienstleistung« in Behörden noch ein Fremdwort war, sind glücklicherweise vorbei. Der Besucher ist kein Bittsteller mehr, sondern jemand, der etwas beantragt, auf das er ein gesetzliches Anrecht hat.

Dies gestattet ihm jedoch kein maßloses Auftreten, sondern er sollte – wie in anderen Bereichen des Lebens auch – einen höflichen und sachlichen Ton anschlagen, wenn er sein Anliegen vorbringt. Auch die Vernunft verbietet ein unhöfliches Auftreten, denn dieses kann bei einer nicht ganz klaren Sachlage schon mal einen ablehnenden Bescheid zur Folge haben.

Wer ist wann an der Reihe?

Ämter mit sehr viel Parteiverkehr (z. B. Einwohnermeldeämter, Kfz-Zulassungsstellen, Standesämter) managen häufig den Besucheransturm, indem sie einen Nummerngeber im Eingangsbereich installiert haben. Der Besucher zieht eine Nummer: Ein Blick auf die Zahl und der Vergleich mit der eben aufgerufenen Ziffer zeigt ihm ungefähr, wann er an der Reihe ist. Behinderte, schwangere Frauen und Eltern mit Kleinkindern (auch Väter) haben trotz Nummernsystem Vortritt. Sie gehen nach einem kurzen Klopfen direkt in eines der Büros, ohne eine Nummer zu ziehen. Sie werden dort oder in einem anderen Büro umgehend bedient.

Bei einer Dienststelle ohne Aufruf nach Nummern klopfen Sie vor dem Eintreten ins Bürozimmer an. Sie brauchen nicht auf das Herein zu warten, sondern können die Tür öffnen und nachschauen, ob Sie eintreten dürfen. Wird in dem Büro bereits ein Besucher bedient, warten Sie draußen, bis er herauskommt. In der Regel wird man Ihnen sagen, ob Sie nun hereinkommen können oder sich noch kurze Zeit gedulden müssen.

➤ *Wenn man einen Beamten in leitender Funktion sprechen möchte, ist eine Anmeldung im Vorzimmer empfehlenswert.*

Im Theater

Erscheinen Sie zu einer Theateraufführung oder einem Konzert immer pünktlich, denn Sie werden nach Beginn der Aufführung bis zur Pause nach dem ersten Akt nicht mehr eingelassen, um Sänger, Schauspieler, Musiker und Publikum nicht zu stören. Einige Theater haben für Nachzügler spezielle Logen weit

oben und an der Seite, deren Betreten von unten nicht wahrgenommen werden kann.
Auch nach den Pausen hat man, sobald die Türen zu den Zuschauerräumen geschlossen wurden, meist keine Chance, auf seinen Platz zurückzukehren. Um dies zu vermeiden, wird in den Pausen und am Anfang der Aufführung mit Klingelzeichen angekündigt, wann die Türen geschlossen werden: Ein Klingelzeichen heißt, dass man sich wieder in Richtung seines Sitzplatzes begeben sollte. Zwei Klingelzeichen signalisieren, dass es jetzt höchste Zeit wird, den Platz aufzusuchen. Drei Klingelzeichen kündigen das Schließen der Türen an.

➢ *Uniformierte Bedienstete des Theaters wachen über die Türen zum Saal.*

Liegt Ihr Sitzplatz in der Mitte einer Reihe, und sitzen außen schon einige Besucher, dann gehen Sie an ihnen vorbei, indem Sie ihnen das Gesicht zuwenden. In der Regel ist es notwendig, dass die bereits Anwesenden wegen der Enge der Reihen aufstehen müssen, um Sie vorbeizulassen. Honorieren Sie dies mit einem »Danke« und einem freundlichen Lächeln. Umgekehrt sollten Sie natürlich auch aufstehen, wenn Besucher an Ihnen vorbei zu ihren Plätzen möchten.

Beifallsbekundungen
Im Theater ist es üblich, zwischen den Akten zu applaudieren. Es darf auch Szenenapplaus geben (beispielsweise nach einer besonders gut gelungenen Arie), mit dem aber sehr sparsam umgegangen werden sollte. Hüten Sie sich davor, als Einzelner Szenenapplaus zu geben, denn damit könnten Sie unangenehm auffallen.

Im Konzert wird dagegen zwischen den Sätzen eines Musikstückes nicht applaudiert. Wenn Sie das Stück nicht kennen, sollten Sie vorsichtshalber immer etwas warten, bevor Sie übereifrig das Ende beklatschen, jedoch noch der eine oder andere Satz bevorsteht. Pfiffe bedeuten im Gegensatz zum Rockkonzert ein deutliches Zeichen der Missbilligung der Aufführung bzw. der Leistung der Akteure.
Zugaben sind in klassischen Konzerten üblich, bei Theateraufführungen jedoch nicht – da hilft auch kein Trampeln und Klatschen. Im Theater gebietet es die Höflichkeit gegenüber Akteuren und Publikum, nach dem Fallen des Vorhangs noch am Platz zu bleiben, bis die Beifallsbekundungen abgeebbt sind. Gleiches gilt im klassischen Konzert für die Zugaben.

Im Kino

Im Kino gelten weniger strenge Regeln als im Theater oder Konzertsaal – sehr zum Leidwesen aller Kinobesucher, die rechtzeitig ihre Plätze eingenommen haben und in Ruhe den Film verfolgen möchten. So werden im Kino Besucher nach Beginn des Hauptfilms noch eingelassen, und niemand hindert sie daran, unbedingt einen freien Platz mitten in der ansonsten besetzten Reihe aufsuchen zu wollen. Gehen Sie mit gutem Beispiel voran, und kommen Sie immer pünktlich zur Vorstellung.

Wer zu spät zu einer Filmvorführung kommt, sollte sich einen Sitzplatz am Rand suchen, um nicht zu stören.

Auch gehört es bei manchen Besuchern zum »guten Ton«, lautstarke Kommentare zu einzelnen Szenen des Films abzugeben oder den gesamten Film mit dem Rascheln von knisternder Verpackungsfolie zu untermalen. Halten Sie sich mit Bemerkungen zum Film während der Vorführung zurück, auch wenn er sich als noch so schlecht entpuppen sollte. Und wenn Sie während der Vorführung knabbern wollen, dann tun Sie dies möglichst leise.

In der Kirche

Es ist unhöflich gegenüber der Gemeinde, zu spät zum Gottesdienst zu kommen. Falls man doch etwas knapp dran ist, sollte man es tunlichst vermeiden, die Türen mit großem Getöse nach dem Eintreten zufallen zu lassen. Man geht unauffällig in die hinterste Reihe und setzt sich leise hin.

Als Tourist und Kunstinteressierter sollten Sie immer daran denken, dass die Kirche kein Museum, sondern ein Gotteshaus ist. Während eines Gottesdienstes ist eine Besichtigung tabu. Akzeptieren Sie es, wenn die Kirche während dieser Zeit für Besucher gesperrt ist. Auch das Fotografieren ist oft nicht erwünscht – vor allem dann, wenn ein Blitzlicht benutzt wird. Holen Sie vor dem Fotografieren oder Filmen die Erlaubnis einer Aufsichts-

Die Würde eines Gotteshauses gilt es unter allen Umständen zu wahren.

person ein. Essen und Trinken sind in einer Kirche strikt verboten.

Beim Sport und in der Sauna

Schiedsrichter wachen beim Sport darüber, dass nicht gegen die Regeln der jeweiligen Sportart verstoßen wird. An diese Regeln sollte man sich auch halten, wenn kein Schiedsrichter anwesend ist. Fairness und Rücksichtnahme gehören zu den Grundtugenden beim Sport – nicht zuletzt wegen der erhöhten Verletzungsgefahr.

➤ Die wichtigsten Regeln hängen in den meisten Sportstätten aus oder werden von Trainern vermittelt.

Jede Sportart hat ihre eigenen Gebote und Verbote. So sollte man beispielsweise beim Golfen einer nachfolgenden Gruppe nicht unnötig im Weg stehen. Im Schwimmbad achtet man die Bahnen der anderen Schwimmer und geht bzw. springt nur an den dafür vorgesehenen Stellen ins Wasser. Diese Aufzählung ließe sich beliebig fortsetzen.

Verhalten in der Sauna

In der öffentlichen Sauna gilt es, angesichts der üblichen Nacktheit eine gewisse Distanz zu wahren. Tragen Sie das Ihre zu einer angenehmen Atmosphäre und einem guten Umgangston bei, was letztlich auch der Suche nach Entspannung, Wohlbefinden und Fitness zuträglich ist. Nehmen Sie zwei große Handtücher zum Saunagang mit. Das eine ist zum Unterlegen, da niemand mit der Haut direkt auf dem Holz sitzen bzw. liegen darf. Das andere benutzt man zum Abtrocknen nach dem Kaltguss.

Es empfiehlt sich, Badeschlappen zu tragen, die man vor der Sauna abstellt. So beugen Sie weitgehend der Ansteckung mit Fußpilz vor. Dem ersten Saunagang geht eine umfassende Körperreinigung unter der Dusche voraus, wodurch erstens Schweißgeruch in der Sauna verhindert und zweitens auch die Fähigkeit zum Schwitzen gefördert wird.

➤ *Wenn Sie das erste Mal eine Sauna besuchen, sollten Sie zunächst die dort aushängenden, ausführlichen Saunaregeln studieren.*

Die Unsitte, in einer voll besetzten Sauna den Schweiß vom Körper zu wischen oder zu klatschen und andere Saunagänger damit zu bespritzen, scheint manchen Zeitgenossen ein echtes Bedürfnis zu sein. Verbieten Sie sich ein solches Verhalten. Versuchen Sie beim Verlassen der Sauna an weiter unten sitzenden Saunagängern so vorsichtig vorbeizusteigen, dass diese weder durch Schweiß noch durch Fußtritte belästigt werden.

Im Supermarkt

Ein gut besuchter Supermarkt oder ein Kaufhaus am Samstagvormittag sind die idealen Trainingsvoraussetzungen, um sich in Selbstbeherrschung zu üben. Leider geben viele Mitmenschen frühzeitig auf, und die Nerven liegen schon nach wenigen Minuten blank. Von Höflichkeit und Rücksichtnahme kann dann keine Rede mehr sein – die Einkaufswagen werden wie Schlachtschiffe durch die Gänge gesteuert, und Engpässe werden durch kräftiges Anstoßen anderer Einkaufswagen erweitert. Auf den letzten Metern vor den Kassen werden »unauffällige« Überholmanöver gestartet, um schneller ans Ziel zu gelangen.

Behalten Sie im Supermarkt die Ruhe, und kaufen Sie am besten zu Tageszeiten ein, in denen wenig Andrang herrscht. Haben Sie einen vollen Einkaufswagen, dann bieten Sie jemand hinter Ihnen den Vortritt an, der nur ein paar Teile zu bezahlen hat.

Freundlichkeit kontra Aggressivität

Auch in großen Supermärkten und Kaufhäusern sollte man auf Rolltreppen rechts stehen und links gehen. Es gibt keinen vernünftigen Grund dafür, sich nebeneinander aufzubauen und Nachfolgende daran zu hindern vorbeizugehen.

Seien Sie gegenüber dem Personal immer freundlich, und drücken Sie ein Auge zu, wenn der eine oder andere Angestellte mal einen schlechten Tag hat. An der Kasse gehört es zum guten Ton, nach Erhalt des Wechselgeldes sich mit einem freundlichen »Danke« zu verabschieden. In großen Supermärkten und Kaufhäusern ist das Grüßen beim Eintritt unüblich. In kleineren Läden gebietet es jedoch die Höflichkeit, beim Betreten und Verlassen des Ladens zu grüßen.

Menschen, die es eilig haben, sollte man ohne Murren Platz machen – sei es auf der Rolltreppe oder in anderen Situationen.

Glossar des guten Benehmens

Abreise In Hotels, Pensionen und Ferienhäusern wird in der Regel eine Abreise bis spätestens zwölf Uhr erwartet.

Absagen Wenn man einen vereinbarten Termin nicht wahrnehmen kann, sollte man mindestens einen Tag vorher absagen. So hat der andere noch Gelegenheit, seine Pläne für den kommenden Tag zu korrigieren. Falls man auf dem Weg zu einem Termin unterwegs aufgehalten wird, sollte man den Gesprächspartner telefonisch informieren.

An den Schuhen und besonders an den Absätzen erkennt man oft, ob jemand Wert auf ein gepflegtes Äußeres legt oder nicht.

Absätze Schuhe mit schiefen Absätzen wirken ungepflegt und sollten umgehend zum Schuster gebracht werden.

Adel Das Adelsprädikat ist in der Anrede wie bei einem akademischen Grad Teil des Namens.

Alkohol Während des Essens wird in der Regel kein hochprozentiger Alkohol angeboten. Nur vor und nach dem Essen werden ein Aperitif bzw. ein Digestif gereicht. Bei Geschäftsessen sind große Mengen Alkohol tabu. Mehr als ein Glas Bier oder Wein sollte nicht getrunken werden.

Alkoholfreie Getränke Man darf sich heutzutage auch mit alkoholfreien Getränken zuprosten. Überreden Sie niemanden zu Alkohol, der ein alkoholfreies Getränk wünscht.

Anredeformeln im Brief Die förmliche Anrede lautet »Sehr geehrter Herr …,« bzw. »Sehr geehrte Frau …,« oder »Sehr geehrte Damen und Herren,«. Wenn man seine Hochachtung ausdrücken möchte, schreibt man »Sehr verehrter Herr …,« bzw. »Sehr verehrte Frau …,«. Die persönliche Anrede leitet man mit »Liebe(r)« ein: »Lieber Herr …,«, »Liebe Ingrid,«, »Lieber Thomas,«. Nach der Anrede steht heute ein Komma und nicht mehr ein Ausrufezeichen, wie dies früher üblich war.

Anrufbeantworter Vielen Menschen bereitet es immer noch Unbehagen, auf einen Anrufbeantworter zu sprechen, und dementsprechend konfus sind die Meldungen oft. Eine Nachricht auf dem Anrufbeantworter sollte kurz und präzise formuliert sein. Man nennt seinen Namen, den Grund des Anrufs, Datum und Uhrzeit und eventuell seine Telefonnummer. Es ist unhöflich, eine Nachricht auf dem Anrufbeantworter unbeantwortet zu lassen.

Anstandsrest Früher gehörte es zum guten Ton, beim Essen einen kleinen Rest auf dem Teller liegen zu lassen. Dies ist heute nicht mehr üblich. Andererseits sollte der Teller auch nicht bis zum letzten Saucenrest abgespachtelt werden. Das Aufnehmen von Saucenresten mit Brot gehört ebenfalls nicht zu den guten Manieren.

Antrittsbesuch Nach einem Umzug sollte man möglichst bald den neuen Nachbarn einen kurzen Besuch abstatten und sich und die anderen Mitbewohner vorstellen. Idealerweise sind beim Antrittsbesuch alle Familienmitglieder dabei. Alternativ kann man eine Einzugsparty geben (➛ Seite 289–291).

Ein Aperitif öffnet den Magen und steigert die Vorfreude auf das zu erwartende Essen.

Aperitif Dieser zumeist alkoholische Appetitanreger (beispielsweise Cinzano, Campari, Sherry, Kräuterweine) wird am besten mit etwas zum Knabbern oder Brot angeboten, sodass man den Alkohol nicht auf nüchternen Magen zu sich nimmt. Auch ein Glas Sekt wird gerne vor dem Essen angeboten.

Applaus Bei Konzerten wird bei einem mehrsätzigen Stück nicht zwischen den Sätzen geklatscht, sondern am Ende. Bei Opern klatscht man nach den einzelnen Akten. Wenn bei einem geistlichen Konzert Applaus erst zum Schluss des Konzerts erwünscht ist, wird normalerweise darauf hingewiesen (im Programmheft oder bei der Begrüßung).

Artenschutz Eigentlich sollte es selbstverständlich sein, dass man Pflanzen, die zu den gesetzlich geschützten Arten gehören, weder pflückt noch ausgräbt, um sie im heimischen Garten wieder einzupflanzen. Wer nicht weiß, welche Pflanzen zu dieser Kategorie gehören, lässt grundsätzlich alle Pflanzen am Wegesrand stehen. Von manchen seltenen Pflanzen, z. B. Edelweiß, werden in Gartencentern robuste Sorten angeboten.

Artischocken Als Spezialität bekannte, auch auf dem Teller noch sehr wehrhafte Distelart, die besonderer Kenntnisse bei der Zubereitung und beim Essen bedarf (➼ Seite 81–82).

Aschenbecher Ihr Vorhandensein wird von Rauchern in der Regel so interpretiert, dass man rauchen darf. Achten Sie trotzdem auf eventuelle Verbotsschilder. Zerknülltes Bonbonpapier, kleine Papierschnitzel und ähnliche Abfälle gehören nicht in den Aschenbecher, sondern in einen Mülleimer bzw. auf den Tisch neben dem Aschenbecher. Auch Essensreste wie Gräten oder kleine Knochen haben dort nichts zu suchen. In den Aschenbecher kommen nur die Reste von Zigaretten, Zigarren, Zigarillos und natürlich die Asche.

Auf die Schulter klopfen Diese kumpelhafte Art, sich bemerkbar zu machen, wird in manchen Kreisen als rüpelhaft und vulgär empfunden. Als anerkennende Geste und sanft vorgebracht ist nichts dagegen einzuwenden.

Aufforderung ablehnen Wenn eine Dame eine Tanzrunde schon einem anderen Herrn versprochen hat oder einmal aussetzen will, darf sie guten Gewissens eine Aufforderung zum Tanz ablehnen. Es gilt allerdings als unhöflich, wenn sie noch in derselben Tanzrunde mit einem anderen Herrn tanzt.

Aufforderung zum Tanz Bei einer eher konservativen Tanzveranstaltung ist es Brauch, eine Dame zum Tanz aufzufordern, auch wenn sie von einem anderen Mann begleitet wird (der Mann wird pro forma gefragt: »Gestatten Sie?«).

Aufstoßen Im Gegensatz zu manch anderen Kulturen wird dieses Verdauungsgeräusch nach dem Essen bei uns als unhöflich empfunden.

Aufzug Beim Zusteigen in einen besetzten Lift und auch beim Aussteigen grüßt man freundlich mit einem kurzen Kopfnicken. Man sollte es vermeiden, jemanden während der Fahrt direkt anzustarren.

Autofahren Rücksichtsvolles Fahren ist nicht nur eine Frage der Höflichkeit gegenüber anderen Verkehrsteilnehmern, sondern auch gegenüber den im eigenen Auto mitfahrenden Personen. Man sollte sich der Geschwindigkeit der anderen anpassen, statt ständig zu beschleunigen und wieder zu bremsen.

Autoradio Mit modernen Stereoanlagen für Autos lassen sich Lautstärken erzielen, die auch außerhalb des Fahrzeugs noch deutlich zu vernehmen sind. Denken Sie daran, dass nicht alle Menschen Ihren Musikgeschmack teilen, und reduzieren Sie in Wohngebieten die Lautstärke. Zu nächtlicher Stunde ist besondere Rücksicht angebracht.

Wer ein Kavalier der Straße sein möchte, setzt besser nicht auf Kavaliersstarts und Kavaliersdelikte.

Badewanne Auch nach 22 Uhr darf man, rechtlich gesehen, ein Bad nehmen. Bei dünnen Wänden und einer schlechten Isolierung sollte man aber auf die Nachbarn Rücksicht nehmen. Wenn man weiß, dass diese früh zu Bett gehen oder sehr lärmempfindlich sind, sollte man nur in Ausnahmefällen zu später Stunde baden oder duschen.

Ball Diese Tanzveranstaltung beginnt in der Regel um 20 Uhr, das Buffet wird gegebenenfalls etwa zwei Stunden später eröffnet. In der Einladung wird meist auch die gewünschte Kleiderordnung angegeben. Jeder Mann kann jede Frau auffordern.

Ballkleid Darunter versteht man ein langes, nach unten weit ausgestelltes Abendkleid, das zum Tanzen geeignet ist. Dazu werden manchmal auch lange Ballhandschuhe getragen.

Begrüßen Bei uns begrüßt man sich in der Regel mit Händeschütteln, wobei die Freude des Wiedersehens bzw. Kennenlernens deutlich zum Ausdruck kommen sollte. Der Rangniedrigere sollte den Ranghöheren immer (➛ Seite 364) zuerst grüßen. Die Hand zur Begrüßung reicht aber der Ranghöhere.

Beileidsbesuch Normalerweise findet dieser Besuch bei nahe stehenden Verwandten oder Freunden unmittelbar nach einem Todesfall zwischen elf Uhr und halb zwölf statt. Er sollte nicht länger als eine halbe Stunde dauern.

Beistelltisch Auf dem kleinen Tisch neben dem Sitzplatz des Gastgebers werden Flaschen, Gläser und andere Utensilien abgestellt, die für das Einschenken bzw. Nachschenken gebraucht werden. Dies hat den Vorteil, dass die Flaschen nicht auf dem Boden abgestellt werden müssen oder auf der Tafel unpassend herumstehen.

Beleidigung Wenn einem beleidigende Worte über die Lippen gekommen sind, sollte man sich selbstverständlich möglichst bald dafür entschuldigen. Der Beleidigte sollte die Entschuldigung annehmen und sich anschließend wieder normal gegenüber dem anderen verhalten. Wochenlanges Schmollen zeugt nicht von einer reifen Persönlichkeit. Genauso wenig souverän verhält man sich, wenn man jedes Wort auf die Goldwaage legt und nur darauf wartet, dass jemand einen Fauxpas begeht.

Beschwerde Eine Reklamation sollte immer in höflichem Ton und sachlich vorgetragen werden.

Betreff Es ist heute nicht mehr üblich, in einem Geschäftsbrief den Gegenstand des Schreibens mit »Betreff:« einzuleiten; stattdessen wird er hervorgehoben (fett, unterstrichen etc.) und linksbündig über die Anrede gesetzt.

Betriebsfeier In zwangloser Atmosphäre bietet eine Betriebsfeier die willkommene Gelegenheit, dass sich die Mitarbeiter besser kennen lernen bzw. einmal miteinander feiern können.

Bischof Er wird bei den Katholiken in der schriftlichen Anrede mit »Euer Exzellenz,« bezeichnet. Bei den Protestanten heißt es »Sehr geehrter Herr Bischof,«.

Blazer Er wird auch Clubjacke genannt, wenn das Emblem des Clubs vorne aufgestickt ist.

Blickkontakt Man sollte einem Gesprächspartner während der Unterhaltung immer offen in die Augen schauen.

Blumen Das Standard-Gastgeschenk erfreut sich ungebrochener Beliebtheit, wenn es sich um eine kleinere Einladung handelt. Bei einer größeren Einladung sind Blumen nicht üblich, weil sie in der Masse der anderen mitgebrachten Blumen untergehen würden.

In den beliebten, bunten Frühjahrssträußen dürfen Tulpen nicht fehlen.

Botschafter Er wird in der schriftlichen Anrede mit »Sehr geehrter Herr Botschafter,« oder »Eure Exzellenz,« und in der mündlichen mit »Herr Botschafter« oder bei ausländischen Diplomaten als »Ihre Exzellenz« bezeichnet.

Bottleparty Bei dieser heute weit verbreiteten Partyart bringen die Gäste die Getränke (Flasche = engl. »bottle«) mit, während der Gastgeber für einen kleinen Imbiss sorgt.

Brauteltern Sie richteten früher (ist heute nicht mehr überall üblich) das Hochzeitsfest aus.

Brautstrauß Zu vorgerückter Stunde wirft die Braut beim Brauttanz ihren Strauß in die Runde. Jene unverheiratete Frau, die ihn fängt, wird als Nächste heiraten – so will es zumindest der Brauch.

Briefgeheimnis Als massiven Eingriff in die Privatsphäre wird es gewertet, wenn man einen Brief liest, der gar nicht für einen bestimmt ist.

Für alle nicht in der Anschrift Genannten gilt: Öffnen und lesen verboten.

Brüderschaft trinken Nach dieser meist zu fortgeschrittener Feierstunde vollzogenen Zeremonie ist das »Du« beschlossene Sache. Zwei Personen kreuzen mit dem Glas in der Hand die Arme und trinken gleichzeitig. Wenn einem der eventuell folgende Bruderkuss auf den Mund unangenehm ist, kann man einfach die Wange hinhalten.

Bunte Reihe Damit bezeichnet man die abwechselnde Sitzfolge von Damen und Herren an der Tafel.

Business-Farben Im Geschäftsleben werden bei der Kleidung gedeckte Farben bevorzugt (z. B. Schwarz, Dunkelblau, Anthrazit). Bunte Muster und grelle Farben sollten nur in der Freizeit getragen werden.

c.t. Die Abkürzung für »cum tempore« bedeutet, dass eine Veranstaltung eine Viertelstunde nach dem Zeitpunkt beginnt, der in der Einladung angegeben ist.

Cocktailparty Stehempfang, auf dem Drinks und Kanapees, salzige Knabbereien etc. gereicht werden. Eine Cocktailparty beginnt etwa um 18 Uhr und endet gewöhnlich gegen 20 Uhr.

Cocktails Man trinkt sie aus Schalen oder Gläsern mit fünf bis sieben Zentiliter Fassungsvermögen. Auch Bechergläser kommen in den verschiedensten Größen zum Einsatz.

Cravate blanche Bezeichnung für »Frack«

Cravate noire Bezeichnung für »Smoking«

Cut Dieses festliche Kleidungsstück für den Herrn besteht aus grauschwarz gestreifter Hose, weißem

Hemd, grauer Weste, grauer Krawatte mit Perle und schwarzer einreihiger Schoßjacke mit Schwalbenschwänzen. Aus dem Cut, der auch Cutaway genannt wird, ging der Stresemann hervor.

Damenkarte Wenn ein Herr früher eine Dame zum Essen in ein Restaurant einlud, wurde ihm eine normale Karte gereicht, ihr dagegen eine Damenkarte – hierbei handelt es sich um eine Speisekarte, auf der die Preise fehlen. Heutzutage ist die Damenkarte nicht mehr nur auf das weibliche Geschlecht beschränkt. Wer jemanden einlädt und nicht möchte, dass sich der andere aus Bescheidenheit das preiswerteste Gericht aussucht, kann nach einer solchen Karte fragen.

Damenwahl Bei dieser Tanzrunde, die besonders angekündigt wird, fordern die Damen die Herren zum Tanz auf.

Dank Der Gastgeber bedankt sich bei seinen Gästen beim Abschied für ihr Kommen und ihre Geschenke; im Gegenzug bedankt sich der Gast für das gelungene Fest. Bei großen Feiern mit vielen geladenen Gästen werden häufig nach der Feier Danksagungen verschickt (➼ Seite 102).

Datum In unserem Sprachraum gilt immer die folgende Reihenfolge: Zunächst wird der Tag genannt, dann folgt der Monat und zuletzt das Jahr. In einem stilvoll gestalteten, möglicherweise handgeschriebenen Brief wird man den Monat ausschreiben, z. B. »11. Dezember 2000«. Kürzer und nüchterner wirken die Ziffernfolgen »11.12.00« oder »11/12/00«. Übrigens:

Im Amerikanischen ist es üblich, den Monat vor den Tag zu stellen. Dort lautet also unser Beispiel: 12/11/00.

Dekantieren Durch das Umfüllen eines Weines in eine Karaffe wird ihm Sauerstoff zugeführt. Dies ist immer dann sinnvoll, wenn ein zu junger Wein noch etwas »altern« muss. Vor dem Dekantieren sollte die Flasche etwa eine Stunde aufrecht stehen, damit sich Schwebstoffe und Weinstein am Boden sammeln. Dann wird vorsichtig umgegossen, sodass die genannten Stoffe in der Flasche bleiben.

Karaffen eignen sich auch gut zum Servieren von alkoholfreien Getränken, z.B. Säften, und sind ein Tischschmuck.

Diäten Wer Wert auf eine schlanke Figur legt, darf gerne zu Hause Kalorien zählen – in Gesellschaft sollte man dies tunlichst bleiben lassen. Nichts ist unhöflicher, als die Kochkünste des Gastgebers zu verschmähen und auf ein traumhaftes, aber gehaltvolles Dessert zu verzichten oder aus einem Auflauf die Gemüsestücke zu picken und den Rest unberührt zu lassen. Auch sollte man nicht die Kalorienzahl der servierten Speisen zum Gesprächsthema machen. Niemand lässt sich gern ein schlechtes Gewissen einreden. Einmal »sündigen« schadet noch nicht der Figur, dafür hat man seiner Seele etwas Gutes getan, und der Koch freut sich, wenn es schmeckt.

Diener Diese Respektsbezeichnung eines Jüngeren gegenüber einem Älteren bzw. eines Untergebenen gegenüber einem Höherrangigen durch Verbeugung des Oberkörpers ist aus der Mode gekommen.

Dinner Bei diesem ausgesprochen festlichen Abendessen, das zwischen 20 und 21 Uhr beginnt, wird meistens in der Einladung um Frack oder Smoking gebeten, was für die Damen heißt, dass sie ebenfalls die festlichste Bekleidung wählen sollten.

Dinnerjacket Hier handelt es sich um eine Version des Smokings mit weißem, zweireihigem Jackett, schwarzer Hose und bunter Fliege.

Doppelnamen Sie werden bei der Vorstellung stets in voller Länge genannt.

Duzen Der Ältere bietet dem Jüngeren bzw. der Ranghöhere dem Rangniederem das Du an.

Dunkler Anzug Hiermit ist man bei festlichen Anlässen immer korrekt gekleidet – es sei denn, Smoking oder Frack ist gewünscht.

Ehrengast Er bringt bei einer Einladung keine Blumen mit, sitzt an der Tafel rechts neben dem Gastgeber und wird zuerst bedient.

Einschenken Bei Kaffee oder Tee bleibt die Tasse auf dem Unterteller stehen. Wein wird nie randvoll eingeschenkt; Tropfen wird durch leichtes Drehen der Flasche nach dem Einschenken verhindert, oder es wird ein Tuch um den Flaschenhals gebunden.

Einstand Wer eine neue Stelle antritt, ist meistens gehalten, möglichst bald die neuen Kollegen zu einer kleinen Feier einzuladen (➵ Seite 162). Die Örtlichkeit richtet sich nach den Gepflogenheiten des Betriebes; man kann seinen Einstand auch außerhalb des Arbeitsplatzes in einem Lokal geben.

Einstecktuch Das zur Krawatte passende Tuch wird – kunstvoll gefaltet oder arrangiert – in die Brusttasche der Jacke eingesteckt.

Das Tüpfelchen auf dem i: ein zur Krawatte passendes Einstecktuch.

Empfang Diese Veranstaltung zu Ehren einer Person oder anlässlich eines wichtigen Ereignisses kann zu jeder Tageszeit zwischen 10 und 20 Uhr stattfinden. Ein Empfang dauert in der Regel zwei bis drei Stunden. Es werden kleine Speisen gereicht.

Entschuldigung Sie kommt beim Betroffenen immer gut an, wenn man einen Fehler begangen hat; am meisten Wirkung zeigt eine schriftliche Entschuldigung.

Etikette So bezeichnet man nicht nur die Aufkleber an Waren (das Etikett), sondern auch allgemein gültige Umgangsformen (die Etikette). Der Begriff stammt aus dem Französischen und meinte früher die Zettel, auf denen die Rangfolge der Personen am Hof (nicht nur am französischen!) verzeichnet wurde. Später wurde der Begriff auf das gesamte Hofzeremoniell und schließlich auf korrektes Benehmen im Allgemeinen übertragen.

Fahrradfahrer Sie genießen nicht gerade den Ruf, besonders rücksichtsvolle Verkehrsteilnehmer zu sein. Autofahrer haben oft Mühe, Radfahrern rechtzeitig auszuweichen, wenn diese bei Dunkelheit ohne Licht fahren, sehr schnell aus einer unübersichtlichen Ecke hervorpreschen oder zu mehreren nebeneinander auf der Straße fahren – um nur einige wenige Beispiele von rücksichtslosem und gefährlichem Fahrverhalten zu nennen. Was leicht vergessen wird: Ein Fahrradfahrer ist ebenso an die Straßenverkehrsordnung gebunden wie jeder Autofahrer.

Fastfood Wer sich unterwegs eine Tüte Pommes frites oder andere Fastfoodprodukte kauft und diese im Gehen sofort verzehrt, sollte darauf achten, dass er dabei niemanden belästigt. Vor allem auf engem Raum, etwa im Bus, im Aufzug oder auf der Rolltreppe, kann der Geruch Passanten oder Mitfahrern unangenehm in die Nase steigen. Man sollte auch darauf achten, dass keine Essensreste zu Boden fallen.

Fauxpas Wörtlich übersetzt bedeutet dieser aus dem Französischen stammende Begriff »Fehltritt«. Im übertragenen Sinn ist damit ein taktloses, gegen die Umgangsformen verstoßendes Verhalten gemeint.

Feuchte Hände Sie werden beim Händeschütteln meist als unangenehm empfunden; der Betroffene sollte vor dem Händeschütteln unauffällig mit seiner flachen Hand kurz über die Kleidung streifen.

Feuer geben Es ist eine freundliche Geste, einem Raucher Feuer anzubieten. Ausnahme: Einem Zigarrenraucher darf man ein Feuerzeug oder Streichhölzer reichen, aber kein Feuer geben. Der Gastgeber oder der Tischherr bietet auch als Nichtraucher einer Dame Feuer an, wenn sie rauchen will.

Fingernägel Es gilt als unhöflich und unfein, in der Öffentlichkeit an den Fingernägeln zu kauen. Davon abgesehen ist es einem gepflegten Aussehen der Hände abträglich.

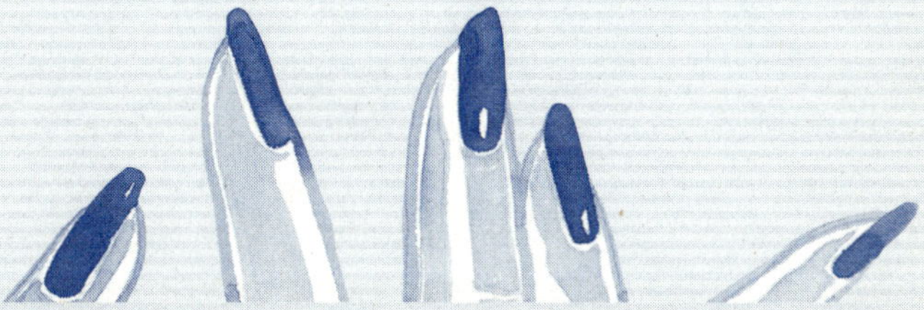

Der Besuch eines Nagelstudios ist eine Investition, die sich lohnt.

Fingerschale Bei Speisen, die mit den Fingern gegessen werden dürfen, werden kleine Schalen aus Glas oder Porzellan eingedeckt. Sie enthalten Wasser mit etwas Zitrone, weil der Saft der Zitrone das Fett schnell von der Haut löst. Man taucht nur die Fingerspitzen darin ein.

Fischhaut Bei manchen Fischen wird sie mitgegessen. Die Haut von größeren Fischen oder von Aal wird nicht verzehrt.

Fleischknochen Sie dürfen nicht in die Hand genommen und abgenagt werden. Eine Ausnahme bilden Spareribs.

Fliege Sie wird statt einer Krawatte bei festlichen Anlässen zu Smoking und Frack getragen. Im Alltag zu Anzug oder Jacke wirkt sie etwas deplatziert.

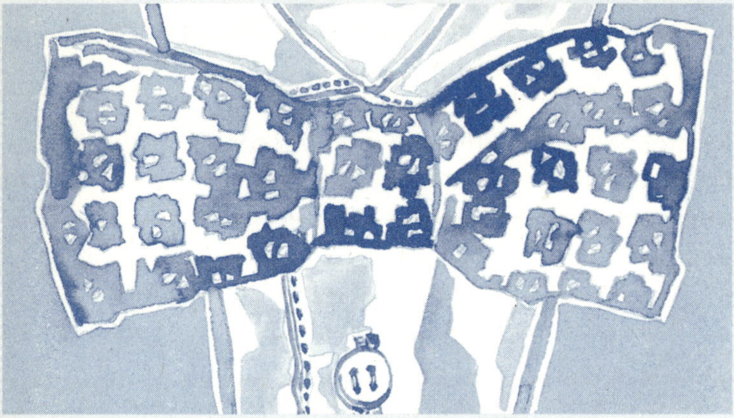

Die Fliege ist ein Bestandteil der festlichen Garderobe und nicht der Alltagskleidung.

Fluchen Es wird auch in den abgeschwächtesten Varianten als unhöflich betrachtet.

Flugzeug Beim Einnehmen des Platzes sollte man seine Sitznachbarn freundlich grüßen. Allzu laute Unterhaltungen sind zu unterlassen, vielleicht möchte der Vordermann ja in Ruhe etwas lesen. Während die Sicherheitsvorschriften erläutert werden, sollte man schweigen, auch wenn man diese schon in und auswendig kennt. Beim Essen und Trinken ist angesichts der Enge besondere Vorsicht geboten. Auch sollte man nicht gerade dann durch den Gang laufen, wenn das Essen serviert wird.

Flüstern In Anwesenheit Dritter gilt Flüstern als eine sehr unhöflich einzuordnende Form der Unterhaltung, da sie andere vom Gespräch ausschließt.

Folienkartoffel Diese großen Kartoffeln, die in Aluminiumfolie gegart, anschließend geöffnet, oben aufgeschnitten und zusammen mit einer dicken Sauce serviert werden, isst man, indem man die Kartoffel mit dem Löffel aus der Schale schabt.

Fotografieren Eine laufende Kamera kann die Intimsphäre fremder Menschen verletzen. In vielen Ländern ist das Fotografieren von Menschen – und oft auch der heiligen Stätten – strikt verboten.

Frack Er wird auch »großer Gesellschaftsanzug«, »cravate blanche« oder »white tie« genannt. Er besteht aus schwarzer oder dunkelblauer Hose, weißem Hemd, zweireihiger weißer Weste, weißer Schleife und offen getragener Frackjacke mit zwei Schößen an der Hinterseite, die bis zu den Knien reichen.

Fräulein Heutzutage werden auch unverheiratete Frauen mit »Frau« und nicht mit »Fräulein« angeredet, es sei denn, die Betroffene möchte so angeredet werden.

Fremdwörter und Fachchinesisch Überfordern Sie niemanden durch den ausgiebigen Gebrauch von Fremdwörtern und Fachbegriffen. Es ist keinesfalls ein Zeichen von Bildung, wenn man sich vor Unkundigen mit seinem Wissen brüstet. Vielmehr liegt eine viel größere Kunst darin, einen Sachverhalt in einfachen, leicht verständlichen Worten darzulegen.

Frühschoppen Diese vor allem bei Männern beliebte Veranstaltung beginnt in der Regel gegen 11 Uhr und sollte gegen 13 Uhr beendet sein. Zu den Getränken wird ein kleines Frühstück gereicht; eine besondere Kleidung ist nicht erforderlich.

Zur typisch britischen Teatime werden neben Gebäck auch Sandwiches serviert.

Fünfuhrtee Zwischen 16 und 17 Uhr wird zu Kaffee, Tee und Kuchen (möglichst verschiedene Gebäcksorten) geladen. Der Fünfuhrtee kann sich bis in die Abendstunden hineinziehen, wobei dann auch alkoholische Getränke und kleine Häppchen serviert werden.

Fußgänger Sie gelten als besonders gefährdete Gruppe im Straßenverkehr. Nicht immer sind aber die motorisierten Verkehrsteilnehmer schuld, wenn es zu einem Unfall kommt. Manchmal provozieren Fußgänger durch ihr Verhalten geradezu ein Unglück. Vor allem bei Dunkelheit und Regen werden sie oft nur schwer von Autofahrern erkannt. Dies sollte man bedenken, wenn man vorschnell über eine Straße läuft.

Gähnen Da bei Müdigkeit und/oder sauerstoffarmer Luft das Gähnen nur schwer unterdrückt werden kann, sollte man in Gesellschaft mit geschlossenem Mund gähnen oder die Hand vorhalten.

Garderobe Bei privaten Festen in der kalten Jahreszeit und auch in der Übergangszeit muss der Gastgeber dafür sorgen, dass die Mäntel der Gäste gut untergebracht werden. Keinesfalls dürfen die Mäntel irgendwo übereinander gelegt werden.

Gästebuch Es ist eine schöne Sitte, bei Besuch ein Gästebuch auszulegen, in das die Gäste ihre Namen und vielleicht noch ein paar nette Worte eintragen können. Bei schriftlichen Danksagungen leistet es dem Gastgeber nützliche Dienste, denn er kann hier noch einmal nachlesen, wer alles anwesend war.

Gästetoilette Bei einer privaten Einladung sollten auf der Gästetoilette mehrere Rollen Toilettenpapier, Seife oder Seifenspender und kleine Handtücher bereitliegen.

Gatte/Gattin Bei Vorstellungen wird niemals »mein Gatte« oder »meine Gattin« gesagt, sondern immer »mein Mann« oder »meine Frau«; die Worte Gatte und Gattin werden nur dann verwendet, wenn ein anderes, höher gestelltes Ehepaar in einer offiziellen Situation gemeint ist (»Ihre Gattin«, »Ihr Gatte« oder sogar »Ihre Frau Gattin«); geradezu unhöflich wäre es, wenn es in der Anrede heißen würde: »Herr August Meier und Gattin«.

Geliehenes Es ist ausgesprochen unhöflich, geliehene Gegenstände nicht unmittelbar nach Gebrauch wieder zurückzugeben oder zu warten, bis der Geber danach fragt. Schon so manches Buch wechselte auf diese Weise seinen Besitzer, indem es nie den Weg zurück zum eigentlichen Besitzer fand. Mit geliehenen Gegenständen sollte man immer pfleglich umgehen. Geschirr und Gläser gibt man nur gespült zurück. Desgleichen werden auch Strümpfe, T-Shirts, Hemden etc. vorher gewaschen. Bei Mänteln, Jacken ist dies in der Regel nicht notwendig, es sei denn, sie wurden beim Tragen verschmutzt.

Gemahlin In der Anrede kann »Gemahlin« verwendet werden, wenn man ihren Vornamen nicht kennt: »Herrn August Meier und Gemahlin«.

Gemeinschaftseinrichtungen Schon allein, um den Hausfrieden zu wahren, empfiehlt es sich, die gemeinsamen Räume und Einrichtungen in einem Mehrfamilienhaus pfleglich zu behandeln. In der Waschküche sollten nach dem Waschen keine Wäschekörbe oder Kleidungsstücke zurückbleiben. Der Trockenboden oder Speicher ist keine Rumpelkammer und die Grünanlagen sind kein Selbstbedienungsladen für Schnittblumen. An eine Putzordnung sollte man sich strikt halten.

Geschäftsanzug Hier handelt es sich entweder um einen einfarbigen Anzug oder um eine Kombination von verschiedenfarbiger Jacke und Hose.

Geschenk auspacken Bei kleineren Festen packt der Gastgeber die Geschenke vor den Gästen aus und bedankt sich. Bei größeren Festen ist oft nicht genug Zeit zum Auspacken, in diesem Fall wird nach der Feier eine schriftliche Danksagung verschickt (➵ Seite 102).

Kleine Geschenke erhalten bekanntlich die Freundschaft.

Geschenke Ein kleines Gastgeschenk anstelle von Blumen trifft häufig auf gute Resonanz bei den Gastgebern. Voraussetzung ist, dass einem der Gastgeber gut bekannt ist, um ein passendes Geschenk mitbringen zu können. Sammelgeschenke und Geldgeschenke sind bei Familienfeiern üblich.

Geschiedene Wenn beide mit den Gastgebern befreundet sind, können Einladungen zum Problem werden. Als Lösungen bieten sich an: Entweder entscheidet man sich für einen der beiden, oder man lädt beide ein, wenn es die Situation zwischen ihnen zulässt. In diesem Fall sollten sie getrennt sitzen und als Einzelpersonen betrachtet werden.

Gesellschaftskleidung Wenn in Einladungen Gesellschaftskleidung verlangt wird, ist damit Frack oder Smoking gemeint.

Glatze Männer sollten zu ihrer spärlichen Kopfbehaarung stehen und nicht versuchen, sie durch lange Strähnen oder ein Toupet zu überdecken. Der »Makel« lässt sich nie ganz kaschieren und wird immer als ein solcher ins Auge fallen. Besser ist es, eine Glatze oder Halbglatze offen und mit Selbstbewusstsein zu tragen. Die verbliebenen Haare sollten möglichst kurz geschnitten werden.

Glückwunschkarten Vorgedruckte Karten sind nur dann zulässig, wenn man handschriftlich noch ein paar persönliche Zeilen hinzufügt.

Goldene Hochzeit Das 50-jährige Hochzeitsjubiläum kann zu einem großen Familientreffen mit Kindern, Enkeln und Urenkeln werden. Vielleicht kommen auch einige Gäste, die bei der grünen Hochzeit (der Vermählung) geladen waren.

Grillparty Bei diesem zwanglosen Gartenfest erscheinen die Gäste in legerer Kleidung. Es ist nicht üblich, Blumen mitzubringen. Auch auf Gastgeschenke, die mit dem Grillen zu tun haben, sollte man verzichten, weil der Gastgeber so viele Grillschürzen und -handschuhe gar nicht brauchen kann.

Große Dekoration Wenn dies auf der Einladung (mit meist militärischem Hintergrund) vermerkt ist, heißt das, dass ausschließlich Frack getragen wird und alle Orden in Originalgröße angelegt werden.

Großes Abendkleid Damit ist die festliche, meist dekolletierte Robe gemeint – manchmal aber auch ein wadenlanger Rock mit eleganter Bluse und Abendblazer. Die Damen greifen zum großen Abendkleid, wenn der Herr Frack oder Smoking trägt.

Bei besonders festlichen Anlässen kommt das lange, oft tief dekolletierte Abendkleid zum Einsatz. Schmuck und Accessoires sollten passend gewählt sein.

Grußformeln im Brief In der Regel schließt man einen förmlichen Brief mit der Formel »Mit freundlichen Grüßen«. Das früher weit verbreitete »Hochachtungsvoll« gilt heute als veraltet. Einen persönlichen Brief beendet man in einem herzlicheren Tonfall. Allgemein üblich sind Grußformeln wie »Alles Liebe«, »Viele Grüße«, »Herzlichst, dein(e) ...«.

Händedruck Weder zu lasch noch zu fest sollte ein Händedruck sein. Die Hände müssen generell sauber und gepflegt sein, denn nach ihrem Aussehen wird oft der ganze Mensch eingeschätzt.

Händeschütteln Das in Deutschland sehr beliebte, in anderen Ländern weniger übliche Händeschütteln gehört zur Begrüßung und Verabschiedung. Der Herr zieht gegebenenfalls einen Handschuh aus, die Dame lässt ihn an.

Handkuss Diese Form der Begrüßung einer Dame als Ausdruck der Ehrerbietung ist heute kaum noch gebräuchlich. Der Kuss darf nur angedeutet werden; die Dame kann den Handkuss ablehnen, indem sie dem Mann die Hand zum Händeschütteln reicht.

Handschrift Auch wenn es oft viel praktischer ist, einen Brief am Computer zu schreiben, sollte man in bestimmten Fällen einen handschriftlichen Brief bevorzugen: Etwa bei kurzen Wünschen auf einer vorgedruckten Karte, sehr persönlichen Briefen, Kondolenzbriefen und Glückwunschschreiben.

Hauseinweihung Statt des Antrittsbesuchs bei den Nachbarn (➛ Seite 287–289) kann man auch zu einer Hauseinweihungsparty einladen, bei der natürlich neben Freunden und Verwandten auch die Nachbarn eingeladen werden sollten.

Heimbringen Wenn man jemanden nach Hause bringt, unabhängig davon ob zu Fuß oder im Auto, sollte man warten, bis derjenige die Haustür geöffnet und diese wieder hinter sich geschlossen hat. So ist eine sichere Rückkehr gewährleistet und man kann beruhigt seinen Weg fortsetzen. Einen ängstlichen Menschen sollte man, vor allem nachts, bis zur Haustür oder bis in die Wohnung begleiten.

Herrendinner Hierbei übernimmt der Gastgeber die Aufgaben, die normalerweise der Gastgeberin zugeordnet sind: die Zubereitung des Essens, das Servieren und so fort. Normalerweise werden nur Männer zum Herrendinner eingeladen.

Herrenfrisör Auch Herrenfrisöre erwarten ein kleines Trinkgeld, wenn dieses auch nicht so üppig wie beim Damenfrisör ausfällt.

Hosenanzug Dieses bequeme und zugleich elegante Kleidungsstück für die Dame setzt sich im geschäftlichen Bereich auch bei uns zunehmend durch.

Hosenträger Sie dürfen nicht offen zu sehen sein, sondern müssen unter dem Anzug verdeckt getragen werden.

Hotelzimmer Es sollte immer in einem ordentlichen Zustand hinterlassen werden. Die Einrichtung ist pfleglich zu behandeln.

Hunde Wenn der Hund nicht allein zu Hause gelassen werden kann, sollte man bei einer Einladung unbedingt vorher den Gastgeber fragen, ob man ihn mitbringen darf. Er sollte aber nicht herumtollen oder ständig bellen, sondern aufs Wort folgen. Hundeverbotsschilder, z. B. in Lebensmittelgeschäften, sollten immer beachtet werden. In Restaurants sind Hunde normalerweise unerwünscht.

Hustenanfall Während eines Konzerts oder einer Theateraufführung kann ein Hustenanfall sehr störend sein. Man verlässt am besten möglichst schnell den Saal. Auch bei Tisch empfiehlt es sich, das Abklingen des Anfalls vor dem Raum abzuwarten.

Jahreswechsel Vielerorts ist es üblich, zum Jahreswechsel Postboten, den Angestellten der Müllabfuhr und anderen Dienstleistern ein kleines Geldgeschenk zukommen zu lassen.

Jeans Es gibt inzwischen auch schicke Jeansmarken, die zu vielen Gelegenheiten getragen werden können. Für festliche Anlässe, einschließlich Opernbesuch, ist sie allerdings nach wie vor nicht geeignet.

Kaffee- und Teetrinken Zum Kaffee oder Tee sollte man nicht nur Milch und Zucker reichen, sondern auch ein Kännchen mit heißem Wasser, sodass man den Kaffee bzw. Tee gegebenenfalls verdünnen kann. Zum Tee kann auch Kandis oder Honig auf den Tisch gestellt werden.

Filterkaffee, Espresso, Cappuccino, Mokka: Kaffee wird in vielen Spielarten serviert.

Kaffeekränzchen Dabei handelt es sich meist um regelmäßige Treffen am Nachmittag ohne besondere Einladung. Nur neue Gäste werden telefonisch geladen.

Kanapees Diese belegten Baguettescheiben können im Stehen und mit der Hand gegessen werden.

Karaffe Insbesondere Rotwein wird gern in Karaffen ausgeschenkt. Sie lässt den Rotwein nach dem Öffnen der Flasche und dem Umfüllen noch etwas »atmen« (➛ Seite 339, Stichwort »Dekantieren«).

Kardinal Er wird in der schriftlichen Anrede mit »Euer Eminenz,« bezeichnet. In der Anschrift heißt es: »Seiner Eminenz dem Hochwürdigsten Herrn ..., (Name des Betreffenden)«.

Kaugummi Bei festlichen Anlässen ist Kaugummi tabu. Aber auch sonst macht es keinen guten Eindruck, wenn man bei einem Gespräch ein Kaugummi im Mund hat.

Kaugummikauen ist einer deutlichen Aussprache nicht gerade förderlich.

Kinderlärm Bis zu einem gewissen Ausmaß müssen lärmende Kinder von den Hausbewohnern geduldet werden. Schließlich kann man Kindern nicht das Spielen verbieten. Auch ein schreiender Säugling muss akzeptiert werden – tagsüber und nachts. Sind die Kinder dem Säuglingsalter entwachsen, sind die Eltern dafür verantwortlich, dass während der Ruhezeiten tatsächlich Ruhe herrscht.

Kirchliche Trauung Sie ist ohne die standesamtliche Trauung nicht möglich und kann diese auch nicht ersetzen. Trotzdem wird sie oft als der eigentliche Hochzeitstermin betrachtet und dementsprechend als das größte Familienfest gefeiert.

Klatsch Es ist unhöflich, über Leute, die nicht anwesend sind, abfällig zu reden. Auch sollte man keine Gerüchte in die Welt setzen.

Kleiderordnung Wenn man der Einladung entnehmen kann, welche Kleidung gewünscht wird, sollte man sich unbedingt daran halten.

Kleine Dekoration Dieser Hinweis auf der Einladung (mit meist militärischem Hintergrund) besagt, dass ausschließlich Frack getragen wird und dass die Orden in Miniaturausgabe angelegt werden.

Kleiner Gesellschaftsanzug Darunter ist ein Cut, Stresemann oder Smoking zu verstehen.

Kleines Abendkleid Damit meint man ein Gesellschafts- oder Cocktailkleid.

Knicks Diese Ehrerweisung von Mädchen gegenüber Erwachsenen durch die Beugung eines Knies ist heutzutage nicht mehr üblich.

Kniestrümpfe Männer sollten statt Socken Kniestrümpfe tragen, damit beim Übereinanderschlagen der Beine nicht die nackte Haut zu sehen ist.

Knoblauch Vor wichtigen Terminen sollte man mindestens 24 Stunden vorher Knoblauch meiden. Auch wenn man mit anderen Menschen auf engem Raum zusammen ist, etwa im Zugabteil, sollte man von Knoblauch Abstand nehmen.

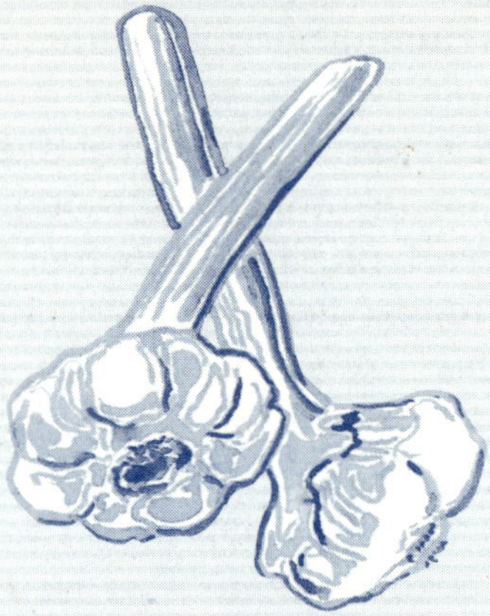

Knoblauch vertreibt nicht nur böse Geister, sondern auch liebe Freunde, wenn man zu viel davon konsumiert.

Komplimente Wohl jeder freut sich über ein ehrliches Kompliment. Wer dabei zu dick aufträgt, muss allerdings befürchten, dass er nicht ernst genommen wird. Ein Kompliment sollte immer sehr persönlich formuliert sein, leere Floskeln und Verallgemeinerungen sind tabu.

Kondolenz Damit ist bei einem Sterbefall die Beileidsbezeugung am Grab, bei der Aussegnung oder in schriftlicher Form gemeint.

Konzert Ein Festkonzert erfordert einen dunklen Anzug bzw. ein festliches Kleid. Bei »normalen« klassischen Konzerten ist vermehrt zu beobachten, dass keine besonders festliche Kleidung getragen wird. Trotzdem sollte auf das Ambiente der Örtlichkeit geachet werden.

Kostüm Damit bezeichnet man eine Jacke mit knielangem Rock (oder etwas kürzer) in gleichem Stoff und gleicher Farbe.

Krankenbesuch Wenn es sich nicht um einen nahen Angehörigen handelt, sollte man sich genau erkundigen, ob der Kranke überhaupt Besuch empfangen möchte und darf. Auf Intensivstationen sollte man keine Blumen mitbringen. Topfblumen sind in Krankenhäusern generell nicht erlaubt, weil die Blumenerde oft Keime enthält, die eine Infektion auslösen könnten (→ Seite 272).

Kränze Kränze oder Blumengebinde werden wegen ihrer Sperrigkeit weder in das Trauerhaus geschickt noch selbst zum Friedhof getragen, sondern durch die Gärtnerei zur Aussegnungshalle gebracht. Eine Schleife oder eine Karte zeigt, wer den Kranz oder das Blumengebinde geschickt hat.

Krawatte In den meisten Berufen, in denen Kontakt nach außen besteht, oder in den oberen Etagen von Firmen und Behörden besteht immer noch Krawattenpflicht. Auch bei Feierlichkeiten gehört eine Krawatte zur Garderobe – es sei denn, man trägt eine Fliege.

Kreuzfahrt Bei dieser in der Regel mit mehr oder weniger großen Festlichkeiten verbundenen, mehrtägigen Rundreise auf einem Luxusschiff trägt man tagsüber legere Kleidung, abends wird oft lange Abendgarderobe verlangt. Über die Gepflogenheiten an Bord hinsichtlich der Kleidung sollte man sich bereits vor der Reise erkundigen.

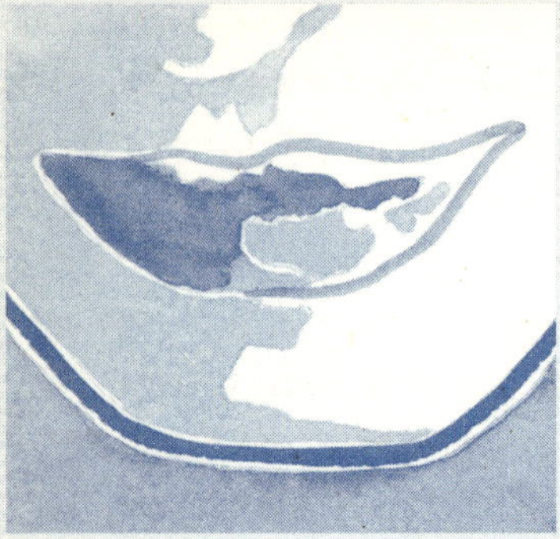

»Ein Küsschen in Ehren ...«: In manchen Kreisen ist der Begrüßungskuss immer noch en vogue.

Küsschen Bei einer Begrüßung oder Verabschiedung wird ein Küsschen zuerst auf die linke und dann auf die rechte Wange gehaucht.

Lebensgefährte Früher wurden Partner, die nicht verheiratet waren, als Einzelpersonen betrachtet. Heute kann eine solche Behandlung gegenüber einem unverheirateten Paar durchaus als beleidigend eingestuft werden.

Leibwäsche Im Geschäft probiert man sie nicht auf der nackten Haut an, sondern über der eigenen Unterwäsche.

Links gehen Auf Rolltreppen sollte man links gehen und rechts stehen. Ansonsten geht der Mann links neben der Frau oder der Untergebene links neben dem Chef. Früher war es üblich, dass der Herr auf der gefährlicheren Seite ging, also z. B. auf der der Straße zugewandten Seite des Gehwegs.

Linkshänder Streng nach Etikette müssen sich Linkshänder beim Essen an die Regeln der Rechtshänder halten. Weil dies heute als diskriminierend betrachtet wird, können Linkshänder – soweit dies mit manchem Spezialbesteck überhaupt möglich ist – auch mit der linken Hand essen; eingedeckt wird jedoch nur für Rechtshänder.

Mahlzeit In vielen Betrieben und Behörden grüßt man sich in der Mittagszeit mit »Mahlzeit«. Es gibt immer mehr Menschen, denen diese trockene Grußformel nicht behagt und die sie durch andere Worte des Grußes ersetzen.

Militärischer Gruß Mit ihm wird in der Öffentlichkeit (nur in Uniform) durch Anlegen der rechten Hand an die Kopfbedeckung gegrüßt und dazu der Titel des Gegrüßten verwendet. Man legt beispielsweise die flache Hand an die Kopfbedeckung und sagt laut und deutlich »Guten Morgen, Herr Hauptmann«; der Gegrüßte legt ebenfalls die Hand an die Kopfbedeckung und nennt dabei den Dienstgrad des Untergebenen oder dessen Namen, z. B. »Guten Morgen, Herr Gefreiter«. Beim Abspielen der Nationalhymne wird während des gesamten Stücks mit der flachen Hand an der Kopfbedeckung gegrüßt (ebenfalls nur in Uniform).

Mitbringsel für Kinder Wenn man Gast in einer Familie ist, empfiehlt es sich, etwas für die Kinder mitzubringen. Dies sollte allerdings nur eine Kleinigkeit sein, da größere Geschenke Geburtstagen und Weihnachten vorbehalten sind. Besser als Süßigkeiten sind kleine Spielzeuge oder preiswerte Bücher, von denen die Kinder länger etwas haben.

Mittagessen Zum Mittagessen wird zwischen 12 und 14 Uhr eingeladen. Man sollte auf jeden Fall pünktlich sein und in gehobener Alltagskleidung erscheinen.

Mittelball So bezeichnet man die Tanzveranstaltung zur Halbzeit eines Tanzkurses.

Musikalische Untermalung Der Gastgeber sollte darauf achten, dass sich die Gäste trotz Musik – egal ob live oder vom Band – noch in normaler Lautstärke unterhalten können.

Musikinstrumente Man kann niemandem verbieten, in seiner Wohnung zu musizieren. Allerdings müssen bestimmte Regeln eingehalten werden: Während der allgemeinen Ruhezeiten sollte auch das Instrument ruhen. Als Mieter hat man einen Anspruch darauf, mindestens zwei Stunden täglich zu üben. Wer länger musizieren möchte, sollte einen Proberaum aufsuchen. Unabhängig von den gesetzlichen Vorschriften kann jedem Musiker um des lieben Friedens willen nur geraten werden, seine Übezeiten mit den Nachbarn abzusprechen. Man muss nicht morgens in die Tasten greifen, wenn der Nachbar Nachtdienst hatte und Ruhe zum Schlafen braucht.

Nachmittagsempfang Er beginnt in der Regel zwischen 17 und 19 Uhr und endet nach etwa zwei bis drei Stunden. Man erscheint im dunklen Anzug bzw. Cocktailkleid.

Namensgedächtnis Man kann gesellschaftlich viele Pluspunkte sammeln, wenn man sich um ein gutes Namensgedächtnis bemüht. Der andere wird beeindruckt sein, wenn Sie sich nach einmaligem Vorstellen seinen Namen gemerkt haben und ihn bei nächster Gelegenheit damit ansprechen.

Nase putzen Man sollte die Nase möglichst nicht am Essenstisch putzen, sondern irgendwo abseits ohne große Geräusche oder auf der Toilette.

Nationalhymne Es gebietet der Respekt gegenüber dem entsprechenden Land, beim Erklingen der Nationalhymne aufzustehen und ruhig zu sein. Gleiches gilt für das Hissen einer Landesfahne.

Netikette Darunter versteht man die Benimmregeln für elektronische Kommunikation. Diese neue Wortschöpfung entstand durch die Verschmelzung von »net« (kurz für Internet) und »Etikette« (➵ Seite 185).

Niesen In der Regel bleibt gerade noch genügend Zeit, um sich vom Tisch oder vom Gesprächspartner abzuwenden und die Hand vor die Nase zu halten. Auch wenn es sich um eine nicht zu unterdrückende natürliche Reaktion des Körpers handelt, sollte man sich kurz dafür entschuldigen. Der Gesprächspartner wünscht »Gesundheit«.

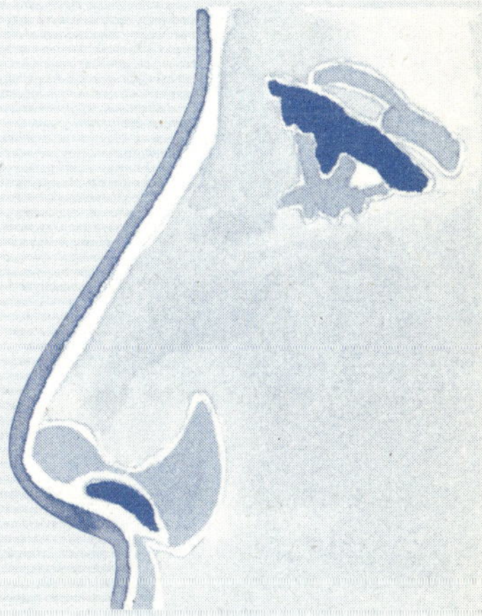

Idealerweise niest man nicht in die vorgehaltene Hand, sondern in ein Taschentuch.

Nuntius Er wird in der schriftlichen Anrede mit »Eure Exzellenz,« oder mit »Sehr geehrter Herr Nuntius,« und in der mündlichen mit »Ihre Exzellenz« bezeichnet; denkbar ist auch die schriftliche Anrede »Sehr geehrter Herr Nuntius, Eure Exzellenz,«.

Nuscheln Eine undeutliche und extrem leise Sprechweise ist gegenüber dem Zuhörer unhöflich und eine Zumutung.

Oma und Opa Man sollte es sich erst gar nicht angewöhnen, alte Menschen – auch wenn sie nicht anwesend sind – Omas und Opas zu nennen. Dieses Kosewort ist den engsten Familienangehörigen vorbehalten und sonst niemandem.

Oper Eine Opernaufführung wird im Allgemeinen als ein festliches Ereignis betrachtet, zu dem ein dunkler Anzug und ein langes Abendkleid, aber auch ein Cocktailkleid angemessen ist.

Orden Sie werden in der Regel nur zu bestimmten offiziellen staatlichen Anlässen angelegt bzw. wenn große oder kleine Dekoration in der Einladung gewünscht wird. Zu allen anderen Gelegenheiten wirken Orden prahlerisch und unpassend; detaillierte Vorschriften regeln die Art und Weise, wie Orden getragen werden.

Overdressed So bezeichnet man Kleidung, die nicht zum Anlass passt, weil sie zu feierlich ist.

Papierservietten Sie sind nur bei rustikalen Essen oder als Ergänzung zu Stoffservietten erlaubt.

Papiertaschentücher Die Etikette erlaubt keine Verwendung von Papiertaschentüchern. Da sie aber hygienischer als Stofftaschentücher sind, konnten sie sich heutzutage zumindest als Ergänzung überall durchsetzen.

Parfüm Es sollte immer nur dezent aufgetragen werden, sodass Umstehende nicht durch starke Duftnoten oder gar einen bunten Mix von Düften, wenn mehrere parfümierte Personen anwesend sind, belästigt werden.

Ihren wahren Duft entfalten Parfüme nicht sofort nach dem Auftragen, sondern erst einige Zeit später.

Partyservice Statt selbst zu kochen, kann man sich ein Menü oder Buffet ins Haus liefern lassen. Auf Wunsch des Gastgebers stellt die beauftragte Firma auch Geschirr, Gläser, Tische, Stühle und Personal.

Pflichttanz Bei Tanzveranstaltungen ist es Pflicht, mit jeder Dame am Tisch, an dem nicht mehr als zehn Personen Platz finden, mindestens einmal zu tanzen. Eine Dame darf nie allein am Tisch sitzen bleiben; gegebenenfalls muss ein Herr seinen geplanten Tanz verschieben und bei ihr sitzen bleiben.

Politiker Politiker redet man im Brief mit dem Amt, das sie innehaben an. Also z. B. »Sehr geehrter Herr Bundespräsident/Bundesminister/Landrat/Botschafter,« bzw. »Sehr geehrte Frau Bundestagspräsidentin/Ministerpräsidentin/Oberbürgermeisterin,«.

Polterabend Um böswillige Geister vom Brautpaar fern zu halten, wird am Abend vor der Hochzeit (kann auch einige Tage vorher stattfinden) Porzellan zerschlagen. Glas darf auf keinen Fall zu Bruch gehen, das bringt Unglück. Anschließend muss das Brautpaar die Scherben zusammenkehren.

Portionen Es gilt als ausgesprochen unfein, bei einem Buffet den Teller randvoll mit Speisen zu füllen. Es ist nichts dagegen einzuwenden, sich ein zweites Mal zu bedienen.

Pünktlichkeit Vor allem bei Einladungen zum Essen sollte man sehr auf Pünktlichkeit achten, weil verspätete Gäste den Ablauf des Menüs stören. Man sollte aber auch nicht zu früh kommen, da die Gastgeber wahrscheinlich noch mit den Vorbereitungen beschäftigt sind. Bei Partys ist die angegebene Zeit des Beginns eher als Hinweis zu betrachten; man kann auch später kommen. Bei Vorstellungsgesprächen und dienstlichen Besprechungen sollte man grundsätzlich rechtzeitig eintreffen. Auch bei privaten Verabredungen sollte man den anderen nicht lange warten lassen.

R. s. v. p. Dies ist die Abkürzung von »Répondez, s'il vous plaît«, der französischen Variante von »u. A. w. g.« (»um Antwort wird gebeten«) auf einer schriftlichen Einladung.

Ranghöhe Im Sinne der Umgangsformen gelten folgende »Hierarchien«: Vorgesetzte stehen über ihren Mitarbeitern, ältere Menschen über jüngeren, Frauen über Männern, Lehrer über Schülern. Sie sollten vor allem beim Grüßen (➛ Seite 98–99) und beim Angebot des Dus beachtet werden.

Rauchen Das gute Recht der Nichtraucher auf nikotinfreie Zonen ist zu respektieren. Rauchverbote sollten strikt befolgt werden; ansonsten sollte man die Anwesenden um Erlaubnis bitten.

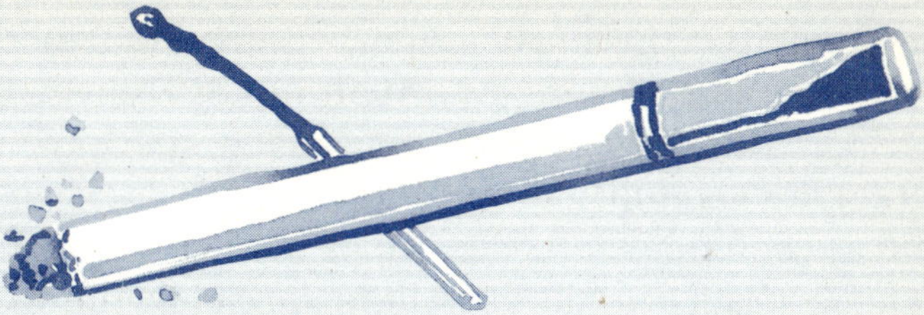

Ob Zigarette, Zigarre oder Pfeife – an vielen Orten ist Tabakgenuss heute unerwünscht.

Rede halten Der Gastgeber sollte nach dem Eintreffen aller Gäste oder bei einer Essenseinladung nach dem Aperitif oder ersten Gang eine nicht zu lange, aber wohl vorbereitete Begrüßungsrede halten. Danach können auch die Gäste das Wort ergreifen.

Rektor/in Rektoren einer Universität redet man im Brief mit »Sehr geehrter Herr Rektor,« bzw. »Sehr geehrte Frau Rektorin,« an. Die Formen »Euer Magnifizenz,« bzw. »Euer Magnifika,« werden heute nur noch selten verwendet.

Richtfest Dieses wird nach Errichtung des Dachstuhls, bevor das Dach eingedeckt wird, gefeiert. Dazu lädt der Hauseigentümer alle beteiligten Handwerker zu einer deftigen Brotzeit ein. An Getränken (in der Regel Bier) sollte nicht gespart werden.

s. t. Abkürzung für »sine tempore«: Die Veranstaltung beginnt pünktlich zur angegebenen Zeit.

Sammelgeschenk Wenn ein Geschenk gewünscht wird, das für den einzelnen Gast zu teuer ist, können sich mehrere zusammentun und gemeinsam ein etwas teureres Präsent erstehen. Man kann auch Geld sammeln und in einer netten Form überreichen.

Sätze beenden Man sollte der Versuchung widerstehen, Sätze des Gesprächspartners selbst zu beenden.

Schlechte Gewohnheiten Manche Verhaltensweisen sind so automatisiert, dass man sie gar nicht mehr wahrnimmt. Dies gilt vor allem für schlechte Angewohnheiten. Beispielsweise haben manche Mitmenschen die Unart, sich nach jedem Satz zu räuspern. Andere drehen gedankenverloren an ihrem Trauring oder beißen an ihren Lippen. Beobachten Sie sich mal eine Weile ganz bewusst. Welche Gewohnheiten können Sie an sich beobachten, und wie würden Sie reagieren, wenn sich jemand anders in Ihrer Gegenwart so verhalten würde?

Schlürfen Es gilt als sehr unfein und unhöflich, beim Essen von Suppen oder beim Trinken schlürfende Geräusche von sich zu geben.

Schmuck Schmuck wird niemals über dem Ballhandschuh getragen. Ansonsten kann eine Frau so viele Schmuckstücke tragen, wie sie möchte – natürlich immer entsprechend dem Anlass. Herren sollten maximal zwei Ringe tragen, wenn einer davon der Ehering ist.

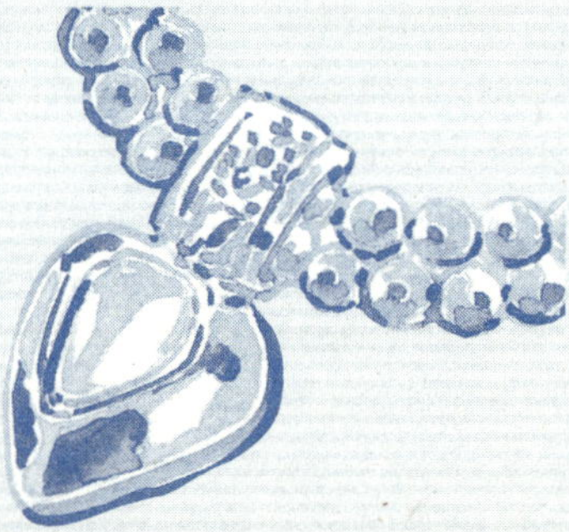

Voluminöse Schmuckstücke sollte man nur tragen, wenn man auch die Figur dazu hat.

Schuhe Sie müssen immer geputzt und in gutem Zustand sein, denn der erste Eindruck eines Menschen ermisst sich auch nach den Schuhen.

Schuhkauf Es ist unhygienisch, mit bloßen Füßen ein Paar Schuhe anzuprobieren. Entweder nimmt man von zu Hause Socken oder Nylonstrümpfe mit oder fragt das Verkaufspersonal nach einem Strumpf zum Anprobieren.

Servieren In der Regel wird von rechts serviert. Nur wenn sich der Gast selbst etwas von einer gereichten Platte vorlegen muss, erfolgt der Service von links, weil dies für einen Rechtshänder bequemer ist.

Silberbesteck Auf einer festlichen Tafel kann heutzutage genauso gut Edelstahlbesteck zum Einsatz kommen. Dieses hat den Vorteil, dass es nicht anläuft und somit nicht regelmäßig geputzt werden muss. Darüber hinaus beeinflusst es nicht den Geschmack der Lebensmittel, wie dies bei Silber teilweise der Fall ist (z. B. bei Eiern).

Silberne Hochzeit Das 25-jährige Hochzeitsjubiläum wird in der Regel im Familienkreis gefeiert. Das Ehepaar kann sich auch dazu entscheiden, nur zu zweit zu Hause zu feiern oder wegzufahren.

Sitzgelegenheiten Auch bei einem Stehempfang sollten ausreichend Sitzgelegenheiten vorhanden sein.

Smoking Zu diesem festlichen Abendanzug (»cravatte noir«, »kleiner Gesellschaftsanzug«) gehören eine dunkelblaue bzw. schwarze ein- oder zweireihige Jacke mit Seidenrevers, eine lange, dunkelblaue oder schwarze Hose, eine seidene Weste oder ein Kummerbund, ein (häufig mit Rüschen besetztes) Smokinghemd und glatte schwarze Schuhe.

Sonnenbrille Es ist gegenüber Gesprächspartnern unhöflich, eine Sonnenbrille zu tragen, wenn diese nicht unbedingt gebraucht wird. Augen sprechen eine eigene Sprache. Wenn man sie hinter dunklen Gläsern versteckt, wirkt man auf den anderen distanziert und wenig aufgeschlossen.

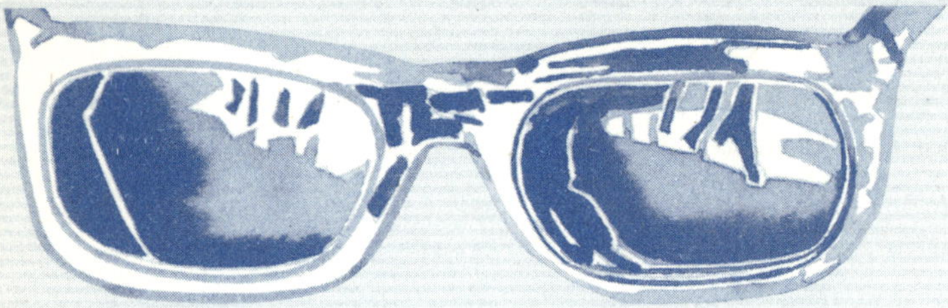

Schöne *Augenblicke* – hinter dunklen Gläsern sind sie uns leider nicht vergönnt.

Sonntagsruhe Während am Samstag laute Arbeiten wie Rasenmähen oder das Hantieren mit der Bohrmaschine erlaubt sind, sollte man sich und den Nachbarn am Sonntag einen lärmfreien Tag gönnen. Früher, als meist nur der Mann einer bezahlten Arbeit nachging, während die Ehefrau sich zu Hause um den Haushalt kümmerte, war es kein Problem, alle Hausarbeiten an einem Werktag zu erledigen. Aus dieser Zeit stammt noch die Regel, dass man an einem Sonn- und Feiertag draußen keine Wäsche aufhängen darf. Heutzutage finden viele Berufstätige in der Woche keine Zeit dafür. Haben Sie also Verständnis, wenn auch am heiligen Sonntag der Blick aus dem Fenster durch flatternde Wäschestücke getrübt wird.

Souper So nennt man das Dinner während eines Balls.

Spareribs Die gebratenen Schweinerippen dürfen mit der Hand gegessen werden; Fingerschalen und Zitronenscheiben oder zumindest Papierservietten sind dabei unerlässlich (➼ Seite 74).

Spielcasino Für den Herrn sind Jackett und Krawatte Pflicht, ansonsten wird in der Regel der Einlass verweigert oder eine Leihjacke samt Krawatte angeboten.

Standesamtliche Trauung Obwohl nur die standesamtliche Trauung rechtlich relevant ist, steht sie in der gesellschaftlichen Bedeutung meistens hinter der kirchlichen Trauung zurück.

Starke Regenfälle Achten Sie als Auto- oder Fahrradfahrer bei starken Regenfällen darauf, dass Sie Passanten auf dem Gehweg beim Durchfahren einer Pfütze nicht nass spritzen.

Staubsauger Während der Nachtruhe und zur Mittagszeit sollte kein Staubsauger benutzt werden. Gegen den Betrieb von Wasch- und Spülmaschinen zur Mittagszeit ist nichts einzuwenden. Nachts sollten alle Maschinen ruhen.

Stinkefinger Bei dieser beleidigenden Geste wird der Mittelfinger aus der geballten Faust nach oben gestreckt. Sie zeugt von schlechter Erziehung und sollte ignoriert werden.

Stoffservietten Sie sind bei einem festlichen Menü unentbehrlich und dürfen nicht durch Papierservietten ersetzt werden. Sie werden beim Essen auf den Schoß gelegt, und nicht – wie häufig zu beobachten – mit der Krawattennadel am Hemd befestigt.

Straßenanzug Wenn auf der Einladung »Straßenanzug« vermerkt ist, wird normale Geschäftskleidung erwartet. Dass diese korrekt und untadelig gepflegt sein sollte, versteht sich von selbst.

Straßenverkehr Faires Verhalten im Straßenverkehr beschränkt sich nicht nur auf das Einhalten von Verkehrsregeln, sondern verlangt auch eine defensive, rücksichtsvolle Fahrweise.

Stresemann Er gehört zur Kategorie des »kleinen Gesellschaftsanzugs« und besteht aus langer, grauschwarz gestreifter Hose, schwarzer einreihiger Jacke, weißem Hemd, grauer Weste, grauer Krawatte mit Perle und schwarzen glatten Schuhen. Der Stresemann kann auch tagsüber getragen werden.

Suppe Wird die Suppe in Tassen serviert, darf der letzte Rest Suppe ausgetrunken werden, indem die Tasse an die Lippen geführt wird.

Tafelmusik Während früher bei festlichen Gastmählern eine Kapelle aufspielte, greift man heute zur Konserve, sprich: zum Plattenspieler oder CD-Player. Welche Musikrichtung auch bevorzugt wird, eine Regel sollte grundsätzlich beachtet werden: Tafelmusik ist immer Hintergrundmusik, und die Lautstärke wird so eingestellt, dass man sich noch in Ruhe mit dem Nebenmann unterhalten kann.

Tanzschule Hier lernt man nicht nur die Standardtänze, sondern auch gutes Benehmens. Beim Abschlussball können die Schüler zeigen, was sie gelernt haben.

Zumindest die wichtigsten Standardtänze – *Walzer* und Foxtrott – sollte man beherrschen.

Taufe Sie wird meist im kleinen Familienkreis zusammen mit den Taufpaten (→ Seite 250–252) gefeiert.

Tasse So wie es für jedes kalte Getränk ein bestimmtes Glas gibt, verlangt auch jedes heiße Getränk nach einer speziellen Tasse. Kaffeetassen gibt es in den unterschiedlichsten Größen. Tee wird in Schalen oder Henkeltassen serviert.

Taxi Beim Einsteigen sollte man neben der Nennung des Fahrziels nicht vergessen, den Fahrer freundlich zu begrüßen. Am beliebtesten ist der Platz hinten rechts, da er am meisten Beinfreiheit bietet; man kann aber auch den Beifahrersitz nehmen. Wer seine Ruhe haben möchte, muss sich nicht während der Fahrt mit dem Fahrer unterhalten.

Telefonanruf, geschäftlich Einen Anruf nimmt man entgegen, indem man sich mit Vor- und Zunamen und dem Firmennamen meldet. Wenn man für einen Kollegen einen Anruf entgegennimmt, sagt man »Apparat … (Name des Kollegen), hier … (eigener Name), kann ich etwas ausrichten?«.

Fassen Sie sich kurz, wenn Sie merken, dass es der andere eilig hat.

Telefonanruf, privat Bei einem privaten Anruf meldet man sich mit Vor- und Nachnamen. Ein anonymes »Hallo« oder »Ja?« gilt als unhöflich. Wenn ein Anruf ungelegen kommt, sollte man trotzdem den Hörer abnehmen und sagen, dass man später zurückruft.

Tischdame Die Dame, die rechts neben dem Herrn sitzt, wird als Tischdame bezeichnet. Mit ihr sollte sich der Herr in erster Linie unterhalten. Sie ist nicht mit der Partnerin identisch, die gegenübersitzt.

Tischdekoration Hierzu gehören alle schmückenden Accessoires auf einer Tafel, die nicht unbedingt zum Essen notwendig sind (z. B. Kerzen, Blumengestecke). Blumen, Obstschalen und Kerzenständer sollten gerade so hoch sein, dass man vom Gegenübersitzenden noch das Gesicht sehen kann.

Tischgebet Falls ein Geistlicher anwesend ist (z. B. bei Hochzeit und Taufe), wird er ein Tischgebet vor dem Essen sprechen. Niemand ist verpflichtet mitzubeten; aber man sollte sich während des Gebets ruhig verhalten und keine Unterhaltung beginnen.

Tischherr Der Herr, der links von der Dame sitzt, wird als Tischherr bezeichnet. Dies ist nicht der Partner, denn der sitzt normalerweise gegenüber. Das

Gespräch sollte mit dem Tischherrn und nicht mit dem Partner geführt werden.

Tischordnung Bei einer größeren Anzahl von Gästen empfiehlt sich die Erstellung einer genauen Tischordnung (➻ Seite 17). Diese kann am Eingang ausgehängt werden, sodass das Auffinden des Platzes erleichtert wird; ansonsten wird der Platz jedes Gastes durch Tischkarten angezeigt.

Tischsitten Man beginnt erst mit dem Essen, wenn jedem Tischgenossen sein Gericht serviert wurde. Bei einem mehrgängigen Menü gilt diese Regel für jeden Gang. Werden die Speisen in so großen Zeitabständen aufgetischt, dass die bereits servierten Gerichte zu erkalten drohen, sollte man als noch nicht Bedienter den anderen die Erlaubnis erteilen, bereits anzufangen. Diese Regel gilt sinngemäß auch für Getränke. Zu Tischsitten siehe auch Seite 53–56.

Todesanzeige In der örtlichen und eventuell einer überregionalen Tageszeitung wird innerhalb von ein oder zwei Tagen der Tod eines Angehörigen angezeigt und Örtlichkeit und Termin der Trauerfeier und/oder Beerdigung bekannt gegeben (➻ Seite 278).

Trauerkleidung Früher mussten Angehörige eines Verstorbenen mindestens ein halbes Jahr lang schwarze Kleidung tragen. Heutzutage kann man sich nach einem Trauerfall kleiden, wie man will. In der Regel wird von den Frauen nur kurze Zeit schwarz und anschließend Kleidung in gedeckten Farben getragen; Männer tragen einen dunklen Anzug und eine schwarze Krawatte (➻ Seite 139–140).

Vorsicht bei ausgetretenen oder zu niedrigen Treppenstufen oder nur lose befestigten Treppenläufern: Nur allzu leicht kann man stolpern oder gar fallen.

Treppe Streng genommen geht auf einer Treppe ein Herr einer Dame voraus, weil der Dame es gegebenenfalls unangenehm ist, dass er ihr unter den Rock schauen kann. Im Alltagsleben lässt sich diese Regel allerdings nicht immer einhalten.

u. A. w. g. Die Abkürzung für »um Antwort wird gebeten« auf einer Einladung mit der Nennung eines Termins bedeutet, dass man spätestens an diesem Tag auf die Einladung reagieren sollte.

Umtrunk Offiziell bedeutet der Begriff Umtrunk, dass es sich um eine Cocktailparty handelt. Heutzutage werden damit auch Treffen bezeichnet, bei denen nur getrunken wird und nichts zum Essen gereicht wird.

Umzug Nach einem Umzug sollte man nicht versäumen, allen Freunden, Bekannten und Verwandten möglichst früh die neue Adresse mitzuteilen. Dies geschieht am besten mit einer Karte, auf der die Anschrift nebst Telefonnummern notiert wird. Man muss keinen langen Brief schreiben: Ein kurzer, vorangestellter Satz (z. B. »Wir sind umgezogen«) ist vollkommen ausreichend. Wenn man alle Karten auf einmal verschickt und die Empfänger auf einer Liste abhakt, kann man niemanden vergessen.

Underdressed So bezeichnet man Kleidung, die nicht zum Anlass passt, weil sie zu wenig feierlich bzw. nicht seriös genug ist.

Understatement Damit ist das Gegenteil von einem protzigen, wichtigtuerischen Benehmen gemeint. Wahre Größe muss sich nicht auffällig ins Rampenlicht stellen, sondern übt Bescheidenheit und offenbart sich dem Kenner auch ohne große Worte.

Unterschrift Bei privaten Briefen sollte man immer handschriftlich unterschreiben. In Geschäftsbriefen, vor allem, wenn diese serienmäßig verschickt werden, kann man auch eine eingescannte, handschriftliche Unterschrift einfügen. Darunter stehen der Vor- und Zuname noch einmal in Maschinenschrift.

Verlobung Dem Heiratsantrag kann (muss aber nicht unbedingt) eine Verlobung folgen, die entweder zu zweit, im engeren oder größeren Familienkreis oder mit einem Empfang gefeiert wird (➸ Seite 259). Wer möchte, kann seine Verlobung durch eine Anzeige öffentlich bekannt geben.

Verpackung Blumen, die kunstvoll in durchsichtiger Folie verpackt sind, brauchen vor der Übergabe nicht ausgepackt werden. Alle anderen Papiere, in die ein Strauß gewickelt wurde, werden vorher entfernt.

Verwählen Wenn man sich verwählt hat, sollte man nicht kurzerhand den Hörer auflegen, sondern sich kurz entschuldigen, z. B. mit den Worten »Entschuldigung, ich habe eine falsche Nummer gewählt« oder »Verzeihung, falsch verbunden«.

Visitenkarten Heutzutage ist es auch im privaten Bereich üblich, Visitenkarten auszutauschen, weil so die Vielzahl von Nummern (Telefon, Fax etc.) und Adressen (E-Mail, Homepage usw.) ohne große Schreibarbeit mitgeteilt werden kann. Schlichte Exemplare wirken meist edler als Karten in schreienden Farben und ausladenden Schriften.

Vorstellen Auch beim Vorstellen gilt das Prinzip der Ranghöhe (➽ Seite 364), wobei man dem Ranghöheren den Rangniedrigeren vorstellt. Wenn man sich selbst vorstellt, nennt man seinen Vor- und Zunamen. Der gegebenenfalls vorhandene Doktortitel wird in diesem Fall nicht erwähnt.

Walkman Im Prinzip ist gegen das Tragen eines Walkmans in der Öffentlichkeit nichts einzuwenden. Man sollte allerdings darauf achten – übrigens auch der eigenen Gesundheit zuliebe –, dass die Lautstärke so eingestellt ist, dass Passanten oder Fahrgäste in öffentlichen Verkehrsmitteln nicht belästigt werden. In Situationen, in denen höchste Aufmerksamkeit gefragt ist und man auch auf den Gehörsinn angewiesen ist, beispielsweise im Straßenverkehr, sollte man auf den Walkman verzichten. Wenn man mit anderen Leuten unterwegs ist, ist es extrem unhöflich, sich durch einen Walkman von den anderen abzuschotten.

Weihnachten Weihnachten ist in erster Linie ein Familienfest, weshalb man es nicht versäumen sollte, gerade an den Festtagen Familienkontakte zu pflegen. Weiterhin ist es ein schöner Brauch, allen Verwandten und guten Freunden, die man nicht an den Feiertagen trifft, eine Weihnachtskarte zu schicken. Bei Bekannten genügt es, ein frohes Weihnachtsfest zu wünschen. Bei Freunden sollte man noch ein paar persönliche Zeilen hinzufügen. Wenn man Weihnachtskarten von Wohltätigkeitsorganisationen verschickt, erfüllt man zudem noch einen guten Zweck.

Weinprobe Sie wird in der Regel im Keller einer Winzerei veranstaltet, wobei kleine Mengen von verschiedenen Sorten des dort produzierten Weines getrunken und dazu eine passende Brotzeit gereicht wird. Die klassische Weinprobe, bei der nur ein kleiner Schluck in den Mund genommen und dann wieder ausgespuckt wird, bleibt den Fachleuten überlassen.

Bei der Weinprobe werden immer nur kleine Mengen gekostet.

White tie Hiermit ist der große Gesellschaftsanzug (Frack) gemeint (➻ Seite 123 und 345).

Wie geht's? Auf diese Frage wird keine ausführliche Antwort erwartet. Sie gehört vielmehr zur Begrüßung und sollte mit einem kurzen Kommentar erwidert werden (z. B. »Danke, gut, und selber?«). Das englische »How do you do« ist nicht dem deutschen »Wie geht's« gleichzusetzen, sondern bedeutet so viel wie »Guten Tag« und kann mit »How do you do« beantwortet werden.

Witze Das Erzählen von Witzen ist aus der Mode gekommen und trägt heutzutage kaum mehr zur Erheiterung einer Gesellschaft bei. Vor allem von diskriminierenden Witzen sollte man Abstand nehmen.

Zahnstocher Entgegen der häufig zu beobachtenden Sitte sollte am Tisch von einem Zahnstocher auch hinter vorgehaltener Hand kein Gebrauch gemacht werden, denn es handelt sich um eine nicht gerade ästhetische Handlung. Die Toilette ist ein geeigneterer Ort für die Säuberung der Zähne.

Zärtlichkeiten Gegen das Austauschen von Zärtlichkeiten (Küsse, Umarmungen) in der Öffentlichkeit ist prinzipiell nichts einzuwenden. Doch alles, was darüber hinaus geht, ist Privatsache und sollte nicht vor anderen ausgetragen werden. Dies gilt vor allem für Örtlichkeiten, an denen man eher spärlich bekleidet ist – z. B. Schwimmbäder. Unhöflich ist es, wenn ein Paar, das mit anderen unterwegs ist, sich von diesen durch ständige Liebkosungen absondert und nicht mehr ansprechbar ist.

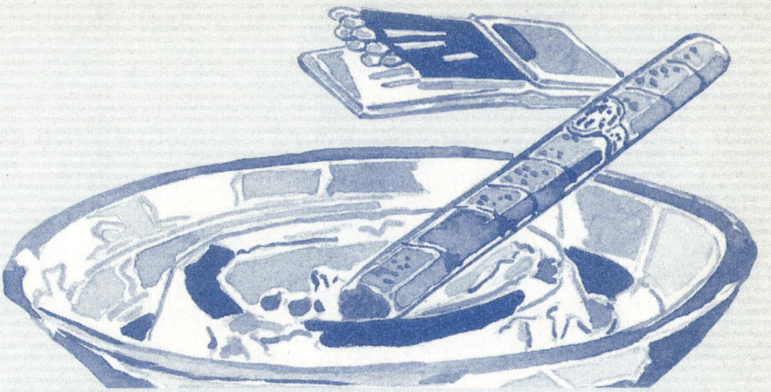

Im Gegensatz zum oft hektischen Zigarettenkonsum ist Zigarrerauchen ein Ritual, das Zeit und Muße erfordert.

Zigarre Schlagen Sie beim Rauchen einer Zigarre rechtzeitig die Asche ab, bevor sie auf die Kleidung oder den Boden fällt. Normalerweise erlischt eine Zigarre von alleine; wegen der starken Geruchsbelästigung drückt man sie nicht im Aschenbecher aus. Beim Kauf einer Zigarre kann man durch leichtes (!) Drücken den Feuchtigkeitsgrad testen; weniger gern wird es gesehen, wenn man im Tabakladen an der Zigarre riecht. Falls möglich, sollte man vor dem Rauchen die Banderole abziehen.

Zuhören Sowohl im geschäftlichen als auch im privaten Bereich ist es eine Tugend, jemandem zuzuhören und ihn nicht ständig zu unterbrechen.

Zusage Eine Zusage sollte am besten umgehend nach Erhalt der Einladung bzw. spätestens zum Termin, der unter »u. A. w. g.« (➵ Seite 374) genannt ist, erfolgen. Eine einmal gegebene Zusage sollte – außer im Krankheitsfall – nach Möglichkeit nicht mehr zurückgezogen werden.

Haftungsausschluss

Die Inhalte dieses Buches sind sorgfältig recherchiert und erarbeitet worden. Dennoch kann weder der Autor noch der Verlag für die Angaben in diesem Buch eine Haftung übernehmen.

Impressum

Sonderausgabe für Droemersche Verlagsanstalt
Th. Knaur Nachf. GmbH & Co., München

3. Auflage 2002

Konzeption und Text: Herbert Schwinghammer
Illustrationen: Beate Brömse
Projektleitung: Dr. Ulrike Strerath-Bolz
Redaktion: Dr. Bettina Gratzki
Umschlag: Zero Werbeagentur, München
Umschlagfoto: Gettyone Stone
Innenlayout und Satz: Dirk Risch, München
Reproduktion, Druck und Bindung: Clausen & Bosse, Leck

Gedruckt auf chlorfrei gebleichtem Papier

Printed in Germany

ISBN 3-426-66433-X

Stichwortverzeichnis